______________________ 님께

" 당신의 '골드인생'을 기원하는 마음으로 이 책을 드립니다 "

______________________ 드림

"당신의 은퇴견적은 얼마입니까?"라는 슬로건을 내걸고 지난 2005년 말 첫 선을 보여 큰 호응을 얻었던 **'All Ready?'** 책자가 매일경제신문사를 통해 수정 보완 후 출간된 것을 축하합니다.

'All Ready?'는 지난해 PCA생명이 고객 여러분께 은퇴 준비의 중요성을 알리고, 성공적인 은퇴 생활에 필요한 재정설계를 세우는 데 중요한 지침서가 되었습니다. 사실 지난 해 처음 책을 발간할 때만 해도 독자들의 반응이 이렇게 뜨거울 지는 누구도 예상치 못했습니다.

고령화, 조기은퇴, 핵가족화 등이 사회적인 관심사로 대두되고 언론매체에서 연일 그 심각성을 언급했지만 정작 은퇴준비에 대해 걱정하던 이들이 제대로 된 정보를 찾기란 쉬운 일이 아니었습니다. 이러한 시점에서 발간된 **'All Ready?'**는 글자 그대로 '한줄기 단비'가 아닐 수 없었을 것입니다.

지난 해 거둔 **'All Ready?'** 성공에 힘입어 PCA생명은 보다 많은 분들이 이 책을 접함으로써 한시라도 빨리 은퇴준비를 시작하실 수 있도록 매일경제신문사를 통해 재발간하게 되었습니다.

출산율 저하와 고령화 속도가 빨라지고 국민연금의 장래가 불확실한 현재 상황에서 은퇴준비는 미래를 내다보는 큰 틀에서 이루어져야 하며, 이를 위해서는 전문가의 조언이 반드시 필요합니다. 따라서 이 책에 수록되어 있는 많은 전문가들의 다양한 의견들은 여러분께서 은퇴계획을 수립하시는 데 큰 도움이 되어드릴 것입니다.

축구경기에서 전반전을 아무리 잘 치렀다 해도 후반전에 연속 골을 내주면 경기는 이길 수가 없습니다. 은퇴 준비도 마찬가지입니다. 성공적인 인생의 후반전을 위해 은퇴 준비는 전반전에 완성되어야만 합니다.

PCA생명과 매일경제신문사가 심혈을 기울여 발간한 은퇴준비 책자 **'All Ready?'**를 통해 대한민국 국민 모두가 성공적인 은퇴설계를 할 수 있게 되기를 기대하며, 다시 한 번 이 책의 발간을 축하합니다.

PCA생명 대표이사

빌 라일

CONTENTS

책을 펴내며 ···4

All Ready? 1. 골드세대를 꿈꾸며 ·····················12
　당신은 어떤 노후를 원하십니까 ·············14
　골드세대 준비 서둘러야 하는 7가지 이유 ·····18
　골드세대 성공조건 ·····························24
　　PEOPLE 노후가 즐겁다 ① ·····················28
　　나호웅·표순선 부부
　　PEOPLE 노후가 즐겁다 ② ·····················30
　　문자 민들레중창단 단장
　　PEOPLE 노후가 즐겁다 ③ ·····················32
　　진기섭씨

All Ready? 2. 내가 생각하는 골드세대 ···············34
　내가 꿈꾸는 노후생활 ·························36
　어느 정도 돈이 필요할까 ·····················40
　나는 어떤 준비를 하고 있나 ···················44
　　PEOPLE 황금빛 실버를 꿈꾼다 ① ···········48
　　윤석관 성덕정밀 사장
　　PEOPLE 황금빛 실버를 꿈꾼다 ② ···········50
　　이맹혁 BHC 잠실본점 점장

All Ready? 3. 꿈·현실 차이 인식하기 ··············52
　국민연금 얼마나 될까 ·························54
　퇴직연금 얼마나 될까 ·························59
　다른 사회 안전망은 없나 ·····················63

꿈 · 현실 차이 인식하기 ····················· 68

PEOPLE 아직도 늦지 않았다 ① ············· 70
김태랑 와인전문가

PEOPLE 아직도 늦지 않았다 ② ············· 72
김민주 리드앤리더 사장

PEOPLE 아직도 늦지 않았다 ③ ············· 74
오형직 나누리 대표

All Ready? 4. 골드세대 설계하기 ···················· 76
인생개혁 5단계 ····················· 78
골드세대 마스터 플랜 짜기 ····················· 82
골드세대 설계 체크포인트 ····················· 85
보험으로 골드세대 설계하기 ····················· 89
얼마나 저축해야 노후 편할까 ····················· 94
노후 어디에서 살까 ····················· 98
외국에서 노후 즐기기 ····················· 100

PEOPLE 30년 후를 준비한다 ① ··········· 102
황윤정 쇼핑몰창업 컨설턴트

PEOPLE 20년 후를 준비한다 ② ··········· 104
명혜경 한국 암웨이 부장

PEOPLE 20년 후를 준비한다 ③ ··········· 106
김명선 인사아트센터 부장

All Ready? 5. 골드세대 준비하기 ···················· 108
재정 설계사 정하기 ····················· 110
보험으로 골드세대 준비하기 ····················· 112

CONTENTS

변액유니버셜보험 100% 활용하기 ………… 117

금융·재테크로 골드세대 준비하기 ………… 121

창업으로 골드세대 준비하기 ……………… 126

부동산으로 골드세대 준비하기 …………… 130

　　PEOPLE 노후 이렇게 준비한다 ① ……… 134
　　문형남 숙대 테크노경영대학원 교수

　　PEOPLE 노후 이렇게 준비한다 ② ……… 136
　　박호성 팍스바이크 사장

　　PEOPLE 노후 이렇게 준비한다 ③ ……… 138
　　박종섭 PCA생명 재정설계사

All Ready? 6. 골드세대 내돈 지키기 ……………………… 140

노후자금 굴리기 …………………………… 142

사기 당하지 않기 …………………………… 146

상속과 증여하기 …………………………… 153

노테크에 필요한 절세법 …………………… 156

역모기지 활용하기 ………………………… 158

　　PEOPLE 노테크 이렇게 성공했다 ① …… 160
　　현임종 네잎클로버 대표

　　PEOPLE 노테크 이렇게 성공했다 ② …… 162
　　윤병두 홍천 곰펜션 사장

All Ready? 7. 골드세대 내가 할 수 있는 일 ……………… 164

노후에도 일하는 게 행복 ………………… 166

내 몸에 맞는 실버 창업 …………………… 170

부동산 임대 성공조건 ……………………… 174

평생학습 통해 노후 즐기기 ……………… 178

PEOPLE 창업에 성공한 골드스타 ①　······ 182
조상호 도미노피자 사당역점 대표

PEOPLE 창업에 성공한 골드스타 ②　····· 184
김예애 이지밸브 사장

PEOPLE 취미와 일 함께 즐긴다 ①　········ 186
이재춘 어르신강사뱅크 강사

PEOPLE 취미와 일 함께 즐긴다 ②　········ 188
이문옥 시니어레크리에이션 강사

All Ready? 8. 골드세대 100% 즐기기 ····················· 190
전원주택 활용하기 ···························· 192
유료 노인복지주택 이용하기 ················· 196
노후를 지켜주는 식이요법 ·················· 198
노인 건강과 운동 ··························· 202
내 몸에 맞는 노인병원 ······················ 205
해외에서 여가 즐기기 ······················ 208
명당은 어디인가 ···························· 211
PEOPLE 노후가 더 재미있다 ① ··········· 214
강신원씨

PEOPLE 노후가 더 재미있다 ② ··········· 216
박광규씨

책을 마치며　···218
부록　당신의 은퇴 견적은 얼마입니까? ··········· 221
일러두기　···229

필진

대표저자

이제경   매경이코노미 차장 cklee@mk.co.kr

63년생. 경희대 무역학과 졸. 경희대 대학원 경제학박사

90년 매일경제신문 공채 20기로 기자생활 시작.

전 경희대 테크노경영대학원 겸임교수

전 숙명여대 정보통신대학원 겸임교수

주요 저서

'재테크박사', 소프트전략경영연구원, 1997

'잘 나가는 기업, 경영비법은 있다' (공저), 영진미디어, 2005

'스타 재테크' (공저), 매일경제신문사, 2005

집필진(가나다 순)

강팔용   PCA생명 전무, paul.kang@pcakorea.co.kr

고종완   RE멤버스 대표, re119@unitel.co.kr

김경민   매경이코노미 기자, kmkim@mk.co.kr

김민주   시니어스타임즈 기자, zzicuk@hanmail.net

김병수   매경이코노미 기자, bskim@mk.co.kr

김보람   Altus Consulting 대표, 96april@naver.com

김성엽	하나은행 분당백궁지점장, k2s3@unitel.co.kr
김소연	매경이코노미 기자, sky6592@mk.co.kr
김소형	혜인한의원 대표원장, afaa2000@yahoo.co.kr
김용열	세무법인 STC 세무사, stckyy@hanmail.net
류기환	마일리지투어 이사, ryuall@hanmail.net
명순영	매경이코노미 기자, msy@mk.co.kr
박병호	한국리츠에셋 대표 감정평가사, coreits@naver.com
백정선	TNV금융컨설턴트그룹 대표, baikjs@dreamwiz.com
서춘수	조흥은행 PB강북센터 지점장, seosoo@chb.co.kr
유용선	제이플러스파이넨셜 공동대표, jayplus@paran.com
이남재	VFC파이낸셜 컨설턴트, eaglelion@paran.com
이용현	매경이코노미 기자, ernesto@mk.co.kr
이인호	창업e닷컴 소장, ceo@changupe.com
이화정	백석대 교수, geron@bsc.ac.kr
장욱희	커리어파트너 대표, whjang@lycos.co.kr
정광재	매경이코노미 기자, jkj@mk.co.kr
조미숙	배화여대 교수, misocho@hanmail.net
최재희	연합창업지원센터 소장, sojang@yunhap.net
함동철	FSC외식경영연구소장, ham6262@hanmail.net

All Ready? **1**

골드세대를 꿈꾸며

노후를 재설계 해야 한다. 명예퇴직으로 퇴직연령이 낮아졌고 의료기술 발달 등으로 평균수명이 길어졌다. 운 좋게 60살까지 일을 하고 퇴직한다고 해도 20년 넘게 더 살아야 한다. 과연 무엇을 하며 지낼 것인가. 또한 80세까지 살 수 있을 만큼 재정은 튼튼한가. 골드세대를 준비해야 하는 이유는 어디에 있으며, 노후 준비를 성공적으로 하려면 어떻게 준비해야 할까.

당신은
어떤 노후를 원하십니까

대기업에 다닐 때엔 세상이 모두 자기 것 같았지만 어느 날 갑자기 명예퇴직을 하고 나면 그 날부터
초라한 자신을 발견하게 될 것이다.

'인생 3막(노후)' 이다. 당신이 주연일 수도 있고, 관람자일 수도 있다. 3막
은 이렇게 시작된다.

"소풍갑시다."

무대 배경은 노인정이다. 백발 노인이지만 오늘만큼은 멋들어지게 양복으
로 차려 입었다. 즐거운 일이 있는 표정이다. 다른 노인들도 백발 노인을 줄
줄이 따라 나선다. 그러나 뒷모습은 어딘가 모르게 씁쓸하다.

(…)

소일거리가 없고 돈 없는 노인들에게 요즘 인기 있는 말은 단연 '소풍' 이
란다. 초등학교 시절 기다렸던 소풍으로 생각하면 큰 오산이다. 노인들이 말
하는 '소풍' 이란 말에는 억장이 무너지는 울분이 담겨 있고, 슬픔을 즐거움
으로 승화시키는 유머가 숨어 있다.

이들에게 소풍은 이런 것이다. 서울에 사는 노인분들에게는 천안행 전철
을 타고 병점, 오산, 천안 등으로 원정을 떠나는 서울 탈출을 뜻하며, 지방에
거주하는 노인분들은 서울행 전철을 타고 종로 탑골공원이나 종묘공원에서
무료 점심으로 끼니를 때우고 하루를 보내는 일과를 뜻한다.

전철이 천안까지 연장되면서 생긴 풍속도다. 65세 이상은 전철을 무료로
이용할 수 있기 때문에 전철은 더할 나위 없는 교통수단이다. 더구나 시간도
많이 걸려 무료하기 짝이 없는 노인분들에게는 안성맞춤이다.

서울 제기동에 거주하는 박제훈씨(75)는 거의 매일 천안행 전철을 이용해
병점으로 '소풍' 을 떠난다. 천안행 전철 안에서 동료들을 만나기도 하고, 시
간이 어긋나 만나지 못하면 미리 약속된 음식점에서 동료들을 만난다. 국밥

이나 순대국을 시켜 놓고 소주로 하루를 시작한다. 주로 화제는 신변잡기이며, 가끔씩 나라꼴을 걱정하기도 한다. 동료들에게서 얼마 전에 만났다는 이성 친구와의 러브스토리를 들을 때도 있다. 동료 가운데 한 사람은 80세가 넘었는데도 불구하고 아직도 여자친구를 '홍콩'으로 보낼 수 있다는 자랑도 늘어놓는다.

박제훈씨는 오후 4시쯤에 서울행 전철에 몸을 실었다. 오늘은 기분이 좋다. 애인을 사귄 친구가 기분이라며 점심 값과 술값을 모두 계산해줬기 때문이다. 자신은 한 푼도 쓰지 않아 5000원이 그대로 호주머니에 남아 있다.

이유없는 인생실패 없어

5000원을 벌었다며 즐거워하는 자신을 깨닫는 순간 박제훈씨는 덜컥 목이 메어온다. 97년 IMF 외환위기 이전만 해도 부러울 게 없었던 사업가였다. 조그마한 인쇄업을 운영해 상당한 돈을 벌었다. 대출을 받아 인쇄기기를 추가로 구입한 게 화가 됐다. 때마침 외환위기가 닥치면서 어음을 막지 못해 인쇄공장을 빼앗기고 말았다. 사업만 믿고 저축을 해두지 않은 게 원이 되고 한이 될 뿐이다.

서울 신림동에 사는 김미자씨(79 · 여)는 동네 노인정에서 거의 매일 살다시피 한다. TV를 보기도 하고, 민화투를 치는 동료들 틈에 끼어 구경하는 게 전부다. 입만 열면 "저승사자는 왜 나를 안 잡아 가냐"며 죽음 타령 뿐이다.

66세인 이승윤씨는 매일 아침 전철에서 신문을 줍는다. 아침 7시 30분부터 9시 30분까지 2시간 동안 신문을 모아 폐지공장에 내다 판다. 신문을 모은 뒤 폐지공장에 까지 갖다 줘야 하기 때문에 하루 4~5시간 가량 고된 일을 해야 한다. 이렇게 해서 한 달에 손에 쥘 수 있는 돈은 고작해야 15만원에 불과하다. 처음엔 20만원까지 벌었으나 요즘엔 경쟁자가 많아 15만원도 벌기 힘들어졌다.

경기도 의왕시에 사는 문자씨(72 · 여 · 30페이지 참조)는 의왕시 다사랑종합병원에서 알코올 중독환자들을 대상으로 자원봉사 활동을 하다보면 하루가 어떻게 가는 줄 모른다. 서울 신당동에 위치한 시니어스타워에 거주하는 이문옥씨(70 · 여 · 174페이지 참조) 역시 자원봉사로 바쁜 하루를 보낸다. 서울 정릉교회 경로대학, 교회 노숙자단체, 양로원 등을 찾아다니면서 무료로 레크리에이션을 지도한다.

이문옥씨는 교사로 정년퇴직을 했고 공무원으로 연금을 받아 생활하기 때문에 별 어려움을 느끼지 못한다.

　서울 신당동 시니어스타워에 입주한 이재춘씨(73 · 186페이지 참조)는 1주일에 3일 동안 강사로 활동한다. 그의 근무처는 서울 노원1종합사회복지관. 그곳에서 한자와 예절을 가르친다. 이재춘씨 역시 교육공무원으로 정년을 마쳤기 때문에 사학연금에서 매월 300만원 정도의 연금을 받아 생활한다. 아직도 손자들에게 용돈을 줄만큼 경제적으로 여유롭게 산다.

위험관리 잘 하는 게 중요

　이문옥씨와 이재춘씨는 모두 노후에도 무슨 일을 해야만 한다는 생각에 평생학습을 한 대표적인 인물이다. 재교육을 통해 레크리에이션 강사와 예절 강사로 아직도 강단에 설 수 있게 된 것이다. 이들에게는 정년이 따로 없다. 이들의 공통점은 공무원연금과 사학연금으로 노후에 돈 걱정하지 않고 생활한다는 점이다.

　경기도 용인 노블카운티에서 행복한 노후를 즐기는 표순선씨(70 · 여 · 28페이지 참조)는 대한적십자사 특별자문위원으로 활동한다. 주로 바자회 등으로 돈을 모으거나 자비로 후원금을 낸다. 치과의사였던 남편 나호웅씨는 요즘 그림그리기에 재미를 붙였다. 젊었을 때부터 그림을 좋아한 탓이긴 하지만 늙어서 다리를 쓸 수 없을 때 누워서 할 수 있는 일을 찾다가 수채화 그리기를 선택했다. 부인과 함께 주말농장 일에도 열심이다. 손수 재배한 상추를 뜯어 입주자들과 함께 먹곤 한다. 가끔씩 이들 부부는 함께 골프를 즐긴다. 막내 아들을 대학보낼 때까지 국내 여행도 한 번 가보지 못했을 만큼 일만 했다는 이들 부부는 오랜만에 여유로움을 만끽하고 있다.

　당신은 위에서 열거된 '인생 3막' 의 주인공 가운데 어떤 배역을 맡고 싶은가. 누구나 전철을 타고 '소풍' 을 떠나는 배역을 맡고 싶지는 않을 것이다. 또한 자녀 눈치 보며, 용돈을 타 쓰며 살고 싶은 사람 역시 없을 것이다. 이같이 마음은 누구나 한결같지만 결과를 놓고 보면 경제적으로 어려움을 당하는 쪽이 있고, 그렇지 않은 부류가 존재한다.

　그 이유는 어디에 있을까.

　크게 3가지 원인이 있을 것 같다. 첫 번째는 미래를 준비하지 않는 인생을 살아온 결과일 것이다. 별 생각 없이 나이를 먹는 경우다. 언제나 건강하고, 항상 젊었을 때처럼 돈을 벌 수 있을 것 같은 착각에 빠져 생활하는 사람들이 있다. 우화 '개미와 베짱이' 에서 베짱이처럼 말이다. 대기업에 다닐 때엔 세상이 모두 자기 것 같았지만 어느 날 갑자기 명예퇴직을 하고 나면 그 날부터 초라한 자신을 발견하게 될 것이다.

이런 처량한 신세가 되기 전에 직업과 자신을 분리해서 생각하는 습관을 가져야 한다. '나는 매경이코노미 이제경 차장이 아니라 나의 이름은 이제경이며 직업은 매경이코노미 차장입니다' 라고 말해야 한다. 자신과 직장을 동일시하는 생각을 갖고 있다가 어느 날 직장을 그만두게 되면 곧 자신을 잃은 비애를 느끼게 됨을 명심해야 한다.

두 번째는 투자에 따른 실패를 꼽을 수 있다. 누구나 밝은 미래를 꿈꾸며 나름대로 열심히 인생을 산다. 그러나 뜻하지 않고 투자에 실패함으로써 깊은 늪에서 헤어나지 못하는 사람들이 많다. 친인척에게 보증을 섰다가 패가망신한 사람도 여기에 속한다.

세 번째는 건강을 잃은 경우다. 배우자 가운데 한 쪽이 병원 신세를 지거나, 자녀나 부모가 몹쓸 병에 걸려 재산을 탕진하는 사람들도 많다. 이들은 팔자 탓으로 돌린다.

즐거운 여가 활동
시니어스타워 입주자들이 크리스탈 제조공장을 방문해 제조과정을 체험하는 모습.

'나도 실패만 하지 않았다면 그렇게 살 수 있을 텐데' 라며 자위해보지만 이미 때는 늦었다. 실패하지 않는 삶을 사는 지혜가 필요하다. 치과의사를 지낸 나호웅씨는 74세의 나이에도 "실패를 두려워 한다"고 말한다. 노후에도 실패하지 않는 삶을 살기 위해 하루 하루 최선을 다한다고 한다.

그는 젊은이들에게 이런 말을 들려준다. "세상을 내 입맛에 맞추려하지 말고 세상에 순응하도록 노력하세요."

| 이제경 매경이코노미 차장 |

골드세대 준비 서둘러야 하는 7가지 이유

평균 수명 증가, 출생률 하락, 부실한 국민연금, 인플레이션, 과도한 세금, 의료비 지출 증가, 자녀가 사회안전망이 될 수 없다는 점 등을 명심해야 한다.

골드세대란 정부와 자녀에게 의존하지 않고 노후에도 스스로가 경제활동을 통해 건강한 삶을 영위할 수 있는 세대

세계적으로 유명한 캐나다 출신 의학자인 윌리엄 오슬러(William Osler:1849~1919)는 일찍이 고령사회 문제점을 지적했다. 1905년 일이다. 당시 오슬러 교수는 이렇게 말했다. "60세가 되면 누구든지 직업 전선이나 정치 세계에서 강제적으로 물러나게 해야 한다. 그렇지 않으면 젊은 사람들이 설 자리를 잃게 된다. 40세만 돼도 생산성이 떨어지기 때문에 60세 이상은 일찍 물러나 주는 게 사회에 유익하다."

의학자였기에 망정이지 만약 정치인이었다면 그날로 매장당했을 법한 발언이었다. 그로부터 100년이 지난 지금 오슬러의 주장에 동조하는 목소리가 여기저기에서 들려온다. 단순히 목청을 높일 뿐만 아니라 강압적인 조치가 내려질지도 모를 일이다. '고령 사회 2018'의 저자 프랑크 쉬르마허(Frank Schirmacher)는 고령 사회를 세대 전쟁으로 인식한다. 계급투쟁처럼 세대간 투쟁을 통해 '노후세대' 대상자들이 일자리를 얻는 시대가 도래할 것으로 믿는다.

'60세 넘어서까지 일한다고 설치면 추하지 않을까' '적당히 돈만 모으면 시골로 내려가서 살면 되지' 이런 생각을 한다면 지금부터라도 마음을 고쳐 먹는 게 좋을 것 같다. 아직도 살 날이 너무 많이 남아 있고, 의식주를 다시 걱정해야 할 날이 올지도 모르기 때문이다. '골드세대를 지금부터라도 준비해야 하는 이유 7가지는 이렇다.

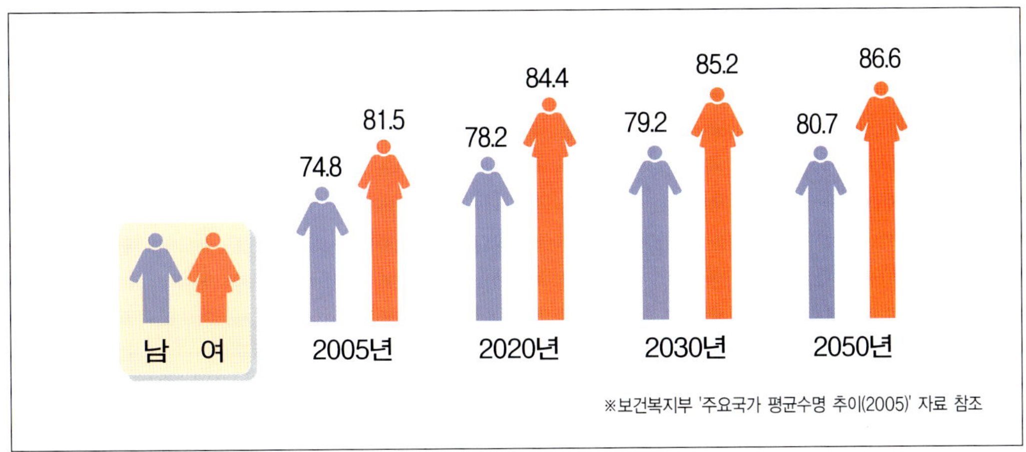

1. 조직 퇴직과 평균수명 증가

나는 몇 살까지 직장을 다닐 수 있으며 또한 몇 살까지 살 수 있을까. '사오 정'이 일반화 됐다. 지금까지 최장수 노인은 130세를 넘지 않았으나 독자분 들이 앞으로 몇 살까지 살 수 있을지는 아무도 모른다. 과학의 발달 정도에 따라 평균수명이 얼마든지 연장될 수 있기 때문이다.

분명한 사실은 평균수명이 지금보다 훨씬 연장된다는 점이다. 2020년이 면 평균수명이 80.7세로 통계청은 전망한다. 2020년은 노인인구(65세 이상) 가 학생인구(8~21세)를 추월하는 시기다. '386 세대'가 노인인구에 편입돼 국민연금을 타는 시기이기도 하다.

평균수명 증가는 '노후생활'이 더 길어짐을 의미한다. 80세까지 산다고 해도 60세 이후 20년을 더 살아야 한다.

2. 출생률 하락

신생아 울음소리를 돈 내고 들을 날이 올지도 모를 일이다. 그만큼 어린아 이를 보기조차 힘들어졌다. 특히 농어촌을 찾으면 더욱 그렇다. 온통 노인뿐 이다.

60년대 초와 70년대 초 한해 출생아수는 100만명에 달했다. 그러나 2000 년 들어 출생아수는 연간 50만명 이하로 떨어졌다.

출생률 하락은 무엇을 의미하는가. 노인을 돌 볼 사람이 줄어들고, 연금체 계의 불균형을 의미한다. 사회구조가 깨질 수도 있음을 뜻한다. 통계청 자료

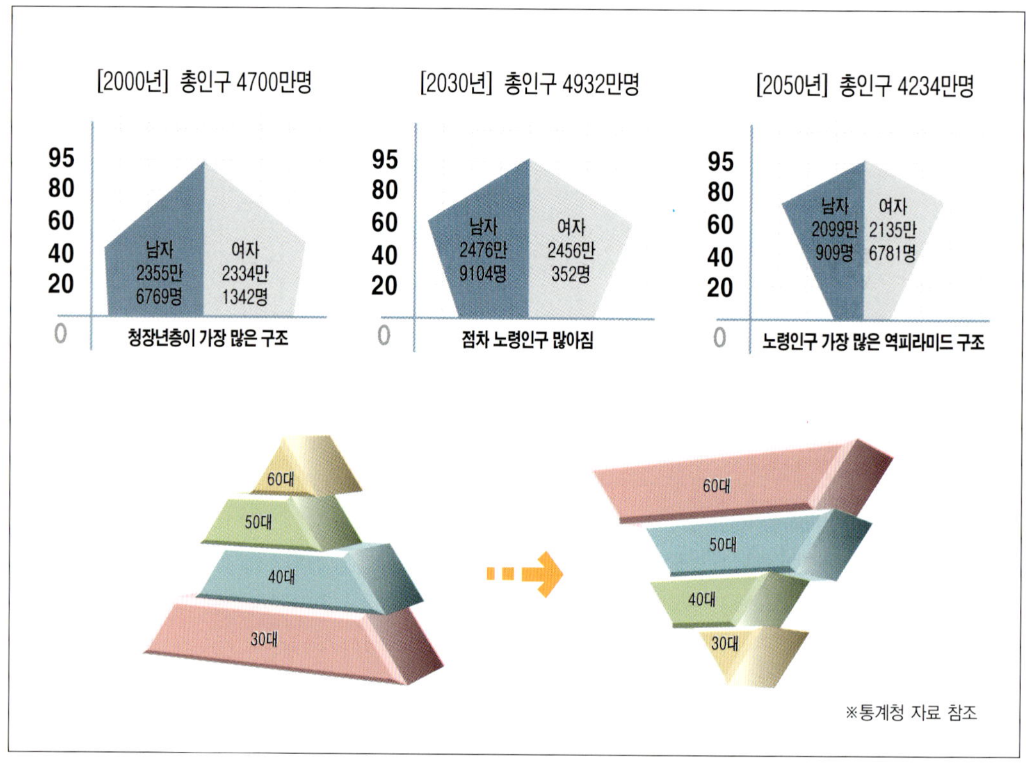

에 따르면 2005년 기준 노인 1인당 생산가능인구(15~64세)는 7.9명이었으나 2020년엔 4.6명으로 줄고 2030년은 2.7명으로 감소한다. 3명이 1명의 노인을 책임져야 하는 꼴이다. 2030년이 먼 얘기가 아니다. 1960년생이라면 70세에 3명의 생산가능인구가 자신을 돌봐줘야 하는 시대에 살게 된다.

3. 부실한 국민연금

아직도 국민연금에 노후를 기대는 사람이 있을까. 물론 사회안전망이야 지금보다 더 좋은 모습을 갖출 게 뻔하다. 나라가 번창할수록 사회안전망은 튼튼해지는 게 일반적이다. 그러나 국민연금은 어디까지나 최소생계비에 지나지 않는다.

출생아수가 줄어들고 평균수명이 늘어나면 국민연금은 불균형 구조에 빠질 수밖에 없고, 어떤 식으로든 국민연금 체계를 수술해야 한다. 당연히 연금 수령자 입장에서 불리한 쪽으로 변경될 수밖에 없다.

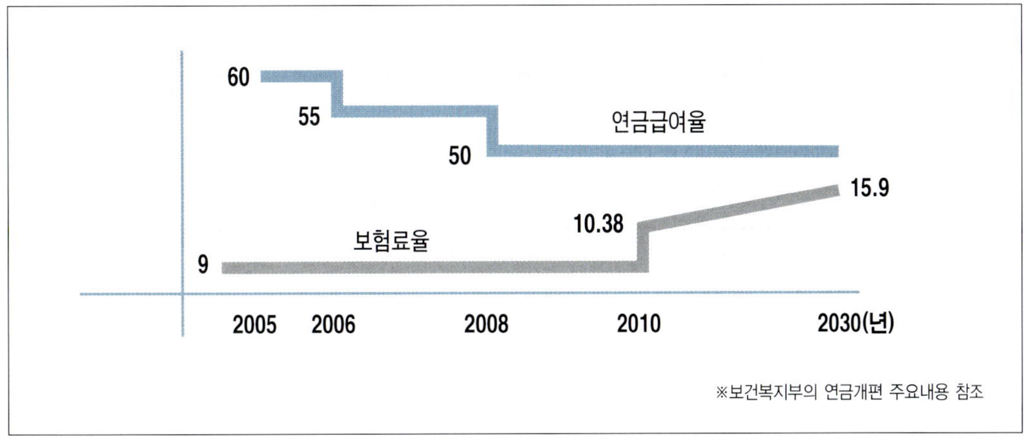

공무원연금과 사학연금도 변화폭이 문제이지 상황은 다르지 않다. 언제까지나 정부가 재정을 축내면서 현재 수준의 연금을 지급할 수 없기 때문이다. 결국 개인들은 사연금에 의존할 수밖에 없다.

4. 인플레이션

노후에 필요한 생활비로 많은 사람들은 1인당 월 100만원을 생각한다. 부부가 모두 생존한다면 월 200만원 수입이 있어야 한다. 나이에 따라 10년을 더 기다려야 할 사람도 있고, 20년을 기다려야 60세에 도달하는 사람도 있다.

물가상승률에 따른 실질가치 변화

물가상승률	현재가치	10년 후 실질가치	20년 후 실질가치	30년 후 실질가치
3%	1억원	7441만원	5537만원	4120만원
5%	1억원	6139만원	3769만원	2314만원
7%	1억원	5083만원	2584만원	1314만원

※실질가치는 이자가 제로(0)라고 가정하고 물가상승만 있을 때를 가정한 금액.

이 때 염두에 둬야 할 변수가 바로 물가상승이다. 물가상승률 만큼 더 많은 저축을 해야만 자신이 생각했던 수입을 얻게 된다. 현재 소득이 1억원인 상황에서 물가상승률이 앞으로 10년 동안 연 3%라면 실질가치는 7441만원에 불과하다. 20년 후엔 5537만원으로 줄어든다.

5. 과도한 세금

2004년 1인당 조세부담액은 318만원이었다.

불행하게도 앞으로 1인당 조세부담액은 늘어날 수밖에 없다. 노인인구 증가에 따라 정부는 사회안전망을 확충해야 하고, 그 비용을 세금으로 조달해야 한다. 경제협력개발기구(OECD) 회원국간 근로자 1인당 세부담 비율을 보더라도 우리나라 근로자는 앞으로 더 많은 세금을 내야한다. 2003년 기준 근로자 1인당 세부담률(노동비용 대비)은 14.1%로 OECD 전체 평균 36.5%의 절반에도 미치지 못한다. 이를 달리 말하면 OECD 수준까지 세부담률을 높이기 위해 막대한 세금을 거둬들여야 한다.

조세부담률과 국민부담률 추이

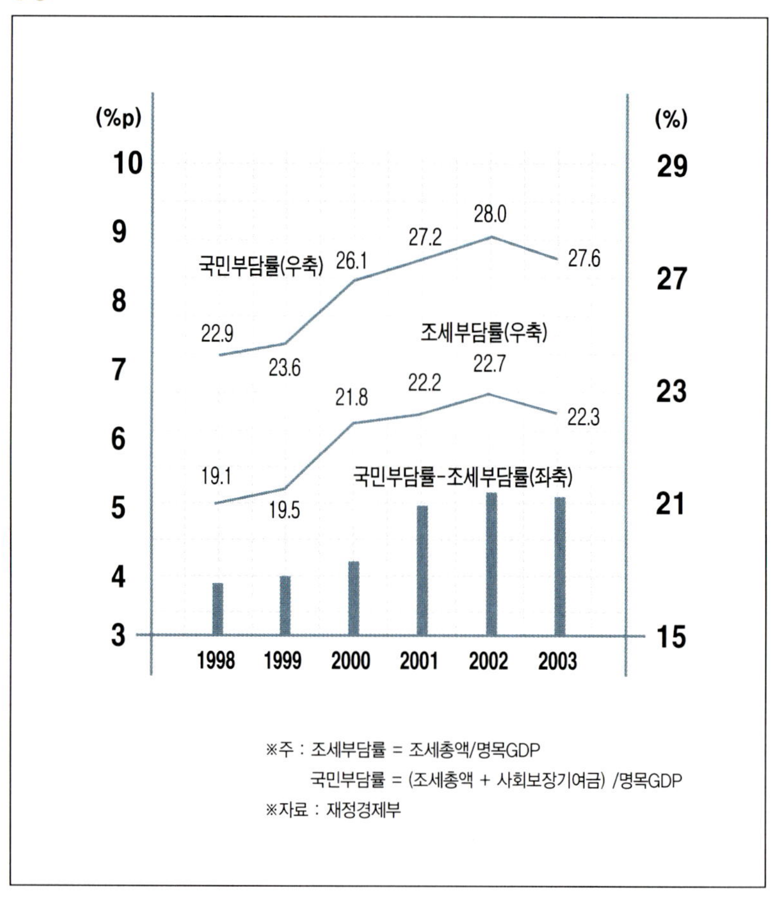

※주 : 조세부담률 = 조세총액/명목GDP
국민부담률 = (조세총액 + 사회보장기여금) /명목GDP
※자료 : 재정경제부

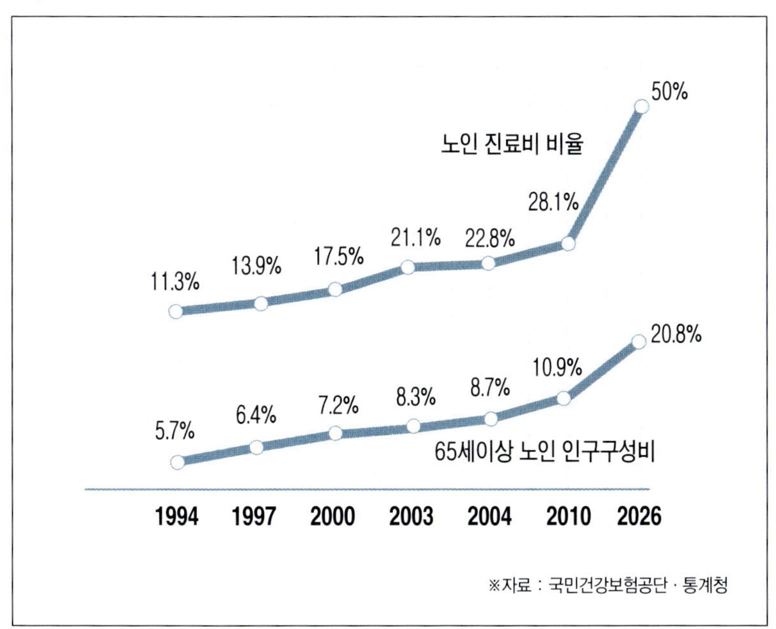

6. 의료비 지출 증가

평균수명 증가는 무엇을 의미하는가. 바로 의료비 지출과 직결된다. 병원 산업이 미래 성장산업이라고 얘기하는 것도 이런 배경 때문이다. 노인인구가 많아짐에 따라 노인들에게 잘 걸리는 질병을 치료하는 병원이나 치매환자들을 위한 노인 요양병원 등이 호황을 맞을 것이다.

이는 의료 수요자 입장에서 보면 의료비 부담이 늘어남을 의미한다. 단순히 의식주만 해결됐다고 해서 노후 준비가 끝난 게 아니다. 의료비 지출에 따른 비용부담을 준비해 둬야 한다.

7. 탈 자녀의존 사회 도래

모든 재산을 자녀 농사에 투자하고, 정작 본인들은 노후를 준비하지 않는다면 후회할 가능성이 훨씬 높다.

자녀들이 성년으로 성장했을 때 이들이 짊어져야 할 의무는 막중하다. 우선 세금이 급증해 재정적으로 별 여유가 없다. 2030년엔 경제활동 인구 3명이 1명의 노인을 책임져야 하는 꼴이기 때문에 자녀들도 살기 힘든 세상이 된다. 이런 상황에서 부모까지 책임질 수 있는 여유가 없다.

| 이제경 매경이코노미 차장 |

골드세대 성공 조건

이제 부부가 함께 벌어야 한다. 처량한 노후를 맞이하지 않기 위해서라도 젊었을 때 부부가 힘을 합쳐 일하는 방안을 신중하게 고려해야 한다.

누구나 막연하게나마 자신이 그리는 노후 모습이 있다. 소득이 많은 사람일수록 노후설계를 완벽하게 준비하는 경향을 보이나, 불행하게도 재정적으로 열악한 사람일수록 노후 설계가 부실하다.

아마도 노후를 생각할수록 골치만 아플 뿐 뾰족한 해답이 없을 것 같다는 생각부터 하기 때문일 것이다. 그러나 넉넉하게 재산을 갖지 못한 사람일수록, 전문직이 아닌 봉급생활자일수록 노후설계에 좀 더 많은 관심을 둬야 한다.

무엇보다도 노후에 어떻게 살 것인지부터 명확하게 설정해야 한다. 그래야만 계획에 따른 실천방안을 짜고 실행에 옮길 수 있다.

이 책을 읽는 독자라면 왜 '골드세대'를 준비해야 하는지 절실하게 느낄 것이다. 직장과 국민연금은 말할 것도 없고 자녀들도 내 자신의 노후 인생을 책임지지 못한다. 오직 믿을 수 있는 것은 자신의 능력과 돈 뿐이라고 해도 과언이 아니다.

과연 '골드세대'로 살기위해선 어떤 준비를 해야 할까. 노후를 편하게 살 수 있는 성공조건 5가지를 제시한다.

【성공조건 1】 의식전환

'돈만 있으면 노후가 편하다?

노후를 체계적으로 대비하는 사람도 많지 않지만, 미래를 준비하는 사람 가운데 상당수가 금전적인 문제에만 관심을 둔다. 그러나 틀린 생각이다. 노후준비는 꼭 금전적인 것만을 의미하지 않는다. 노후에 무슨 일을 할 것인지도 노후 준비의 중요한 대상이다.

65세 이후에도 할 수 있는 일을 찾아야 한다. 취미생활도 좋다. 만약 생활비를 벌 수 있는 일이라면 더할 나위 없다. 45세 이후의 '인생 2막'을 살면서부터 '인생 3막'을 준비해야 한다. 그래야만 성공확률이 높다. 필요한 자격증을 취득한다거나, 노후에 할 수 있는 일을 배워둬야 한다.

노후를 설계할 때 한 번 쯤 고정관념을 깨보는 것도 좋다. 노후에 사는 곳이 꼭 한국 땅일 이유만은 없다. 동남아에서 살 수도 있다. 꼭 돈벌이가 되는 일만 고집할 필요도 없다. 봉사활동에 삶의 가치를 둔다면 얼마든지 만족한 노후를 보낼 수도 있다. 만약 신앙생활에 절대가치를 두고 노후를 보낼 수 있다면 이보다 더 큰 축복을 누리는 사람은 없을 것이다.

【성공조건 2】 젊었을 때부터 준비해야

필자는 '인생 3막'을 국민연금 수령 나이로 본다. 현재로선 60세이며 앞으로 65세로 연장된다.

60세가 왜 '인생 3막'이냐고 묻는다면 국민연금과 개인연금을 통해 어떻게 노후를 잘 대비했느냐에 따라 인생이 달라지는 시점이기 때문이다.

'인생 3막'에서는 과거 경력이 크게 좌우되지 않는 시점이기도 하다. 누가 준비를 잘 했느냐에 따라 인생 역전도 가능한 시기다.

국민연금(노령연금) 수급자는 100만명(2002년 기준) 시대를 열었다. 월 평균 노령연금 수급액은 30만원 수준에 불과하다. 국민연금 수급자는 노인 인구 590만명 가운데 22.6%에 불과한 실정이다. 2010년이면 300만명이, 2030년엔 약 900만명이 연금을 받을 것으로 기대된다.

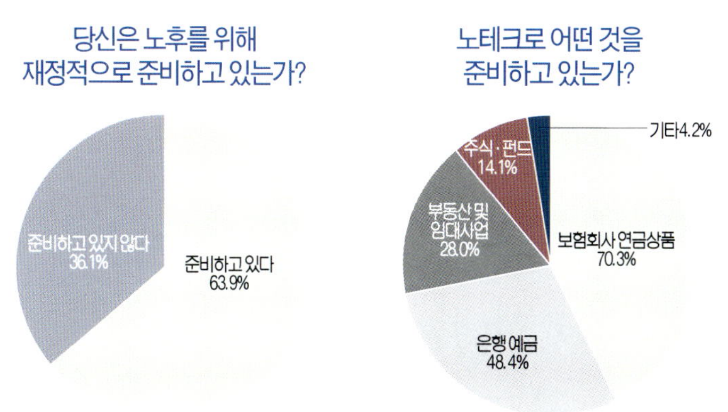

※중복응답 가능. 중복응답자 1.7명
※PCA생명 설문조사 자료 참조

그러나 국민연금으로 노후를 편하게 살 수는 없다. 흔히들 1인 기준으로 월 100만원 이상은 있어야 노후에 어느 정도 살 수 있을 것으로 예상한다. 미리부터 개인연금으로 노후를 준비한다면 자신들이 원하는 생활비를 충당할 수 있을 것이다.

과연 당신은 언제부터 노후 준비를 하기 시작했는가. 지금 이 책을 읽는 독자 10명 가운데 4명은 노후 준비를 제대로 하지 않았을 것이다. PCA생명 조사에 따르면 36.1%가 노후준비를 하지 않은 것으로 나타났다.

노후준비를 하고 있는 사람들 가운데 보험회사 연금상품으로 준비하고 있다는 응답자는 70.3%에 달했다.

【 성공조건 3 】 맞벌이

아직도 전업주부를 꿈꾸시나요?

만약 그렇다면 남편을 잘 뒀거나 아니면 노후 위기를 제대로 실감하지 못한 경우인 것 같다. 이제는 부부가 함께 벌어야 한다. 성경에는 남자는 일하고, 여자는 자녀를 생산하는 고통을 안고 태어났다지만, 노후위기는 여자를 일터로 내몰고 있다. 처량한 노후를 맞이하지 않기 위해서라도 젊었을 때 부부가 힘을 합쳐 일하는 방안을 신중하게 고려해야 한다.

전업주부였던 여성이 새로운 일자리를 구할 때에도 노후에 어떤 일을 할 것인지를 생각한 뒤에 결론을 내리는 게 좋다. 미래를 생각하지 않고 당장 돈벌이가 되는 일을 선택한다면 후회할 수 있다. 자신이 노후에 하고 싶은 일과 맥을 같이하는 일을 찾는 게 중요하다.

남편과도 상의하는 게 좋다. 남편이 노후에 할 수 있는 일과 일치된다면 금상첨화다. H은행 지점장 출신인 현임종씨(57세, 162페이지 참조)는 요즘 화원을 운영한다. 명예퇴직을 하고 선택한 실버 창업이다. 현씨가 화원을 하게 된 배경은 현씨 부인이 명예퇴직 5년 전부터 화원을 운영한 게 계기가 됐다. 현씨 부인이 운영하는 화원이 단골고객을 확보할 만큼 운영이 잘 되자 현씨 역시 부인과 함께 동업(?)에 나선 셈이다. 명예퇴직을 과감하게 결정할 수 있었던 배경도 화원 사업이 예상보다 잘 됐기 때문이다.

【 성공조건 4 】 눈높이 낮춰야

많은 사람들이 현재의 생활수준을 노년까지 가져가길 원한다. 오히려 더 편한 삶을 추구한다.

그러나 눈높이를 낮춘다면 얼마든지 적은 돈으로 행복한 삶을 영위할 수 있다. 서울 소재 대학에서 정년퇴임한 L교수는 얼마 전 경기도 오산 근처의 미분양 아파트에 세 들었다. 살 목적이 아니라 연구실로 사용하기 위해서다. 서울에서 연구실을 얻으려고 했으나, 임대비용이 만만치 않아 눈높이를 낮췄다.

서울에서 천안까지 전철이 운행되기 때문에 오산은 전철로 출퇴근할 수 있는 위치에 있다. L교수는 월요일부터 금요일까지 오산 연구실에서 기숙하고, 주말에만 서울로 간다. 65세 이상 노인분들은 전철 이용이 무료이기 때문에 출퇴근에 따른 교통비도 들지 않는다.

서울과 수도권에 주택을 보유하고 있다면 노후에 지방으로 이전할 경우 상당한 돈을 절약할 수 있다. 지방에 주택을 구입하고 남은 돈으로 노후를 편하게 생활하겠다고 마음먹으면 노후걱정으로부터 해방될 수 있다. 다른 시각도 있다. 일부 부동산 전문가들은 서울에 있는 노른자 아파트를 팔고 지방으로 내려가지 말도록 충고한다. 차라리 역모기지론을 이용해 사는 게 좋다는 것이다.

요즘엔 다운시프트(Down shift) 바람이 불고 있다. 각박한 도시에서 살지 않고 시골로 내려가 인간다운 삶을 영위하는 이들은 눈높이를 낮춰 행복을 추구하려는 현명한 사람들이다.

【성공조건 5】 정책적인 배려

정책적인 배려가 뒤따르지 않으면 노후위기는 심각한 사회문제로 대두될 게 뻔하다. 무엇보다도 정부는 젊었을 때 개인연금 등으로 노후를 준비할 수 있는 풍토를 만들어야 한다.

문제는 개인연금에 가입할 수 있는 여유가 없다는 데 있다. 여러 이유 중 하나가 바로 사교육비 부담이 크기 때문이다. 사교육비를 줄여 그 돈으로 사보험에 가입해 노후를 준비할 수 있도록 해야 한다.

일자리 창출을 통해 근로소득을 올릴 수 있게 하는 것은 이보다도 우선적으로 풀어야 할 숙제다.

| 이제경 매경이코노미 차장 |

노후준비 10계명

1. 늦었다고 생각할 때가 가장 빠르다
2. 노후에 필요한 돈 계산하기
3. 노후에 할 일 준비하기
4. 국민연금 · 개인연금 계산하기
5. 세테크
6. 재무재설계
7. 노후에 살 곳 정하기
8. 취미 · 종교 갖기
9. 재정설계사 정하기
10. 인적 네트워크 재구축

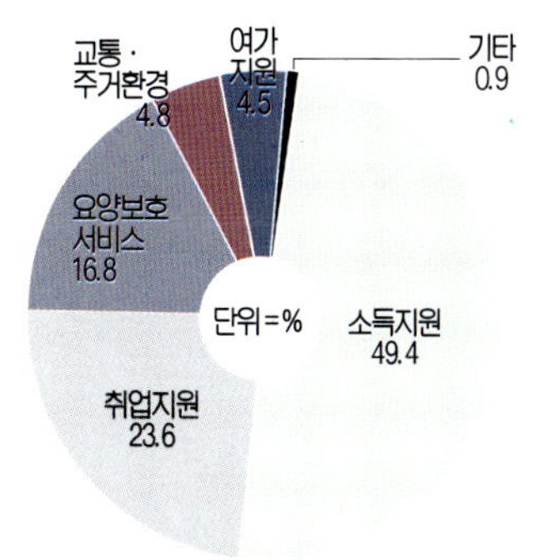

※보건복지부 자료(2005) 참조

나호웅 · 표순선 부부

요즘 나호웅씨는 그림그리기에 푹 빠져 있다.
수채화를 주로 그린다. 부인 표순선씨는 남편보다 더욱 바쁘다.
그녀는 대한적십자사 특별자문위원으로 활동한다.

막내를 대학 졸업시킬 때까지 해외여행은커녕 국내여행도 가보지 못했어요. 이젠 모든 것을 다해봅니다. 노후가 이렇게 편할 수가 없군요. 고생한 보람이 있습니다.”

삼성노블카운티에서 생활하는 나호웅(74) · 표순선(70)씨 부부는 요즘처럼 편안할 때가 없었다며 행복해 한다. 나호웅씨 부부는 노블카운티에서 ‘영계 부부’로 불린다. 나이가 많지 않은 연령 대에 속하기 때문이기도 하지만, 젊은 부부 못지않게 다정다감하게 노후를 즐기기 때문이다.

나호웅씨는 전직 치과의사 출신이다. 강원도에서 39년 동안 치과의사 생활을 하다가 2001년 치과 병원 건물을 팔고 노블카운티로 입주했다. 노블카운티 개원과 함께 입주한 경우로 현재 4년째다.

요즘 나호웅씨는 그림그리기에 푹 빠져 있다. 수채화를 주로 그린다. 이곳에서 그림그리기를 배워 1년 전부터 시간 있을 때마다 수채화를 그리기 시작했다. 나호웅씨 방을 찾으면 여기저기에 그림이 즐비하다. 그림을 배경으로 사진을 찍자는 제안에 “아직 그럴 실력은 못 된다”며 극구 사양한다. “나이가 들어 수족을 쓰지 못할 때가 되면 어떻게 시간을 보내나 생각해봤더니만 해답은 그림 그리기더군요. 팔만 움직일 수 있으면 그림을 그릴 수 있거든요. 또한 자연을 보는 눈이 달라져요. 자연의 색채가 그렇게 아름다울 수 없어요.” 봄, 여름, 가을, 겨울이 모두 그림이고, 계절에 따라 변하는 색채가 언제나 새롭게 느껴진단다.

“50대까지 국내여행도 못했죠”

그림과 함께 한문, 서예를 시작한지도 1년쯤 됐다. 치과의사를 하면서도 늘 그림과 서예를 하고 싶었다고 한다. “치과의사를 그만두려고 했을 때만 해도 망설였지만 지금에 와서 생각하면 왜 빨리 그만두지 않았는지 후회됩니다.”

부인 표순선씨는 남편보다 더욱 바쁘다. 그녀는 대한적십자사 강원도지사 소속 여성봉사 특별자문위원으로 활동한다. 38세부터 대한적십자사와 인연을 맺었고, 지금까지도 특별자문위원으로 봉사활동에 앞장선다. 올해 4월 대한적십자사의 100주년 기념행사와 관련해서 치러진 전국여성봉사특별자문위원회 총회를 강원도위원장 자격으로 직접 주관하기도 했다. 평상시 하는 일은 적십자 회비와 각종 지원금 모금이다. 바자회를 열기도 하고 직접 지원금을 모금하기도 한다. 양양 · 고성에 산불이 났을 때엔 자신의 일처럼 직접 나서 지원금을 거둬 피해주민들에게 보내줬다.

나호웅씨 부부는 노블카운티에 있는 주말농장에서 상추 등 여러가지 야채를 직접 재배하기도 한다.

표순선씨는 박경리의 ‘토지’ 16권 째를 보여 들면서 아직도 책을 놓지 않고 있다고 들려준다.

나호웅씨 부부는 노블카운티에서 부부가 함께 골프를 치는 몇 안 되는 커플에 속한다. 자식 농사를 잘 지어 더 이상 바랄 게 없다는 나호웅씨 부부는 젊은이에게 이런 말을 남긴다. “스트레스가 생기면 인내로 푸세요. 인생은 한 번 실패하면 역전이 쉽지 않아요. 저희 부부는 아직도 하루하루를 후회하지 않고 보내려고 노력한답니다.”

| 이제경 매경이코노미 차장 |

문자 민들레중창단 단장

봉사활동을 시작한 것은 60세 무렵.
성남복지원에서 노래 및 포크댄스 등을 지도하면서부터였다.
내 힘으로 남을 도울 수 있어 보람도 크다.

"**자**, 노래에 맞춰 나를 따라해 보세요. 가만히 있지 말고 몸을 움직이세요. 활기차게~ 잘하고 있어요."

의왕시에 위치한 다사랑종합병원. 매주 금요일이면 문자씨(72·여)는 이곳에서 알코올 중독자들에게 노래와 율동으로 봉사활동을 한다. 덕분에 알코올 중독자들도 이 시간만큼은 무료하지 않게 보낸다.

문자씨는 노후를 봉사활동으로 보내는 대표적인 경우다. 병원 봉사 이외에도 그는 의왕시 노인복지회관 실버합창단 단장을 맡아 매월 첫째 주 목요일마다 의왕시 양로원을 순회하면서 노래공연을 한다. 합창단 말고도 마음에 맞는 11명과 민들레중창단을 만들어 각종 행사 등에서 봉사활동에 임하고 있다. 물론 무보수다. 의왕시 봉사센터 소속인 민들레중창단은 지난해 봉사활동 우수사례로 뽑혀 경기도지사로부터 봉사활동상을 받기도 했다.

"남을 위해 살 수 있어 감사해요"

문자씨가 봉사활동을 시작한 것은 60세 무렵. 현직에서 은퇴할 즈음 성남복지원에서 노래 및 포크댄스 등을 지도하면서부터였다. 특별한 계기는 없었다. 본인이 예능에 소질이 많아 그런 일에 적합하다고 느꼈기 때문. 문자씨는 한때 성악 전공을 고려할 정도로 예능에 남다른 재능을 보였다. 또 손재주가 좋아 간단한 액세서리는 손수 제작한다. 그러다 남편과 사별하면서 적극적으로 봉사활동을 시작했다. 당시 큰 딸의 권유가 큰 힘이 됐다고.

"남편의 죽음 때문에 한동안 적적했어요. 바깥출입도 않고 집에서만 시간을 보내곤 했죠. 그러다 큰 딸이 복지회관 얘기를 하더군요. 의미있는 일이다 싶어 바로 시작하게 됐어요. 사실 노후에 무엇을 할까 고민도 많이 했어요. 그 동안 아이와 일 때문에 노후를 생각할 겨를이 없었거든요. 마침 큰 딸의 권유도 있었고, 또 내가 가진 재능을 발휘할 수 있는 일이라 여겨 시작했어요. 지금은 내 힘으로 남을 도울 수 있어 보람도 커요. 이런 기회를 주신 하나님께 감사하고 있죠."

문자씨는 대학 졸업 후 줄곧 유치원을 경영했다. 비교적 유복한 환경에서 자랐지만 바쁜 업무 때문에 따로 노후 준비를 하지 못했다. 그나마 노후 대비 연금도 남편 수술비로 다 써버려 경제적으로 기울었다. 한때는 자녀들로부터 도움 받는 것을 서글프게 여겼으나 자녀의 위로가 큰 힘이 됐다고. 현재 경제적인 문제는 자녀들(2남 3녀)이 도와줘 큰 어려움은 없다. 오히려 현재는 경제적, 정신적으로 편안해 마음껏 봉사활동에 임할 수 있다고.

"내 세대에 이렇게 남을 위해 봉사하며 살 수 있다는 것에 감사해요. 몸이 허락하는 한 계속 봉사활동을 할 거고요. 마음도 몸도 젊어지는 것 같아 너무 좋네요."

ㅣ **이용현** 매경이코노미 기자 ㅣ

진기섭 씨

팔 근육이 젊은 사람 못지않게 탄탄하다.
만 84세인 그는 몇살까지 헬스를 할 수 있는지 시험하고 있다.
아직도 10년 더 헬스를 할 수 있을 것 같다고.

기자를 만나자마자 시합을 하자고 제안한다. 아령 들기 시합이다. 기가 막혀 웃고만 있었더니만 점심내기를 하자며 거듭 요청해와 하는 수 없이 아령 들기 시합을 했다. 15kg짜리 아령이었다. 그러나 기자는 진기섭씨(85)와의 내기시합에서 졌다.

그는 진짜 80대 몸짱이었다. 아니 80대라고 얘기하면 서운해 할 것 같다. 역기와 아령 드는 모습을 지켜보면 젊은이보다 훨씬 낫다. "헬스만 딱 25년 동안 했어요. 대기업 임원을 마치면서 술을 멀리하고 오직 운동에만 매달렸죠."

그는 젊었을 때 재계의 산 증인이었다. 동양제철화학 창립자 이회림 명예회장과 함께 동양화학의 창립 멤버다. 그는 78년까지 동양화학(현 동양제철화학)에서 감사를 지냈으나 이수영 체제(현 회장)로 접어들면서 동양화학을 떠났다. 그 이후 동양화학 대리점을 운영했다. "창립 멤버를 배려한다는 차원에서 대리점 운영권을 줬고, 여생을 편히 살만한 돈을 모을 수 있었다"고 말한다.

"돈과 명예보다 건강을 선택했죠"

진기섭씨 2세들은 모두 미국에서 살고, 현재 진기섭씨 부부만 노블카운티에서 거주한다.

2002년 노블카운티로 입주하기 전만 해도 그는 서울 돈암동 근처 단독주택에서 살았다. 소공동 롯데호텔 헬스장을 가기 위해 자동차를 이용해야 했고, 식사 준비를 위해 파출부 신세를 지는 게 신경쓰였다고 한다. 고민 끝에 단독주택을 팔고 노블카운티로 이주했다. "이곳에서는 식사 준비로 골머리를 앓지 않아도 되고, 운동을 하기 위해 자동차를 이용하지 않아도 되기 때문에 너무 편리해요."

진기섭씨는 부인과 함께 10시쯤 헬스장을 찾는다. 부인은 러닝머신을, 자신은 자전거로 몸을 푼 뒤 1시간 30분 동안 근육강화 운동을 한다. 아직도 팔 근육이 젊은 사람 못지않게 탄탄하다. "몇 살까지 헬스를 할 수 있는지 시험하고 있어요. 아직도 10년 더 헬스를 할 수 있을 것 같아요."

그는 운동 이외에 다른 데 관심을 두지 않는다. 그 이유를 이렇게 말한다. "나이가 들수록 노욕은 건강에 치명적입니다. 욕심을 버리고 매일 운동하는 것 이상도 이하도 아닌 단조로운 생활을 할 뿐입니다."

그는 아직까지 건강을 유지할 수 있는 비결로 '욕심 없는 생활'을 꼽는다. 동양화학 다닐 때도 욕심을 부렸다면 돈을 더 많이 벌었을지 모르겠지만 건강을 잃었을 것이라고 단언한다. "생각해 보세요. 동양화학을 공동 창업했던 사람이 그만두고 나오기가 쉬웠겠어요. 나이가 들면 알게 될 겁니다. 건강만큼 중요한 게 없다는 사실을 말이죠."

| 이제경 매경이코노미 차장 |

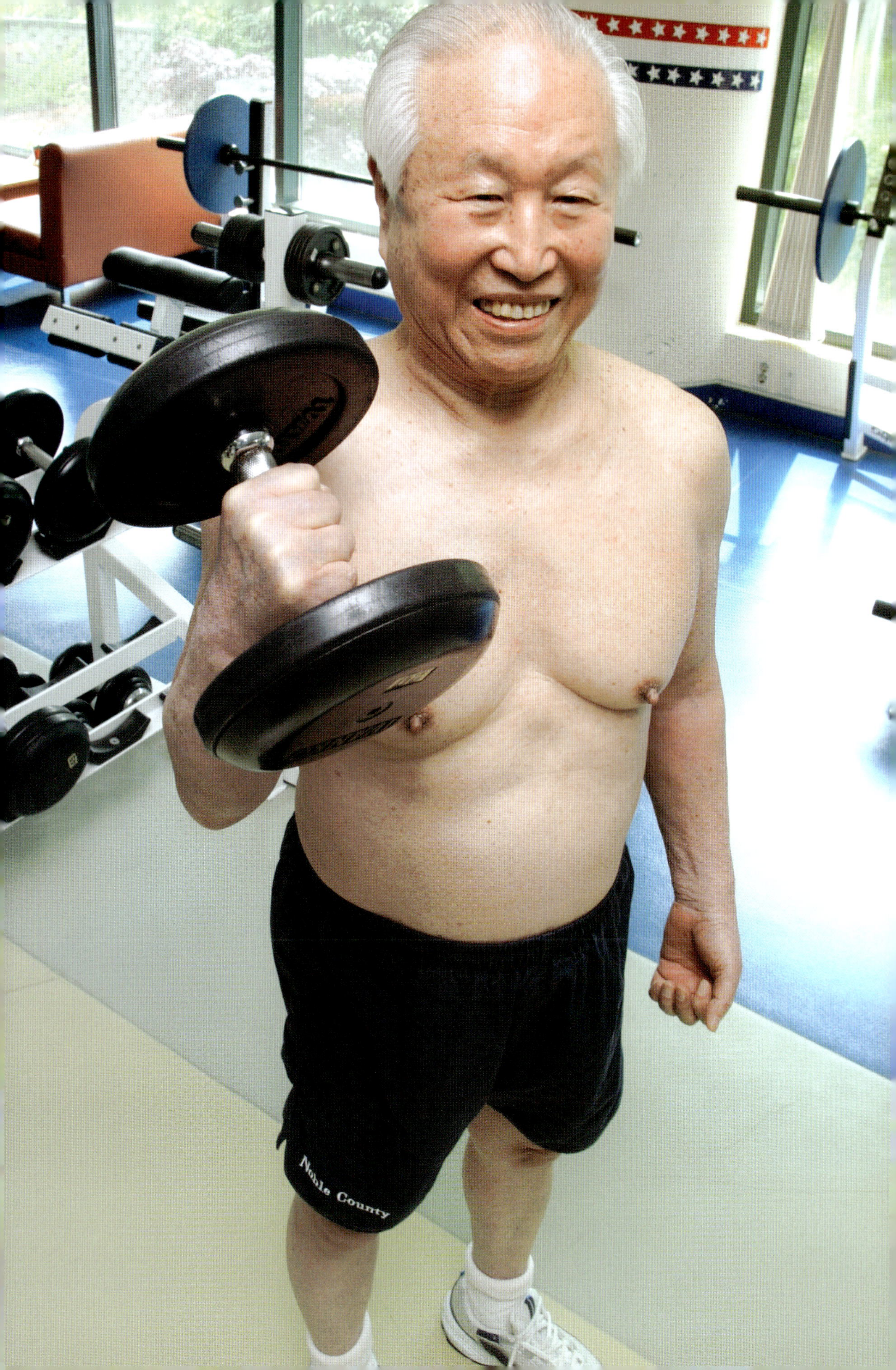
Noble County

내가 생각하는 골드세대

당신은 어떤 노후를 살고 싶은가. 당신이 그리는 노후의 모습은 십중팔구 당신의 소득을 크게 웃돌 것이다. 당신은 앞으로 얼마나 저축할 수 있으며, 당신이 그리는 미래를 살아가기 위해 어느 정도 돈이 소요될 것인지 예상해 보라. 당신은 어떤 집에서 살고 싶으며, 노후에 즐길 취미는 무엇이며, 어떤 일을 하면서 노후를 보낼 계획인가. 그런 미래를 위해 지금 당신은 무엇을 준비하고 있나.

내가 꿈꾸는 노후 생활

많은 사람들이 노후에도 현재 살고 있는 집에서 적극적인 사회 봉사 활동과 문화 생활을 즐기고 싶어하는 것으로 나타났다.

누구나 화려한 노후를 꿈꾸게 마련이다. 이들 가운데 상당수는 자신이 생각하는 노후가 실현 불가능한 꿈에 불과하다는 사실을 깨닫기까지 많은 시간이 길리지 않을 것이다.

과연 많은 사람들이 그리는 노후생활은 어떤 모습일까. PCA생명보험은 동서리서치에 의뢰해 한국 성인 1000명을 대상으로 '노후 설계 인식 및 실태'에 관한 설문조사를 실시했다. 설문 응답자들이 말하는 노후와 내가 그리는 노후생활이 어떻게 다른지 비교해보자.

이들에게 은퇴 후 어떤 노후 생활을 보내고 싶은지를 물었다. 10명 중 6명이 '시골 또는 교외에서의 전원생활을 하고 싶다'고 대답했다. '현재 생활을 유지 하겠다'는 응답은 34.5%였다. '실버타운에서 살고 싶다'는 응답자는 5.4%에 불과했다.

'전원 생활'에는 많은 뜻이 함축돼 있다. 경쟁에서의 해방, 조용한 생활, 저비용 생활을 원하는 사람들이 '전원생활'을 선택했다. 반면 '현재 생활 유지'는 문화생활을 즐기면서 현재의 소비수준을 바꾸지 않겠다는 뜻이 포함돼 있다. 연령, 소득, 직업 등으로 구분해 노후에 원하는 생활 패턴을 살펴보면 이 같은 해석은 더욱 분명해진다.

'현재 생활을 유지하겠다'는 반응은 남성보다 여성이 많았고, 젊은 층보다 50대 이상에서 높게 나타났다. 또한 공무원과 고소득층일수록 '전원생활'보다 '현재 생활'을 더욱 원했다. 이는 '현재 생활'이 '전원생활'보다 더 고비용이 수반되는 노후생활임을 반증한다. 흥미로운 대목은 일반 봉급생활자들의 경우 '현재 생활'보다 '전원생활'을 더 원한다는 점이다. 이들에게서 경

쟁 사회에서 벗어나 조
용한 노후를 꿈꾸고 있
음을 읽을 수 있다. 반
면 공무원이나 전문직
종사자들은 '전원생활'
보다 '현재 생활'을 선
호하는 경향을 보였다.

50대가 '전원생활' 보
다 '현재 생활'을 원하
는 이유는 의료서비스
를 편하게 받을 수 있
고, 사람 속에서 더불어
사는 삶을 원하고 있음
을 엿보게 한다.

노후에 3세대가 함께 할 수 있는 시간이 많다면 얼마나 좋을까. 사진은 노블카운티 입주자들이 가족들과 함께 하는 광경.

구체적으로 어떤 노후 생활을 하고 싶은지 물었다. 10명 중 4명이 '조용한 생활'을 꼽았다. '적극적인 사회 참여'를 원한다는 응답자도 33.7%에 달했다. '레저와 여가 활동을 원한다'는 대답은 25.4%였다.

저소득층일수록 '조용한 생활'을 원했고, 일반 회사원들 역시 '조용한 생활'을 선택했다. 반면 월 400만원 이상의 고소득자들은 '적극적인 사회 참여'를 원했다. 직업별로는 전문직에서 사회참여를 원하는 사람들이 많았다. 사회참여 방법으로는 '종교단체 봉사활동' '노인복지시설 봉사' '고아원 봉사' 등을 꼽았다.

'적극적인 레저 및 여가활동'을 원하는 쪽도 많았는데, 역시 전문직이거나 월 400만원 이상의 고소득층일수록 노후에도 적극적으로 레저활동을 하고 싶다는 반응을 보였다.

희망 은퇴시기

많은 사람들은 노후에도 경제활동을 하고 싶어하는 것으로 나타났다. 희망 퇴직 시기를 물어본 결과 남성들 가운데 60~70세라고 대답한 응답자가 무려 66.4%에 달했다.

70세 이상이라고 응답한 비율도 20.2%에 달했다. 60세 미만이라는 대답은 12.5%에 불과했다. 10명 중 8명이 60대 이후에도 일하고 싶어함을 알 수 있다.

본인의 희망과는 달리 몇 살 정도에 퇴직할 것으로 예상할까. 퇴직 예상 나이에 대해선 50~60세라는 응답자가 48.1%에 달했다. 퇴직 예상 나이가 많은 이유는 자신의 능력을 믿고 '설마 내가 명예퇴직 대상에 포함될까' 란 안일한 생각이 포함돼 있는 것으로 보인다.

그러나 희망 퇴직 시기와 예상 퇴직 시기와의 차이는 여전히 존재했다. 차이가 없는 응답자는 10명 중 2명에 불과했다. 나머지 8명은 희망 은퇴 나이가 훨씬 많았다. 희망 은퇴 시기와 예상 퇴직 시기와의 차이는 약 7년으로 조사됐다.

노후생활 예상 기간

일반 사람들은 은퇴 후 세상을 뜰 때까지의 기간을 어느 정도로 생각할까. 설문조사 결과 20년 이상 이란 대답이 40.6%였고, 10~20년이란 응답도 45%에 달했다.

평균 수명이 80세로 접어들고 있고, 직장인들의 퇴직 시기가 50대 초반이란 점을 감안하면 여전히 노후 생활 예상 기간을 짧게 생각하고 있는 것으로 드러났다.

전문가들은 퇴직 후 노후 생활 시간이 30년 정도 될 것으로 예상한다.

노후 생활 기간의 차이는 노후 생활 자금의 차이를 초래한다. 약 15년 정도 살 것으로 예상했으나, 30년 가까이 살게 된다면 노후 생활 자금이 부족하게 마련이다.

퇴직 후 생활

퇴직 후 생활에 대해선 '진정한 은퇴 생활' 을 원하는 쪽이 많았다. 응답자 가운데 57.1%가 편안한 은퇴생활을 꼽았다.

'자영업 등의 창업' 을 원한다는 대답은 28%였고, 재취업을 하고 싶다는 반응도 12.4%에 달했다. '진정한 은퇴생활' 을 원하는 쪽은 자영업, 전문직, 공무원들이었다.

반면 일반 회사원들은 자영업을 하겠다는 반응을 보였다. 직장인들은 퇴

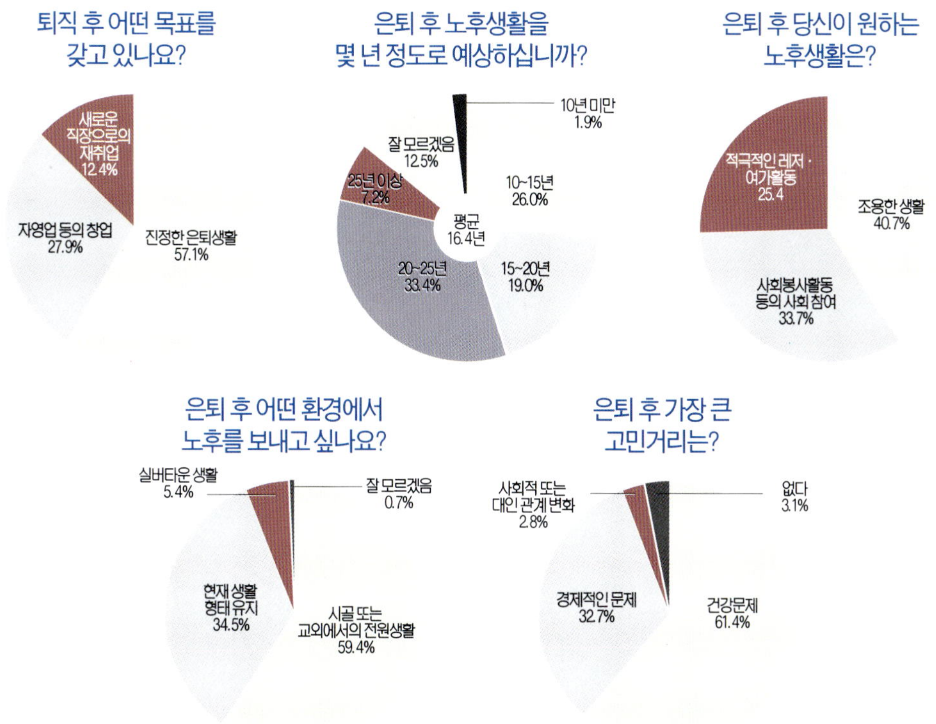

※주 : PCA생명이 동서리서치에 의뢰해 35세 이상 성인남녀 1000명을 대상으로 한 설문조사 결과임.

직 이후에도 경제활동을 해야만 편안한 노후를 맞을 수 있다고 생각하는 것으로 해석된다. 그렇지 않으면 경제적인 문제를 해결할 수 없다고 생각하는 것 같다.

은퇴 후 걱정거리

'인생 3막'을 사는 동안 가장 걱정되는 것으로 무엇을 꼽을까. 역시 건강이 걱정 1순위였다. 무려 61%가 '건강 문제'를 가장 많이 걱정했다. 다음은 '경제적인 문제(32.7%)'였다.

건강을 가장 중요하게 여기는 쪽은 일반 회사원보다 공무원이었고, 월 400만원 이상의 고소득자일수록 건강을 중요시 여겼다. 퇴직 이후 '진정한 은퇴 생활'을 원한다는 쪽도 돈보다 건강에 더 많은 관심을 보였다.

반대로 일반 회사원들은 '경제적인 문제'를 은퇴 후 최대 고민거리로 꼽았다. 무려 40.6%가 경제적인 부담을 가장 크게 걱정했다.

| 이제경 매경이코노미 차장 |

어느 정도 돈이 필요할까

설문조사 결과 노후 생활비로 가구당 월 233만원이 필요한 것으로 나타났다. 그러나 저축하는 돈은 예상 생활비에 크게 못 미치는 것으로 조사됐다.

노후 생활 형태로 조용한 '전원생활'을 꿈꾸는 사람들이 '현재 생활을 그대로 유지'하는 쪽보다 많은 것으로 PCA생명보험의 설문조사 결과 드러났다. 경제적으로 여유로울수록 '현새 생활'을 유지하길 원했고, 저소득층과 일반 직장인일수록 '전원생활'을 원했다. 일반 직장인들은 생활비를 줄이는 방도로 전원생활을 염두에 두는 것으로 보인다.

PCA생명보험이 동서리서치에 의뢰해 설문조사한 결과에 따르면 노후에 필요한 생활비가 구체적으로 어느 정도인지를 생각하지 않는 사람이 많은 것으로 조사됐다.

'은퇴 후 필요 예산 규모에 대해 생각해본 적이 있느냐'는 질문에 대해 52.3%가 '생각해 본 적이 없다'라고 대답했다. 막연하게나마 노후에 '전원생활'을 해야겠다고 생각했을 뿐 구체적으로 '전원생활'에 필요한 자금이 얼마인지를 생각해보지 않았다는 얘기다.

'노후 생활비를 생각해 본 적이 있다'는 응답자는 47.7%였다. 자영업자나 일반 회사원보다 공무원들이 은퇴 후 예산 규모에 대해 더 많이 생각해 본 것으로 조사됐다. 또한 월 평균 가구 소득이 높은 계층일수록 노후 필요 경비에 대해 민감한 반응을 보였다. 월 400만원 이상을 버는 사람들 가운데 무려 60.5%가 노후 필요 경비를 생각했다고 대답한 반면 월 200만원 미만의 사람들은 32.4%만이 노후 필요 예산을 생각해 본 것으로 조사됐다. 소득이 낮은 경우 노후에 대한 걱정이나 준비보다는 당장 현재 생활에 급급한 때문으로 분석된다.

은퇴 후 예상 노후 기간이 많이 남아 있다고 느끼는 사람일수록 노후 필요 예산을 생각했다는 비율이 높았다.

은퇴 후 노후 월 생활비

은퇴 이후 여생을 마칠 때까지 필요한 돈이 얼마인지 생각해본 적이 있는 계층이나, 전혀 생각해 본 적이 없는 사람들 모두에게 '인생 3막'을 사는 데 필요한 생활비가 얼마 정도 될 것인지를 물었다.

'인생 3막'을 살면서 필요한 노후 생활비로 1인당 월평균 115만원을 예상한 것으로 조사됐다. 115만원엔 주택관리 비용이 포함됐다. 가구당 평균 구성원이 2.02명으로 응답했기 때문에 가구당 전체 노후 생활비 평균은 233만원. 고소득자의 기대치가 높기 때문에 평균 생활비 또한 높다는 점을 감안하더라도 노후 예상 생활비의 기대치가 다소 높은 것으로 조사됐다. 233만원은 현재 시점의 돈 가치이기 때문에 60세 이후 가치로 따지면 더 많아질 수밖에 없다.

금액별 응답비율을 보면 1인당 100만원 미만이란 현실적인 응답자는 35.8%로 가장 많았다. 전체 응답자 1000명 가운데 358명이 100만원 미만을 꼽은 셈이다. 100만원에서 150만원이란 응답자는 340명으로 100만원 미만을 원하는 사람과 비슷한 34%였다. 150만원에서 200만원 미만이 필요하다는 사람은 18.4%였고, 1인당 월 평균 200만원 이상이 필요하다는 응답자도 11.4%에 달했다.

서울 거주자를 비롯해 연령이 낮을수록, 월 소득이 높을수록, 전문직 종사자일수록 높은 노후 생활비를 원했다.

월 233만원을 원하면 60세부터 80세까지 20년 동안 쓰게 될 노후 생활비 총액은 5억5920만원(월 233만원×12개월×20년)에 달한다. 물가상승률과 이자소득을 계산하지 않은 단순한 금액이다. 노후 생활비 5억5920만원에 주

많은 사람들이 자신의 소득보다 더 많은 지출이 발생하는 노후 생활을 원한다. 사진은 노블카운티 한 입주자가 퍼팅연습을 하는 모습.

택비는 포함되지 않았다. 다시 말해 집을 한 채 보유한 상태에서 5억5920만원의 금융재산을 갖고 있어야만 설문응답자들이 생각하는 노후를 살 수 있다는 얘기다.

취미생활이나 레저활동을 하지 않고 그야말로 기본적인 노후 생활만 하는데 필요한 노후 예상 자금은 1인당 74만3000원으로 나타났다. 1인당이 아닌 가구(2.02명) 기준으로 하면 약 150만원 수준이다. 가구당 기본 생활비 150만원은 통계청이 조사한 우리나라 가구당 소비지출액 평균인 133만원과 비슷하게 맞아 떨어진다.

월 150만원을 쓴다면 노후 20년 동안 들어갈 총 생활비는 3억6000만원에 달한다.

노후를 위해 자영업을 시작하는 근로자들이 많다. 사진은 제일기획을 그만두고 자전거포를 운영하는 박호성씨(122페이지 참조).

노후 예상 보유 자산

골드세대가 되기 위해 재정적으로 준비를 하고 있다는 응답자는 63.9%에 달했다. 그렇다면 이들은 골드세대가 되는데 이후 필요한 돈이 어느 정도라고 생각해 봤을까.

은퇴 후 필요 예산 규모 책정 여부를 물어본 결과 '생각해 본 적이 있다'는 응답자는 47.7%에 불과했다. 이는 무슨 뜻일까. 앞에서 재정적으로 준비한다는 63.7% 가운데 상당수는 은퇴 후 필요 예산 규모를 생각하지 않고 있음을 의미한다. 그저 미래를 위해 저축을 하고 있을 뿐 정확한 목표를 갖고 필요한 노후 자금을 저축하고 있지 않다는 뜻이다.

과연 노후에 어느 정도 돈을 모을 수 있다고 생각할까. PCA생명보험이 동서리서치에 의뢰해 '노후 설계'에 대해 물어본 결과 은퇴 시 예상 보유 평균 재산은 2억8000만원으로 조사됐다. 평균 재산 2억8000만원엔 부동산이 포

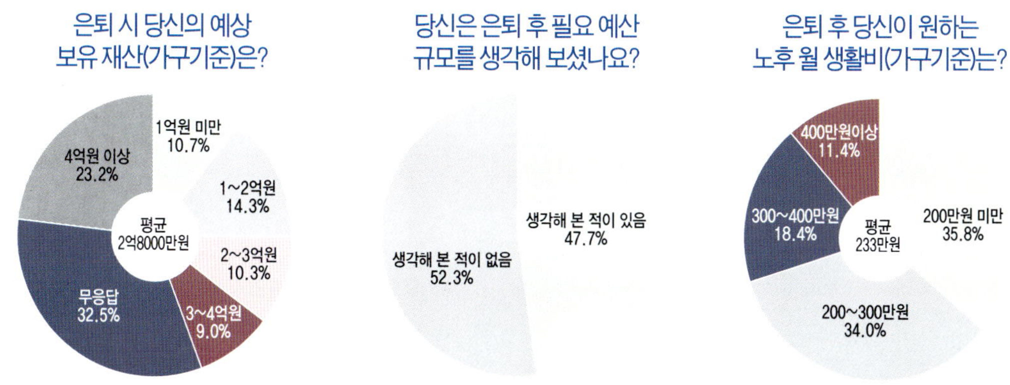

※주 : PCA생명이 동서리서치에 의뢰해 35세 이상 성인남녀 1000명을 대상으로 한 설문조사 결과임.

함돼 있다.

응답자 가운데 예상 보유 재산이 4억원 이상이라고 대답한 비율은 무려 23.2%에 달한다. 반면 1억원 미만이란 응답도 10.7%에 달했다. 1억~2억원이란 응답은 14.3%였고, 2억~3억원은 10.3%였다. 3억~4억원이라고 대답한 사람은 9.0%였다. 이를 평균해 보면 은퇴 시점의 가구당 예상 재산은 2억 8000만원이었다.

은퇴 시 예상 보유 재산과 은퇴 후 필요 예산과는 어느 정도 차이가 있을까. 일반적으로 필요 예산이 보유 재산보다 많게 마련이다. 이번 설문조사도 예상과 다르지 않았다. 예상 보유재산은 2억8000만원인데 반해 필요 예산은 가구당 4억6000만원이었다. 예상 보유재산이 노후에 필요한 예산에 훨씬 미치지 못한다. 노후 기대 수준이 예산을 초과함을 말해준다. 특히 서울 거주자, 남자, 예상 노후 기간이 짧을수록 예상 보유재산과 필요 예산과의 차이가 컸다.

은퇴 후 필요 예산은 '인생 3막'을 살면서 필요한 생활비로 얼마를 생각하느냐는 질문에 대한 대답을 통해 간접적으로 계산한 금액이다.

설문 응답자들은 노후 생활비로 가구당 월 평균 233만원을 원한다는 입장이다. 월 233만원을 20년 동안 쓴다고 단순 가정했을 때 필요 노후 경비는 5억5920만원이다. 그러나 설문조사 결과 드러난 가구당 필요 예산 규모는 4억6000만원이었다. 이 같은 차이는 은퇴 시점을 60세로 가정했을 때 20년 미만을 살 것으로 예상하고 있기 때문에 발생한다.

| 이제경 매경이코노미 차장 |

나는 어떤 준비를
하고 있나

아무런 준비를 하지 않는 사람보다 노테크를 준비하는 사람이 더 많으나 저축금액은 예상 지출액
보다 적었다.

'당신은 골드세대를 위해 어떤 준비를 하고 있습니까'.

PCA생명의 설문조사 결과 '골드세대를 준비한다' 는 응답자가 63.9%로, '아무런 준비를 하지 않는다' 는 응답자(36.1%)보다 많았다. 과연 골드세대를 준비하는 63.9%의 사람들은 언제부터 노후 준비를 했으며, 구체적으로 어떤 준비를 하고 있을까.

먼저 언제부터 노후준비를 했는지가 궁금하다. 40세 미만부터 노후에 대비했다는 응답이 59.8%로 가장 많았다. 노후 준비를 일찍부터 하는 게 좋다는 생각을 갖고 있는 것으로 확인됐다.

'인생 3막(노후)' 을 재정적으로 준비하고 있다는 응답자 가운데 노후준비를 언제부터 했는지 물어봤다. 50대 가운데 40세 미만부터 시작했다는 비율은 28.4%였고 40~44세에 노후 준비에 나섰다는 응답도 27.8%에 달했다. 심지어 45~49세에 노후를 준비하기 시작했다고 대답한 사람도 21.9%였다. 50세 이상 돼서야 정신을 차리고 노후 대비를 위해 저축하기 시작했다는 사람도 무려 21.9%에 달했다.

전반적으로 노후대비는 빨리 하는 게 좋다고 생각하면서도 50세 이상 계층에서는 너무 늦게 노후대비책을 세운 것으로 드러났다.

재정적으로 노후 대비책을 세우고 있다고 대답한 63.9%의 사람들은 어떤 식으로 골드세대를 준비하는 것일까. 노후 대비 상품으로 '생명보험회사 연금보험상품' 에 가입했다는 응답자는 무려 70.3%로 가장 많았다. '은행 예금' 을 선택했다는 응답자도 48.4%에 달했다. 상당수가 은행 예금과 보험회사 연금 상품을 중복해서 가입하고 있음을 엿보게 한다.

임대수입으로 노후를 편안하게 살고자 하는 사람들이 많으나 임대물량이 많을 것으로 보여 부동산 임대업도 밝지 않다.

부동산 임대사업에 뛰어들었다는 응답자도 28%에 달했다. 부동산 임대업에 관심을 보인 계층은 주로 월 소득이 400만원 이상인 계층이었고, 또한 40~50대에서 부동산 임대업으로 노후를 대비한다는 응답자가 많았다.

주식이나 펀드에 가입했다는 사람도 14.1%에 달했다. 주식이나 펀드에 높은 관심을 보인 쪽은 전문직 종사들이었고, 일부 고소득층에서 펀드에 가입한 사람들이 많았다. 연령대별로는 40대 이하가 좀 더 높은 비중을 보였다.

국민연금과 공무원연금을 노후 대비 상품이라고 대답한 사람도 각각 2.5%와 1.7%를 차지했다.

연금보험, 은행 상품, 부동산 임대, 주식 가운데 중복해서 대답한 사람은 1.7명에 불과했다. 이는 재산 포트폴리오가 편중돼 있음을 시사한다. 만약 투

자 상품을 금융상품·부동산 임대·주식 펀드 등으로 분산했다면 중복 응답
자는 1.7명보다 훨씬 많게 나타났을 것이다.

노후 준비 상담 여부

'인생 3막'을 재정적으로 설계할 때 전문 컨설턴트들의 도움을 받은 경험
이 있는지를 물었다. 대부분은 상담 경험이 없다고 대답했다. 재정적으로
'인생 3막'을 준비하고 있다고 대답한 63.9% 가운데 무려 64.6%가 상담 경
험이 없었다. 재산 포트폴리오가 편중돼 있는 것만 봐도 노후 설계 컨설팅을
받지 않았음을 엿볼 수 있었고, 실제 노후 설계가 부실함을 확인할 수 있었
다. 만약 노후 설계 컨설팅을 제대로 받았다면 노후 필요 자금이 구체적으로
얼마인지 생각해보지 않았다는 대답이 많을 리 만무하다.

재정적으로 '인생 3막'을 준비한다는 63.9% 가운데 18.5%만이 전문컨설
턴트의 도움을 받아 노후 설계를 했다고 대답했다. 전문 컨설턴트의 도움을
받았다고 대답한 사람들은 월 소득이 많은 쪽이었고, 노령층보다 젊은층이
많았다. 직업군에선 일반 회사원이 전문 컨설턴트의 도움을 받는 편에 속했
다. 반면 공무원과 전문직 종사자들은 재무 컨설팅을 선호하지 않는 것으로
조사됐다.

국민연금에 대한 인식

'국민연금이 당신의 노후 대비책으로 어느 정도 기여할 것으로 생각 하십
니까'.

이 같은 질문에 대해 많은 사람들은 국민연금을 별로 신뢰하지 않는 것으
로 확인됐다. 국민연금에 대한 신뢰도는 5점 만점에 2.41점으로 나타났다.
노후대비책으로 국민연금을 크게 신뢰하지 않고 있음을 의미한다.

그나마 50대 이상에서 국민연금에 대해 신뢰감을 표시했을 뿐이며, 고소
득층일수록 국민연금에 별 관심을 두지 않는 것으로 조사됐다. 현행대로라
면 국민연금은 2036년부터 적자로 돌아선다. 젊은층에서 국민연금을 노후
대비책으로 신뢰하지 않는 게 어찌 보면 당연한 셈이다.

노후 생활에 국민연금이 어느 정도 도움이 될 것인지에 대해 물었다. 국민
연금에 대한 신뢰도는 2.41점이었으나 노후 생활 도움 정도는 2.71점으로 다
소 높았다. 신뢰도 뿐 아니라 노후 생활 도움 여부에 대해서도 50대에서 만

족도가 높게 나타났다.

국민연금 수령 시기가 되면 어느 정도의 노령연금을 받을 수 있을 것으로 생각할까. 평균 노령연금 수령액은 56만원으로 조사됐다. 직종별로 보면 일반 회사원이 67.8만원으로 가장 높게 나타났고, 전문직 63만원, 자영업 46.6만원으로 조사됐다. 자영업자들은 매출 노출을 꺼려하는 경향 때문에 국민연금 보험료를 적게 내는 편이다. 이 같은 이유로 노령연금 수령액을 적게 예상한 것으로 보인다.

소득수준이 높을수록 국민연금 예상 수령액이 많게 나타났다. 월 소득이 200만원 미만자들은 국민연금 수령액을 38만원으로 예상한 반면 월 400만원 이상 소득자는 71만원으로 내다봤다.

연령이 낮을수록 국민연금 예상 수령액이 높게 나타났다. 가입기간이 길기 때문에 받을 연금이 더 많을 것으로 기대한 탓이다.

연금보험 가입 여부

국민연금을 별로 믿지 않고 국민연금 예상 수령액이 56만원에 불과할 것으로 생각한다면 연금보험 등으로 스스로 노후를 대비하고 있을까. 앞에서 노후 필요 예상 경비가 월 233만원이었다는 점을 감안하면 국민연금 예상 수령액 56만원은 노후생활비로 턱없이 부족하다.

과연 부족분을 어떻게 준비하고 있는 것일까. 전체 설문 응답자 1000명 가운데 연금보험 가입 여부를 물어본 결과 56.6%가 연금보험에 가입했다고 대답했다. 2명 중 1명 이상이 정부에 의존하지 않고 스스로가 미래를 준비하고 있는 셈이다.

연금보험 가입자 중 월 400만원 이상 소득자의 가입비율이 가장 높았다. 고소득자 100명 중 74명이 연금보험에 가입한 것으로 조사됐다. 반면 200만원 미만 생활자들 가운데 연금보험 가입비율은 30.4%에 불과했다. 가입비율이 고소득자에 비해 절반 이하로 떨어졌다. 이는 빈익빈 부익부가 심화될 수밖에 없음을 암시한다. 또한 서민층의 노후 문제가 심각한 사회문제로 대두될 수 있음을 엿보게 한다. 직종별로는 전문직 종사자가 연금보험을 선호했고, 공무원은 연금보험을 별로 탐탁치 않게 생각한 것으로 드러났다. 아마도 공무원들은 노후 대비책으로 공무원연금을 철석같이 믿고 있기 때문으로 해석된다. 연령대별로는 나이가 많을수록 연금보험 가입비율이 높았다.

| 이제경 매경이코노미 차장 |

윤석관 성덕정밀 사장

노후에 대비하기 위해 10개의 보험에 가입했다.
월 400만원을 보험료로 낸다.
보험 외에 재무적인 다른 노후 준비는 임대료 수입이다.

"**늦**어서까지 고생할 필요 있나요." 윤석관 성덕정밀 사장(46)은 오늘도 사업장에서 구슬땀을 흘린다. 그에게는 휴일이 따로 없다. 윤 사장은 그것을 노후 준비의 핵심으로 꼽는다.

"언제 무슨 일이 닥칠지 모르는 게 인생 아니겠습니까? 한창 일할 때 열심히 일해둬야 나중에 노후를 편안히 보낼 수 있지 않나 생각해요. 개미와 배짱이 얘기도 있잖아요. 추운 겨울이 오기 전에 열심히 일해서 겨울을 준비해야죠."

현재 그는 화장품, 양주병 및 플라스틱 뚜껑을 만드는 금형 공장을 운영하고 있다. 가정 형편 상 일찌감치 사회생활을 시작했다. 그러던 중 평생직장을 가져보자는 생각으로 30대 초반에 사업에 뛰어들었다. 당시 선배가 운영하던 사업체를 인수하면서 금형사업을 시작하게 된 것.

윤 사장이 노후에 관심을 갖게 된 계기는 아버지의 죽음에서다. 당신이 힘들게 살다 돌아가시는 걸 보면서 그렇게 살지는 말아야겠다는 생각을 가졌다고.

"제가 30대 초반 무렵 아버지가 돌아가셨어요. 아버지는 생활이 어려워 노후에 대해서는 생각할 겨를도 없었죠. 저는 그때부터 노후 준비에 관심을 가졌어요."

윤 사장은 당시 한창 사업을 시작하느라 경제적으로 아버지를 도와드리지 못한 것을 지금도 가슴 아프게 생각한다. 그래서 그는 경제적 여유로움을 가지고 편안하게 노후를 보내고 싶어 한다.

"60세 이후에는 한적한 곳에서 아내와 같이 운동도 하면서 편안하게 살고 싶어요. 가끔 나이 지긋한 할아버지, 할머니가 가족들과 함께 다정한 모습으로 나들이를 가는 걸 볼 때 있잖아요. 부럽다는 생각이 들어요. 저도 그렇게 곱게 늙고 싶은데 말이죠."

한 달 보험료만 400만원

넉살좋은 웃음을 지어보이며 말을 하지만 윤 사장은 노후준비가 철저하다. 그가 노후를 대비해서 준비하는 것은 보험. 지금까지 들어놓은 보험을 다 합치면 10개에 이른다. 이중 노후준비를 위한 연금보험은 4개. 그것도 5개를 가지고 있다가 사업상 문제 때문에 하나를 해약했다. 한 달 나가는 보험료만 400만원에 이른다고.

"보험은 굳이 노후 준비보다는 미래의 예기치 않은 불행을 대비하기 위해 들어둔 거예요. 그렇게 생각하니까 보험만큼 실용적인 게 없다는 생각이 들었어요."

보험 외에 재무적인 다른 노후 수단은 임대사업이다. 현재 윤 사장은 사업장에 딸린 옆 건물에 세를 주고 있다. 그는 연금보험과 국민연금, 건물 임대료를 합치면 60세 이후에는 어느 정도 편안한 노후를 보낼 수 있을 거라 생각하고 있다. 그렇지만 윤 사장은 돈이 노후준비의 전부는 아니라고 말한다.

| 이용현 매경이코노미 기자 |

이맹혁 BHC 잠실본점 점장

그가 생각하는 노후대비책은 두 가지다. 부동산과 보험.
부동산은 경기도 양평에 택지를 조금 구입했다.
보험은 연금보험을 고려중이다. 불확실한 미래에 대비하기
위해서는 보험만한 대비책이 없기 때문이다.

"직장생활을 오래 하다 보니까 몸도 마음도 지치더라고요. 삶의 전환점이 필요했어요. 항상 제2의 인생을 생각했는데, 바빠서 실행이 안 되더라고요. 더 이상 늦으면 안 되겠다 싶어 과감히 회사를 그만뒀죠."

이맹혁 BHC 잠실본점 점장(53)이 23년 동안 몸담았던 회사(롯데칠성음료 대전공장)를 떠난 이유다. 그는 제2의 인생을 살겠다는 생각으로 4년 전 치킨체인점 문을 열었다. 현재 이 사장은 대기업 시절 근무경험을 살려 샘플 시식 행사 등으로 브랜드 알리기에 주력하고 있다.

이 사장의 현재 목표는 치킨체인점을 어느 정도 키우는 것이다. 애써 준비한 제2의 인생이 물거품이 되지 않길 바라기 때문이다. 그래서 사업에 매진하는 그의 노력은 남다르다. 좋아하는 운동도 일 때문에 그만둔 지 오래다. 또 밤늦게 배달하고 가게 정리를 하면 어느새 자정을 훌쩍 넘긴다. 노후를 어떻게 준비하고 있냐는 질문에 이 사장은 "신경 쓸 겨를이 없다"고 잘라 말한다.

"노후준비요? 생각은 해봤지만 아직 여력이 안 돼요. 우선 사업이 잘 돼야 해요. 그래야 노후자금도 마련하죠. 현재는 국민연금 뿐입니다. 노후를 생각하면 불안한 감도 없지 않죠. 하지만 지금은 이 일이 더 중요해요. 일단 사업에 매진한 후에 차차 생각해 보려고요."

부동산과 보험에 주력할 계획

이 사장은 현재 나가는 돈이 많다. 아직 사업이 만족할만한 수준이 아닐 뿐더러, 두 자녀는 대학생이다. 게다가 집안에선 장손이라 각종 제사에 들어가는 비용은 본인이 부담한다.

구체적으로 노후를 준비하지는 않지만 그가 생각하는 노후대비책은 두 가지다. 부동산과 보험. 이 사장은 "안정적인 투자를 선호한다"고 말한다. 주식이나 펀드 등은 '울렁병' 걸린다고 손사래를 친다. 주위에서 패가망신하는 사례도 많이 봤다고. 부동산은 경기도 양평에 택지를 조금 구입했다. 앞으로 시세를 봐가면서 재테크에 나설 계획이다. 부동산으로 이익을 볼 수 있을지 확신하지는 못하지만 땅이 있다는 생각을 하면 마음이 든든하단다. 보험은 연금보험을 고려중이다. 불확실한 미래에 대비하기 위해서는 보험만한 대비책이 없기 때문이다.

그는 줄곧 직장에만 매진하느라 세상 일을 잘 몰랐다고 말한다. 대기업 시절 경험해보지 못했던 다양한 부류의 사람을 만나면서 세상에 대한 눈을 뜨고 있다고. '이제 시작'이라는 말이 현재 그에게 가장 잘 어울리는 문구일 것 같다.

그는 어떤 미래를 꿈꿀까.

"노후에는 내 시간을 마음대로 활용할 수 있었으면 해요. 지금은 바빠서 그럴 겨를이 없지만요. 그 동안 미뤄뒀던 일들을 하나씩 하면서 보낼 생각입니다. 그러기 위해선 지금 열심히 일해야겠죠?"

| 이용현 매경이코노미 기자 |

BHC

꿈·현실 차이 인식하기

꿈과 현실의 차이를 인식하는 것부터 인생 설계는 시작한다. 먼저 냉철하고 객관적으로 당신의 현실을 평가해 보라. 노후에 국민연금은 얼마를 받으며, 다른 사회안전망을 통해 당신의 노후가 어느 정도 보장되는지를 따져 보라. 만약 당신이 현실을 냉정하게 평가했다면 다음에 할 일은 분명해진다. 미래를 위해 하루라도 빨리 준비하는 것이다. 먼저 깨닫는 사람이 먼저 미래를 준비할 수 있다.

국민연금 얼마나 될까

국민연금 지급 연령이 되지 않았다 해도 국민연금을 최소 10년 이상 가입했다면 연금수급연령 5년 전부터 받을 수 있다. 이 경우 소득이 없어야 가능하다.

사회안전망 가운데 그나마 사람답게 살 수 있는 최소장치는 국민연금이다. 일부에선 2042년이면 국민연금이 바닥난다지만 어떤 식으로든 국민연금 체제는 유지될 것이다. 그 이전에 보험료를 높이거나 보험금을 낮추는 형식으로 국민연금법이 개정될 게 분명하기 때문이다. 공무원연금이나 사학연금 또한 개정될 수밖에 없다. 공무원연금과 사학연금은 이미 재정 지원을 받고 있기 때문에 조만간 관련법이 개정될 것이다.

국민연금 받는 시기

국민연금 보험료를 내는 시기는 60세까지다. 이는 직장 가입자나 지역가입자 모두 마찬가지다. 단지 국민연금을 받는 시기는 나이에 따라 다소 다르다. 1952년 이전에 태어나 국민연금에 가입했다면 60세 생일잔치를 마친 다음 달 국민연금을 타게 된다. 이를 노령연금이라고 한다.

1953년 이후 출생부터 5년 단위로 수령시기가 1년씩 늦춰진다. 53~56년 출생자라면 61세부터 국민연금을 받게 되고, 57~60년생은 62세부터 받는다. 베이비 붐 세대인 61~64년생인 경우는 63세부터 연금을 받게 된다. 65~68년 생이라면 64세부터, 69년생 이후부턴 65세나 돼서야 비로소 국민연금을 수령한다. 물론 현 국민연금법이 개정되지 않았을 경우를 가정했을 때다.

국민연금 지급 연령이 되지 않았다 해도 국민연금을 최소 10년 이상 가입했다면 연금수급연령 5년 전부터 받을 수 있다. 이 경우 소득이 없어야 가능하다.

A씨는 63세부터 노령연금을 받는 게 원칙이지만 직장이 없을 경우 58세부터 국민연금을 신청할 수 있다. 단 58세에 노령연금을 신청하면 당초 예상했던 금액을 받을 수 없다. 이 경우 예상액의 75% 수준에 만족해야 한다. 4년 전인 59세에 신청하면 80%, 60세에 받으면 85%, 61세에는 90%, 62세에 신청하면 95%를 받는다.

가입자가 갑자기 사망하거나 장애를 입었을 경우엔 국민연금 지급시기와 관계없이 해당 연도에 국민연금이 나간다. 유족연금과 장애연금 형태다.

유족연금은 국민연금을 가입한 배우자가 사망했을 때 상대 배우자나 자녀가 받는 연금을 말한다. 자녀가 유족연금을 받으려면 자녀 나이가 18세 이하여야 한다. 18세가 넘으면 부모가 모두 사망했다고 해도 유족연금을 받지 못한다. 장애연금은 장애를 당한 연금가입자가 받게 된다.

나는 국민연금 얼마나 받나?

국민연금 가입자들은 과연 자신이 연금수령 시기가 됐을 때 얼마나 받을 수 있는지 알고 있을까. 아마도 대부분의 가입자들은 별 관심을 갖지 않을 것 같다. 60세까지 연금 보험료를 납입할 수 있을지 모를뿐더러, 그다지 많지 않을 것으로 생각하고 관심을 두지 않는다. 그러면서도 월 100만원쯤은 받을 수 있을 것 같은 막연한 기대감을 갖는다.

언제부터 국민연금 받을 수 있나

출생 연도	받는 연도	받는 나이
~52년	~2012년	60세
53~56년	2013~2017년	61세
57~60년	2018~2022년	62세
61~64년	2023~2027년	63세
65~68년	2028~2032년	64세
69년 이후	2033년 이후	65세

63년생인 A씨 사례를 통해 국민연금을 어느 정도 받을 수 있는지 알아보자. A씨는 사업장 가입자이고, 현재 매월 32만4000원의 보험료를 낸다. 월소득액이 360만원 이상이어서 최고 보험료인 32만4000원을 내고 있다. 국민연금법이 개정되지 않는 한 60세까지 현 보험료 수준이 더 이상 오르지는 않는다. 아무리 월급이 오른다 해도 마찬가지다.

과연 A씨는 사업장 가입자로 60세까지 보험료를 낼 수 있을까.

현 보험료 32만4000원을 60세까지 납부했을 때 A씨는 어느 정도의 노령연금을 받게 될까. A씨는 63년생이기 때문에 63세인 2026년에 노령연금을 받게 된다. A씨는 4월생이기 때문에 5월부터 노령연금을 받는다. 이때 받을 노령연금은 월 123만8276원이다. 국민연금관리공단은 연금수령시기에 현재의 가치를 유지해준다고 하지만 여전히 부족하게 느껴진다.

2023년까지 월 32만4000원을 내고 2026년 5월부터 100여만원의 연금을 받는다면 과연 이 돈으로 무엇을 할 수 있을까.

A씨는 63세에 노령연금을 받을 자격이 생기지만 연간 500만원 이상의 소득이 있게 되면 당초 예상했던 노령연금 100%를 모두 받지 못한다. 67세 이전까지 고령연금이 10~50%까지 차감된다.

만약 A씨가 2005년 7월에 사망했다고 가정하자. 이때 A씨 배우자는 유족연금을 받게 되는 데 매월 받을 수 있는 유족연금은 37만9300원이다. 유족연금은 A씨 배우자에게 죽을 때까지 지급된다. 만약 2005년 7월에 A씨가 1급 장애를 입었을 경우 A씨는 장애연금으로 매월 72만1510원을 받게 된다.

A씨는 장애가 지속되는 한 죽을 때까지 장애연금을 받을 수 있다. 만약 A씨가 만 63세가 되면 노령연금을 중복해서 받을 수 있을까. 결론부터 얘기하면 불가능하다. 연금은 큰 쪽 하나만을 받도록 돼 있다. A씨가 장애연금을 받고 있다면 설사 63세가 됐다 해도 노령연금을 받을 수 없다.

A씨가 4급의 장애를 입게 되면 장애 일시보상금이 지급된다. 이때 A씨가 받게 되는 일시보상금은 1892만4500원이다. 장애등급이 1~3급인 경우엔 평생 동안 장애연금이 지급되지만 4급이면 일시보상금만 지급된다. 일시보상금 지급 이후 장애연금은 지급되지 않는다.

만약 A씨 배우자가 사업장 가입자나 지역가입자로 국민연금에 동시에 가입했다면 어떻게 될까. A씨 부부는 국민연금 지급 연령 시기에 각각 국민연금을 받게 된다. 일부에선 동시에 가입했다고 해도 부부가 함께 국민연금을 받지 못할 것으로 생각하나 잘못 알고 있다.

단 이럴 수는 있다. 부부가 국민연금에 가입했으나, 한 배우자가 사망했을 경우 노령연금과 유족연

A씨. 63년생, 사업장 가입자

- ■가입시기 : 1990년 4월
- ■연금수령 시기 : 2026년

현재 월납부액	32만4000원
(A씨, 사업자 각각 50% 부담)	
납부보험료 총액(예상)	1억16만3700원
월 연금지급액(예상)	123만8276원
월 유족연금(예상)	37만9300원
1급 장애연금(예상)	72만1510원
2급 장애연금(예상)	58만4620원
3급 장애연금(예상)	44만7740원
장애 일시보상금(예상)	1892만4500원

B씨. 71년생, 사업장 가입자

- ■가입시기 : 2000년 4월
- ■연금수령 시기 : 2036년 4월

현재 월 납부액	21만3600원
(B씨, 사업자 각각 50% 부담)	
납부보험료 총액(예상)	8630만5500원
월 연금지급액(예상)	99만5816원
월 유족연금(예상)	25만3990원
1급 장애연금(예상)	57만9330원
2급 장애연금(예상)	47만890원
3급 장애연금(예상)	36만2440원
장애 일시보상금(예상)	1508만5800원

탑골공원에는 항상 노인분들로 북적인다.

금을 한꺼번에 받지 못한다. 이 경우 연금액이 큰 쪽 하나만을 선택할 수밖에 없다.

노령과 유족연금 동시 수령 못해

2000년부터 국민연금에 가입한 B씨(사업자 가입자)는 현재 21만3600원의 보험료를 낸다. 국민연금은 월 소득에 따라 보험료가 달라지는 구조다. B씨의 월 소득은 267만~280만원으로 사업장 등급으로 따지면 39등급에 속한다. 앞의 A씨는 월 소득이 360만원을 넘기 때문에 최고 등급인 45등급에 해당된다.

B씨는 45등급이 될 때까지 보험료가 상승해 결국 최고 보험료인 32만

4000원을 내게 될 것이다. B씨는 앞으로 보험료가 올라갈 것이기 때문에 현재 기준으로 노령연금을 계산한다면 실제치보다 적을 수밖에 없으나 일단 현재 기준으로 예상을 해보자. B씨는 71년생이기 때문에 65세에 국민연금을 수령한다. B씨가 노령연금을 받는 시기는 2036년이다. 이때 받게 될 노령연금은 99만 5816원이다. 앞으로 30년 후의 일이다. 60세까지 보험료를 꾸준하게 납부해야 받을 수 있는 돈이다.

어떻게 하면 더 이익일까

국민연금관리공단은 연금 운용수익률이 개인연금보다 훨씬 높다고 강조한다. 실제 운용수익률이 개인연금보다 높은 게 사실이다.

A씨는 국민연금 운영수익률이 높다는 말에 이런 생각을 해본다. 현재 직장에 다니지 않는 부인이 임의가입자 형식으로 국민연금에 가입하는 게 개인연금보다 유리하지 않을까. 평균수명이 길어지기 때문에 평생 받는 국민연금이 연금 수령기간이 정해진 개인연금보다 좀 더 유리할 수도 있다는 생각에서다. 개인연금에 월 20만원을 저축하는 것보다 임의가입자 형식으로 국민연금에 월 20만원을 부인 이름으로 넣으면 좋지 않을까.

과연 개인연금에 가입한 경우와 임의가입자 형식으로 자발적으로 국민연금에 가입한 경우를 비교하면 어떤 쪽이 더 유리할까. 쉽게 예상할 수 없지만 나이가 50대 이상이거나 소득수준이 낮다면 임의 가입도 해볼만 하다. 실제 임의 가입자가 약 10만명 가까이 된다. 그러나 소득이 많거나 나이가 젊다면 임의가입이 반드시 최선의 선택이라고 단정지을 수 없다.

부부가 모두 가입했다 해도 연금수급연령이 되면 연금은 부부에게 각각 지급된다.

그러나 60세 이후 연 500만원 이상의 소득이 있게 되면 10~50%의 연금이 줄어든다. 또한 배우자 한쪽이 사망하게 되면 소득이 있는 상대 배우자가 사망한 배우자의 유족연금을 받을 수 없다. 한 사람이 2개의 연금을 받을 수 없다는 규정 때문이다. 둘 중 연금수령액이 많은 쪽 하나만을 선택해야 한다. 만약 부부가 소득 없이 90세 이상까지 산다면 임의 가입자로 국민연금에 가입하는 게 훨씬 유리할 수 있으나, 배우자 중 누가 언제 세상을 뜰지 모른다고 가정하면 임의가입이 불리하다.

| 이제경 매경이코노미 차장 |

퇴직연금 얼마나 될까

확정급여형(DB)은 기존 퇴직금제와 비슷하다고 보면 된다.
확정기여형(DC)은 변액연금보험을 생각하면 쉽다. 정해진 금리가 아니라 운용수익률에 따라
받을 금액이 달라진다. 운용이 잘못되면 마이너스 수익률을 올릴 수도 있다.

2005년 12월 1일 퇴직연금제가 도입되면서 '순간의 선택이 노후를 좌우'하는 시대가 도래했다. 같은 월급을 받으며 같은 기간 근무했더라도, 어떤 퇴직연금제를 선택했느냐에 따라 퇴직금 수령금액이 달라지게 됐기 때문이다.

회사가 근로자의 퇴직급여를 금융기관에 맡겨 운용한 뒤 연금이나 일시금으로 지급하는 제도인 퇴직연금제. 곧 다가올 초고령화 사회에서 근로자들은 퇴직연금을 어떻게 활용할 수 있을까. 퇴직연금 재테크와 관련한 5가지 궁금증에 대해 정리해봤다.

1. 퇴직연금제 아래서 퇴직금을 얼마나 받게 될까

이제 노후를 국민연금, 퇴직연금, 개인연금 등 3가지로 준비하는 시대가 됐다. 따라서 각각 얼마 정도의 자금이 들어올 것인가를 계산해볼 필요가 있다. 그러나 결론적으로 퇴직연금의 예상 금액은 단정 짓기 어렵다. 현재 대다수 근로자들이 선택하고 있는 DC형은 원금이 보장되지 않는 일종의 펀드같은 형태이기 때문이다.

퇴직연금에는 DB형과 DC형 두 가지가 있다. 일단 DB형과 DC형이 무엇인지에 대해 이해할 필요가 있다.

DB는 Defined Benefit의 준말로 보통 확정급여형이라 한다. DC는 Defined Contribution을 가리키며 확정기여형이라 부른다.

확정급여형은 기존 퇴직금제와 비슷하다고 보면 된다. 근로자의 퇴직금 액수가 사전에 확정되고, 확정된 액수만큼 일시불이나 연금 형태로 지급된다. 이 때 퇴직금 액수는 현재 퇴직금제 아래서의 퇴직금 액수와 같다.

확정기여형은 변액연금보험을 생각하면 쉽다. 정해진 금리가 아니라 운용 수익률에 따라 받을 금액이 달라진다. 운용이 잘못되면 마이너스 수익률을 올릴 수도 있다.

2. 퇴직연금으로 언제 전환할까

모든 사업장은 2010년까지 퇴직연금으로 전환해야 한다. 유예기간인 2010년까지는 기존 퇴직금제나 신규 퇴직연금제 중 하나를 노사간 합의로 선택할 수 있다. 꼭 둘 중 하나가 아니라 두 제도 병행도 가능하다.

● 현행 퇴직금제도와 퇴직연금제 비교

구 분	퇴직금제	퇴직연금제	
		확정급여형	확정기여형
퇴직급여 지급형태	일시금	연금 또는 일시금 (퇴직금과 동일 금액)	연금 또는 일시금 (퇴직금보다 많거나 적을수 있음)
퇴직급여 보장	불안정	일부위험 존재	보장(자산운용 위험 제외)
운용 책임	회 사	회사	근로자
적합한 대상	도산위험 없는 기업, 임금상승률 높은 근로자	대기업, 장기근속 근로자	중소기업, 이직이 잦은 근로자

※자료:한국투자증권

퇴직금 누진제가 적용되는 회사라면 서둘러 퇴직연금으로 전환할 필요가 없다. 수익률 측면에서 퇴직금 누진제가 훨씬 유리할 가능성이 높기 때문이다.

퇴직금 누진제가 적용되지 않으면서 재무건전성까지 낮은 회사라면 하루라도 빨리 퇴직연금제로 전환해야 한다. 기존 퇴직금제 아래서는 회사가 망했을 경우 퇴직금을 받지 못하는 경우가 허다했다. 그러나 퇴직연금제가 되면 회사가 강제적으로 근로자의 퇴직급여를 금융기관에 맡겨야 하기 때문에 퇴직금을 떼일 염려가 훨씬 줄어든다.

3. 퇴직연금으로 전환할 때 DB형, DC형 중 무엇을 선택할까

위에서 설명한 바와 같이 확정급여형은 근로자 입장에선 기존 퇴직금제와 같다고 봐도 무방하다. 단, 해당 기업이 퇴직금의 60%만 외부에 위탁하고, 나머지 40%는 회사 내에 적립시키는 게 약점이다. 만약 기업이 망하면 퇴직금의 40%는 떼일 수도 있다.

확정기여형은 내용이 확 달라진다. 근로자의 연금 급여는 적립금 운용결과에 따라 달라진다. 운용이 잘 되면 확정급여형에 비해 높은 수익률을 올릴 수 있지만 리스크가 동반된다. 최악의 경우 원금조차 못 건지게 될 수도 있다. 이런 리스크를 줄이기 위해 주식에 대한 직접투자가 금지되고 위험자산

투자 비율은 40%로 제한한다는 안전장치가 마련됐다. 어쨌든 퇴직금 수령액 규모가 근로자 개인에게 달려있기 때문에 개인 책임이 커진다. 반면, 기업이 퇴직금 100%를 자산관리기관에 내므로, 적어도 퇴직금 원금을 떼일 염려는 하지 않아도 된다.

확정급여형과 확정기여형의 차이점은 여기서 그치지 않는다. 이직시 퇴직금 이전이 가능한가, 중간에 추가로 금액을 더 넣을 수 있느냐, 없느냐, 또는 중도인출이 가능하냐, 아니냐 하는 것도 큰 차이점이다.

회사를 이전할 때 두 회사 모두 확정기여형을 선택하고 있다면, 혹은 DB형 회사에서 DC형 회사로 옮긴다면 퇴직연금의 자동 이전이 가능하다. 확정기여형은 개인별 계좌가 존재하므로 중간에 여유자금이 생겼을 경우 추가로 금액을 더 넣을 수도 있다. 이 때 개인연금보험과 합해 연간 300만원까지 소득공제 혜택을 받을 수 있다. 무주택자가 집을 장만할 때나, 부양가족이 6개월 이상 요양이 필요할 때, 천재지변 발생 등 사정이 생기면 중도인출도 가능하다. 확정급여형의 경우엔 추가 납입이 안 된다. 중도인출이 불가능한 것은 물론이다. 확정급여형 회사로 옮길 경우, 전 회사가 DC형이었건 DB형이었건간에 상관없이 모두 이전이 안 된다.

단, 담보대출은 확정급여형과 확정기여형 모두에서 가능하다. 중도인출과 같은 사유가 있을 때 예상 급여액의 50% 이내에서 담보대출을 받을 수 있다.

그럼 DB형과 DC형 중 무엇을 선택할까.

확정급여형은 투자에 신경 쓰고 싶지 않다, 굳이 리스크를 지느니 안전하게 정해진 퇴직금만 받아도 만족스럽겠다고 생각하는 이들이 선택하면 좋다. 임금 수준이 비교적 높거나, 임금상승률이 커 정해진 퇴직금만으로도 노후에 큰 도움이 된다고 생각하는 이들이라면 더더욱 금상첨화다. 공사나 대기업 등 안정된 직장의 근로자들이 주로 선택할 것이라는 게 일반적인 인식이다. 예를 들어 향후 급여가 연평균 6% 이상 인상된다면 이는 6%의 수익률을 올리는 것과 마찬가지다. 퇴직연금을 통해 연 6% 이상 수익을 올릴 자신이 없다면 확정급여형을 택하는 게 낫다.

확정기여형은 반대로 리스크를 감당하더라도 좀 더 많은 퇴직금을 받을 수 있는 기회를 갖고 싶다고 판단하는 이들에게 알맞다. 중소·벤처 기업 등 상대적으로 기업 안정적인 면이 대기업보다 낮은 기업에 근무하는 이들에게도 솔깃할 수 있다. 적어도 퇴직금을 떼일 염려는 없어지기 때문이다. 사양산업에 속하는 등 여러 가지 이유로 임금상승률이 낮을 것으로 예상되는 업종에 종사하는 사람들의 경우도 확정기여형이 유리하다. 보험개발원 측은 "임금상승률이 평균 4% 미만이라면 확정기여형이 낫다"고 설명한다.

4. 운용기관은 어디를 선정할까

퇴직연금은 기본적으로 장기금융상품에 속한다. 퇴직금이 5000만원 이상일 경우, 5000만원까지인 예금자보호 대상에서 벗어날 수도 있다. 이 같은 점을 감안할 때 무조건 우량한 금융기관을 선택해야 한다.

그렇다면 어떤 금융기관이 우량한 곳일까. 은행은 BIS(국제결제은행) 자기자본비율을, 보험사는 지급여력비율을, 증권사는 영업용 순자본비율을 보는 게 제일 정확하다.

5. 연금받기 전 퇴직했을 땐 어떻게 할까

퇴직연금에 10년 이상 가입하면 55세가 됐을 때 연금 형태로 퇴직연금을 받을 수 있다. 연금 수령 조건에 도달하지 못한 상태에서 회사를 그만두면 어떻게 될까. 이럴 경우엔 개인퇴직계좌(IRA)를 활용해보자. IRA에 퇴직금을 넣어놓으면, 55세부터 이 돈을 연금 형태로 받을 수 있다.

IRA는 DC형과 같다고 보면 된다. DB형이건, DC형이건 회사를 그만두면 퇴직금을 일시금으로 받을 수 있다. 새로 들어갈 회사가 DC형이면 이전하면 되지만, DB형이면 이전이 불가능해 그냥 갖고 있어야 한다. 이직 회사가 결정되지 않았을 경우도 마찬가지다. 당장 생활에 무리가 없다면 개인퇴직계좌를 만들어 적립할 수 있다. IRA는 중도해지는 가능하지만, 추가불입은 안 된다. 한편 IRA에 가입한 사람이 새 직장을 잡으면 새 직장에서 별도로 퇴직연금에 가입해야 한다. 새 직장 퇴직금은 퇴직할 때 퇴직일시금으로 받아 다시 IRA에 추가 적립시키면 된다.

IRA에는 세금 인하 요인도 존재한다. 퇴직금을 일시금으로 받을 때 이에 대한 소득세를 내야 한다. 퇴직일시금을 받아 6개월 이내에 IRA에 적립시키면 퇴직소득세는 이연된다. 이렇게 이연된 소득세는 나중에 퇴직금을 연금 형태로 받을 때 종합소득세 형태로 내게 된다. 종합소득세에 포함시켜 세금을 내는 게 퇴직소득세 형태로 내는 것보다 금액이 적다. 또 세금으로 내야 할 돈을 당장 내지 않고, 투자 원금에 합쳐 자산을 굴릴 수 있다는 점에서도 이득이 된다.

| 김소연 매경이코노미 기자 |

다른
사회 안전망은 없나

퇴직자 중 고용보험 내용이 자신에게 직접적으로 다양한 혜택이 있음에도 불구하고 시기를 놓쳐 재무적 손실을 보는 사례도 종종 있다.

국민연금 이외에 노후에 기댈 수 있는 다른 사회 안전망은 없을까. 또 다른 사회 안전망 가운데 가장 대표적인 것이 바로 고용보험이다. IMF 외환위기 직후 갑작스런 구조조정 등의 사유로 노동부 고용안정센터는 실업급여를 받고자 하는 이들로 붐비곤 했다. 우리는 그 안에서 다양한 실업급여 대상자들을 볼 수 있었다. 실업급여 없이는 생계조차 유지하기 어려운 사람들에서 고급 승용차 운전기사가 고용안정센터 앞에서 대기하고 있는 장면까지 볼 수 있었다. 그러나 이제는 고용보험제도에 대한 사회적 편견은 없어져야 한다. 왜냐하면 고용보험제도가 퇴직 후 누구에게나 가장 단기적으로 재무적 도움을 주는 제도로 인식되어야 한다고 생각하기 때문이다.

고용보험을 퇴직 후 재무적인 측면에서 살펴보면 노후설계를 하는데 모든 문제들을 해결해 줄 수는 없겠지만 상당한 도움이 된다. 특히 퇴직자에게 단기적인 접근에서 직접적이고도 실질적 도움이 된다. 2주마다 적극적인 구직활동을 하고 고용안정센터를 직접 방문하여 실업인정을 받아야 하는 등의 다소 불편함은 있겠지만 재무적 측면에서 매우 도움이 되는 것은 사실이다.

선진국에서도 퇴직 컨설팅을 할 때 1차적으로 고용보험제도와 같은 정부 지원제도를 설명하듯 마찬가지로 국내에서도 실제 퇴직 컨설팅 장면에서 이러한 내용은 매우 중요하다. 일정기간 재무적인 측면에서 도움을 받은 퇴직자 사례도 많다. 그러나 퇴직자 중 고용보험 내용이 자신에게 직접적으로 다양한 혜택이 있음에도 불구하고 시기를 놓쳐 재무적 손실을 보는 사례도 종종 있다. 그렇기 때문에 퇴직 전 재무적인 측면에서 우선 이러한 고용보험 관련 사항에 관심을 갖고 적극적으로 활용하는 것이 무엇보다 중요하다고 할 수 있다.

　　마지막으로 퇴직 후에는 퇴직 직후 겪게 되는 충격을 최소화하고 심리적인 안정을 취하면서 이러한 고용보험제도를 적극적인 제2의 인생을 여는 아주 기초적인 작업으로 생각하고 이를 활용해야 한다.

　　다음에 제시되는 내용들은 퇴직 전에 살펴 봐야 할 고용보험 활용제도를 나열하고 있다. 퇴직과 관련된 고용보험 내용을 실직자 즉 퇴직자에게 주어지는 재무적인 혜택과 퇴직자가 재취업에 활용할 수 있는 제도로 나누어 설명하고자 한다.

1. 퇴직자(실직자)에게 주어지는 재무지원제도

　　퇴직자의 재무적인 지원제도로 가장 잘 알려진 것은 '실업급여' 일 것이다. 실업급여와 함께 새로운 직장에 조기 재취업을 하면 지급하는 인센티브 제도로 '조기재취직수당' 이 있다.

실업급여(구직급여)

　　실업급여는 퇴직 다음날로부터 12개월이 경과하면 지급 받을 수 없다. 수급기간이 경과하면 원칙적으로 실업급여가 지급되지 않기 때문에 실직 후 지체없이 노동부 고용안정센터를 방문하여 실업신고를 해야 한다. 실업급여는 실업기간 중 가장 핵심적이고 중요한 급여로 피보험자의 실업기간 중 생활안정을 도모하기 위하여 지급되는 것으로 이직 전 18개월 중 180일 이상을 고용보험적용사업장에서 근무한 후 불가피한 사유로 이직하여 재취업의사와 능력을 가지고 있는 경우에 지급한다.

　　실업급여 수급금액은 이직 전 직장에서 지급 받던 평균임금의 50%를 지급받게 된다. 평균임금이란 산정사유 발생 이전 3개월간의 임금총액을 그 기간의 총 일수로 나눈 금액을 말한다. 종전에 받던 월급 수준을 모두 받을 수 있는 것은 아니다. 최고액이 4만원(1일)에 불과하다. 최저액은 최저임금법 상의 시간급 최저 임금액(일급 8시간 기준 2만2700원, 시급 2840원)의 90%다. 다만 퇴직금이나 퇴직 위로금 등을 1억원 이상 지급받거나 지급받을

●● 실업급여 지급기준

〈단위:일〉

연　령 ＼ 피보험기간	1년 미만	1년~3년 미만	3년~5년 미만	5년~10년 미만	10년 이상
30세 미만	90	90	120	150	180
30세 이상 ~50세 미만	90	120	150	180	210
50세 이상 및 장애인	90	150	180	210	240

※이직 시 연령과 피보험 기간에 따라 90 ~ 240 일간 지급

것이 확실시 되는 사람은 실업신고일로부터 3개월 간 실업급여 지급이 유예된다.

실업급여 신청방법 및 신청절차는 다음과 같다.

우선 실업급여를 신청하기 위해서는 방문 전 먼저 본인이 거주하는 곳에서 가장 가까운 고용안정센터(1544-1350)에 전화로 이직확인을 한다. 그리고 노동부의 실업급여 안내교육 시간을 사전에 체크한 후에 방문해야 한다. 수급자격자가 실업급여를 받기 위해서는 매 2주마다 지정된 실업 인정일에 거주지 관할 고용안정센터를 방문하여 구직활동내역 등을 실업인정신청서에 기재하여 제출해야 한다.

⚫⚫ 실업급여 신청방법 및 신청절차

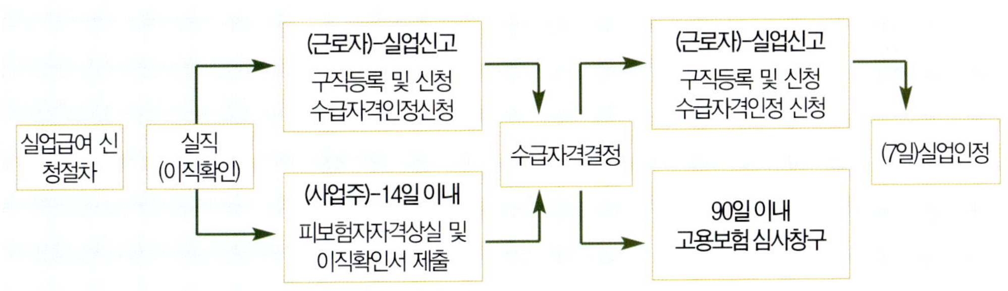

조기재취직수당

조기재취직수당이란 실직자의 실직기간을 최소화 시키고 안정된 직장에 조기 재취직을 장려하기 위한 인센티브제도다. 2003년까지는 수급자격자 자신의 소정급여일수의 2분의 1 이상을 남기고, '안정된 직장에 조기취직' 한 경우, 수급자격자의 구직급여 일액에 미지급일수의 2분의 1을 곱한 금액을 지급했다. 하지만 2004년 1월부터는 잔여소정급여일수에 관계없이 남은 소정급여일수의 2분의 1을 곱한 금액이 지급되고 있다. 조기재취직수당에 해당되는 경우는 다음과 같다. 첫째, '대기기간이 경과한 후'에 6개월 이상 계속 고용될 것이 확실하다고 인정되는 직업에 취직할 것, 둘째, 퇴직 전의 사업주 또는 관련사업주에게 재고용되는 것이 아닐 것, 셋째, 실업 신고일 이전에 채용을 약속한 사업주에게 고용된 경우가 아닐 것, 넷째, 재취직일 이전 2년 이내에 조기재취직수당을 지급받은 사실이 없을 것, 다섯째, 수급기간 내에 자영업준비활동을 재취업활동으로 신고하여 실업인정을 받고 6개월 이상 사업을 영위할 것이 확실한 경우 등이다.

2. 퇴직자(실직자)가 재취업에 활용할 수 있는 제도

다음 열거하는 내용은 사업주에게 지원하는 고용보험의 '고용안정사업' 내용이다. 그 내용이 사업주 지원 내용임에도 불구하고 여기에 소개하는 특별한 이유가 있다. 즉 퇴직자가 입장을 바꾸어 이를 재취업 전략에 활용하여 볼 수 있기 때문이다. 이에 고용안정사업 내용 중에서도 퇴직자에게 도움이 될만한 중·장년 훈련 수료자 채용장려금, 장기구직자 고용촉진장려금, 신규고용촉진장려금 내용을 간략하게 소개하고자 한다.

고용안정사업

고용안정사업 가운데 중·장년 훈련수료자 채용장려금은 중소제조업체가 극심한 인력난을 겪고 있음에도 40대 이후 구직자들보다 젊은 층을 선호하여 일어나는 인력수급 불일치 현상을 해소하고 중·장년 층의 신속한 재취업을 위하여 만든 제도이다.

수급요건은 상시 근로자 500인 이하 중소제조업체 사업주로서 3개월 이상 훈련과정의 '실업자재취직 훈련'을 받거나 노동부장관이 지정 고시한 훈련과정을 수료한 40세 이상의 실업자를 훈련수료일로부터 6개월 이내에 피보험자로 새로 고용한 사업주면 가능하다. 다만 채용된 근로자가 최종 이직 전 사업주 또는 관련 사업주에게 다시 채용된 경우, 비상근촉탁근로자, 근로계약기간이 1년 미만인 자를 채용한 경우는 제외된다.

지원수준 및 지원기간을 보면 채용 후 최초 6개월간은 매월 60만원, 그 이후 6월간은 매월 30만원씩 지급된다. 다만 새로이 채용된 피보험자가 지급 받은 임금이 장려금액 미만의 경우에는 그 지급 받은 금액은 3개월간 매월 60만원, 이

정부는 실직자들에게 재취업할 수 있는 길을 열어주기 위해 다양한 제도를 운영한다.

기 관	사이트 주소	비 고
노동부	www.molab.go.kr	노동정책 법령 등
노동부 워크넷	www.work.go.kr	노동부에서 운영하는 고용안정 정보망 ☎ 1588-1919
국민건강보험관리공단	www. nhic.or.kr	☎ 1588-1125
국민연금관리공단	www. npc.or.kr	☎ 국번 없이 1355
근로복지공단	www.welco.or.kr	☎ 1588-0075
고용보험 인터넷 서비스	edi.work.go.kr	고용보험 가입 이력 확인
4대 보험 포털 사이트	www.4insure.or.kr	4대 보험 관련
한국산업인력공단	www.hrdkorea.or.kr	직업훈련, 자격검정, 고용촉진
직업훈련정보망	www.hrd.go.kr	훈련정보 검색

후 3개월간 매월 40만원, 그 이후 6개월간 매월 20만원씩 지급(총1년간 420만원을 지급) 된다.

장기구직자 고용촉진장려금은 6개월 이상 장기구직자를 채용하는 사업주에게 장려금을 지원함으로써 실업의 구조적 악화를 방지하고 신규실업자의 노동시장 진입을 촉진하기 위한 장려금이다.

지급요건은 고용안정센터에 구직신청 후 6월(국민기초생활보장법상 '취업대상자'는 3월)을 초과하여 실업상태에 있는 사람을 고용안정센터 등 알선에 의해 채용해야 한다. 이 경우 노동부장관이 매년 고시하는 금액(월 60만원)을 6개월간 지원하며 채용 전 3월, 채용 후 6월간 고용조정으로 근로자를 이직시킨 사업주는 제외된다.

신규고용촉진장려금을 보면 준고령자(50~64세)를 피보험자로 채용하는 사업주에게는 채용후 6개월은 30만원, 나머지 6개월은 15만원(500인 이하 제조업 30만원)을 지급한다. 또 정년을 57세 이상으로 정하고 있는 사업장에서 18개월 이상 근무한 고령자를 계속 고용하거나 3개월 이내에 재고용하는 경우(근로계약기간 1년 이하는 제외), 1인당 월 30만원을 6개월간(500인 이하 제조업 1년) 지급한다.

이상 간략하게 퇴직 후 활용해 볼 수 있는 고용보험제도에 대해서 살펴보았다. 이처럼 고용보험 내용이 퇴직과 노후를 대비하는데 있어 단기적 측면의 가장 기초적 준비사항이 될 수 있을 것이다. 중요한 것은 여러분들이 실제 상황에서 활용하여 보는 것일 것이다. 또, 관련 사이트를 참고하여 구체적인 내용과 함께 최신 정보를 주기적으로 수집하는 것도 잊지 말자.

| **장욱희** 커리어파트너 대표 |

꿈 · 현실 차이 인식하기

어떤 노후를 꿈꾸고 있는가. 그 꿈을 이루려면 어느 정도의 돈이 필요하다고 생각하는가. 현실을 감안하지 않은 채 꿈만 너무 크면 오히려 건강을 해치기 쉽다.

'꿈은 달콤하나, 현실은 쓰다'

자신이 바라는 노후 생활은 천국과도 같다. 넓은 정원이 딸린 전원주택에서 자녀와 함께 즐기는 노후는 생각만 해도 즐겁다. 친구까지 불러 바비큐 파티라도 즐긴다면 영화에서나 볼 수 있는 모습 그 자체다.

많은 사람들은 행복한 미래를 꿈꾸면서도 막상 꿈을 현실로 옮기는 노력은 별로 하지 않는다. 노후 설계는 꿈과 현실의 차이를 느끼고 확인하는 단계부터 출발한다. 대부분 꿈과 현실에 차이가 크기 때문이다.

차이를 인식했다면 다음 단계는 노후 계획을 세우고, 실천하는 일만 남았다. 꿈이 너무 현실과 동떨어져 있다면 자신이 그리는 노후의 눈높이를 낮추는 것도 현명한 해결 방안이다.

현실을 감안하지 않은 채 꿈만 너무 크면 오히려 건강을 해치기 쉽다. 자신이 그리는 행복한 노후를 살기도 전에 저 세상으로 갈 수도 있다.

동양화학 창업에 동참했다는 진기섭씨(85)는 "건강을 위해 자신의 욕심을 버렸다"고 인터뷰에서 털어 놓았다. 좀 더 오랫동안 회사에 남겠다는 생각을 했다면 몸을 축냈을 것이지만 그는 과감하게 건강을 선택했다. 84세의 나이에 아직도 젊은이 못지않게 헬스를 할 수 있는 건강을 유지할 수 있는 비결이기도 하다.

어떤 노후를 꿈꾸고 있는가. 그 꿈을 이루려면 어느 정도의 돈이 필요하다고 생각하는가. 아마도 필요한 돈을 계산해 낼 수 없을지도 모른다. 꿈이 막연하기 때문이기도 하지만, 현실적으로 불가능한 허황된 꿈일 가능성도 높다.

우리나라의 중산층에 대한 정확한 개념은 아직 정립되지 않았다. 그러나 많은 사람들은 자신이 중산층에 속한다고 생각한다. 물론 이같은 '중산층 거품' 현상도 97년 IMF(국제통화기금) 외환위기 이후 많이 줄어들었다. 외환위기를 겪으면서 비로소 자신이 중산층에 포함되지 않는다는 점을 깨달은 것이다.

중산층이란 착각부터 버려라

중산층은 중위층 또는 중간층과는 다른 개념이다. 가구소득과 자산 기준으로 순위에 따라 전 가구를 한 줄로 세웠을 경우 중간 영역에 위치하는 소득계층을 흔히 중위층 또는 중간층이라고 한다. 중산층은 중위층이나 중간층보다 상위에 위치하는 소득계층을 말한다. 1인당 평균 국민소득으로 계산했을 때 평균 영역에 속한 계층을 의미하기 때문이다. 중산층이 이처럼 중위층과 다른 이유는 재산의 편중 때문이다. 부자는 소수지만 워낙 재산이 많기 때문에 평균값에 크게 영향을 미친다.

만약 집 한 채를 보유하고 현금소득이 약 4억원 이상이라면 중산층이라고 얘기할 수 있다.

이같은 중산층이라 해도 노후에 근로소득이 없으면 월 400만원 이상의 가구 수입은 불가능하다.

60세까지 국민연금을 잘 냈다고 가정했을 때 100만원 정도의 국민연금을 받는다 해도 월 300만원의 수입은 생겨야 한다. 4억원을 은행에 넣어둬 봐야 월 이자수입은 150만원도 채 안 된다. 결국 현재 살고 있는 집을 줄이지 않고선 월 400만원의 수입을 올릴 수 없다.

월 400만원의 수입이 필요하다면 자식에게 의존하지 않고 해결할 수 있는 방법으로 노후에도 일을 할 수밖에 없다. 아니면 젊었을 때 좀 더 적게 쓰고 개인연금 등을 더 많이 가입해야 한다.

꿈과 현실의 차이를 인식한 탓일까. 요즘 들어 자녀 교육비를 줄여가면서까지 저축을 늘리는 부모들이 늘고 있다.

또한 자녀에게 재산을 늦게 물려주거나, 노후대비를 위해 아예 증여를 하지 않는 부모도 생겨나고 있다. 재산을 물려줬는데도, 자식들이 부모를 돌보지 않고 나 몰라라 하는 사례들을 주위에서 많이 보고 들었기 때문일까.

| 이제경 매경이코노미 차장 |

김태랑 와인전문가

김 단장이 3막 인생의 테마로 와인에 관심을 가진 것은
지난 2000년. 파리에서 KOTRA본부장으로 근무할 때였다.

"**퇴**직 후 10년 정도는 일이나 취미 활동을 할 수 있어야 해요. 특히 부부가 같이 할 수 있으면 좋죠. 대표적인 고령화 국가인 일본에서 사람들이 퇴직을 준비할 때 흔히 하는 말이 있어요. 첫째가 부부건강을 챙기라는 거고, 둘째가 부부가 같이 취미를 가지고 이를 사회활동으로 연결시키라는 겁니다."

김태랑 전 전라남도 투자유치단장(65)은 요즘 생활이 즐겁다.

평소 좋아하던 '와인 전문가'로 본격적으로 활동하고 있기 때문. 대학 졸업 후 30년 동안 근무했던 대한무역투자진흥공사(KOTRA)와 전라남도 투자유치단장에 이어 3번째 일을 갖게 된 셈이다. 대학의 최고 경영자 과정이나 기업 연수에서 와인에 관한 강의를 하고 있다. 과거 회사 경험을 살려 다양한 투자 유치 활동이나 외국인 상대 요령 등도 들려준다.

김 단장이 3막 인생의 테마로 와인에 관심을 가진 것은 지난 2000년. 파리에서 KOTRA본부장으로 근무할 때였다. "비즈니스를 하면서 와인을 자주 접하다 보니 자연스럽게 와인에 관심이 가더라구요. 처음에는 업무의 연장으로 와인을 마시기 시작했는데 취미로 발전하면서 퇴직 이후 보람 있는 일거리로 좋을 것 같더군요."

퇴직 이후 준비로 와인 택해

김 단장은 와인 교육기관과 유명 양조장 등을 찾아다니며 본격적으로 와인 공부를 시작했다. 현장에서 작업복을 입고 열심히 공부하는 모습에, 본고장 프랑스인들도 "나이든 사람이 열성적"이라고 감복했을 정도. 와인전문가 자격증을 딴 이후, 내친 김에 포도로 만드는 다른 주류인 샴페인과 코냑에 대해서도 자격증을 취득했다.

"일본의 경우 국민소득이 1만달러를 넘어서면서 와인 소비가 급증했어요. 폭탄주나 폭음문화가 없어져야 건강은 물론 가족간 화목도 좋아지고, 특히 와인문화는 세계화에 필수적 요소란 점에서 와인전문가만한 게 없다고 생각했어요."

전라남도 투자유치단장 재직시에도 기회가 있을 때마다 와인강의를 다닌 것은 물론, 2002년에는 '프랑스 와인의 모든 것'이란 책을 출판해 인기를 끌기도 했다.

"30여년 동안 쌓아온 해외 사업 경험을 살려 독특한 와인 강의를 만들어 갈 계획입니다. 와인뿐 아니라 외국의 여러 비즈니스 사례, 테이블 예절 등 다양한 내용을 첨가할 수 있을 거에요. 집사람도 와인에 관심이 많아 같이 다닐 생각입니다."

그는 외국 생활 도중 보고 들은 선진국의 자녀 교육에 관한 얘기도 강의 메뉴에 추가할 생각이다.

| **김병수** 매경이코노미 기자 |

김태랑씨(사진 왼쪽)는 오랜 외국생활 경험을 살려 와인전문강사로 나섰다.
사진 오른쪽은 부인인 박정아씨

김민주 리드앤리더 사장

그가 가진 강점은 다양한 직장경험을 통해서 쌓은 비즈니스 노하우다. 앞으로의 삶의 방향을 묻는 질문에 그는 "어디로 튈지 모르겠다"면서도 "지식을 사업화하는데 힘쓰겠다"고 했다.

김민주 리드앤리더 사장(50)의 경력은 꽤나 다채롭다. 직장에서라면 명예퇴직이다 뭐다 시달릴 때이지만 그는 벌써 3막 인생을 살고 있다.

첫 출발은 금융권이었다. 서울대 경제학과를 졸업한 뒤 한국은행 조사부에 들어갔다. 그 뒤 시카고로 유학을 떠나 현지 선물회사도 근무한 바 있다.

금융권 다음은 대기업 기획실이었다. '실물경제 분야에서 일해야겠다'고 마음먹은 뒤 93년 SK그룹 구조조정본부로 들어갔다. 그는 이 때 아이디어를 사업으로 만드는 데 흥미를 갖게 됐다. 제2의 인생인 셈이다. 그는 굵직굵직한 신사업을 여럿 추진했다. OK캐쉬백이 대표적인 예다. 김 사장은 "새로운 아이디어를 한 200개쯤 내고 사업을 기획했다"고 말했다.

대기업 기획실에서 근무하며 얻은 경험은 3막 인생을 설계하는데 큰 도움이 됐다. 기업에서 다양한 사례를 경험한 뒤 경영전문 지식컨설팅업체를 차렸다. 이 때가 2000년이다. 국정홍보처, 국민은행, 롯데카드에서 컨설팅을 성공적으로 수행했다. 특히 마케팅분야에서 그는 전문가 반열에 올랐다. 2002년 쓴 '마케팅어드벤처'는 그 분야 베스트셀러로 꼽힌다.

아직 3막 인생을 얘기하기는 좀 빠른지도 모른다. 앞으로도 해야 할 일이 무궁무진해서다. 그가 가진 강점은 다양한 직장경험을 통해서 쌓은 비즈니스 노하우다. 앞으로의 삶의 방향을 묻는 질문에 그는 "어디로 튈지 모르겠다"면서도 "지식을 사업화하는데 힘쓰겠다"고 했다.

"새로운 아이디어를 비즈니스로 만드는 일이 재미있어요. 이 때문에 초기 2~3년간 사업을 정착시키는데 전문성을 키우고 있어요."

새로운 사람 만나 새로운 꿈 꿔

어떻게 생각하면 참 자유로운 직업인 셈이다. 그러나 이렇게 활동하기 위해서는 몇 가지 조건이 필요하다. 특히 아이디어를 어떻게 얻고 사업거리를 어떻게 찾을 수 있을까. 어쩌면 인맥이 큰 자산인 셈이다. 그는 "평소 다양한 사람들을 만나고, 다양한 그룹에서 활동하면서 얘깃거리를 얻는다"고 말한다. 노후를 대비하며 평소에 인간관계를 잘 해둘 필요가 있다는 교훈을 주는 대목이기도 하다.

그는 최근 들어 문화와 환경에 관심이 많다고 했다. 이런 활동은 대부분 비영리기관에서 이뤄진다. 그는 "비영리기관이 경영효율성을 높이는 방안을 연구하고 싶다"고 말했다.

일에 파묻히다보니 노후 수입을 걱정할 정도는 아니라고 했다. 전문성을 갖춰가니 강연 요청이 쇄도하고 있는데다 다양한 프로젝트를 수행하면서 얻은 결과물을 책으로 펴내면서 꽤 괜찮은 수입을 얻고 있다. 실제로 그가 낸 책들 거의 모두 성공했다.

현재 운영하고 있는 리드앤리더에서는 주로 오프라인 컨설팅을 수행한다. 한편으로 경영케이스를 계속 축적해 '지식상인'으로 자리매김했다. 현재까지 누적된 경영사례가 1200개에 이른다고. 이 분야 사업도 괜찮지만, 최근 '유달리'라는 온라인 광고대행사도 차려 왕성하게 활동 중이다.

| 명순영 매경이코노미 기자 |

오형직 나누리 대표

"사업을 해보니 규모가 아무리 작아도 월급쟁이보다 낫지요.
틈새 시장만을 공략합니다."

"직장에 다닐 때엔 항상 불안했어요. 언제 그만둬야 할지 몰랐고, 불충분한 노후 준비 때문에도 항상 걱정만 했었죠. 지금은 달라졌어요. 큰 돈을 벌지는 못하지만 밝은 미래를 기대할 수 있거든요."

오형직 나누리 대표(43)는 영세 의류부자재 공급업체를 운영한다. 사업을 시작한 지 올해로 고작 2년째다. 직원은 자신을 포함해 3명이고, 매출액은 3억원에 불과하다. 그런데도 직장 생활했을 때 받았던 연봉보다 수입은 많다. 고객이 점점 불어나고 있어 시간이 흐를수록 창업을 잘했다는 생각이 든다. 올해는 매출 5억원을 기대한다.

그의 첫 직장은 이정석어패럴이었다. 4년 동안 의류마케팅 경험을 쌓은 뒤, 다른 의류업체로 자리를 옮겼다. 주로 백화점과 대리점 영업 관리를 도맡아 했다. 열심히 일한 덕분에 영업이사로 승진할 수 있었다. 그러나 연봉은 기대에 미치지 못했다. 또한 항상 영업실적 때문에 심한 스트레스를 받아야 했다. "혼자 벌어선 안 되겠다 싶어 부인에게 맞벌이를 제안했어요. 선뜻 받아들이더군요. 집사람은 2000년에 공인중개사 자격증을 취득해 현재는 남양주시에서 '부동산시티' 란 공인중개사 사무실을 운영하지요."

그 역시 2002년 창업을 결심하고 다니던 직장을 뛰쳐나왔다. 9500만원을 들여 PC방을 운영했다. 1년 만에 투자액을 회수할 수 있었다. 그러나 1년 6개월 만에 사업을 접었다. 경쟁이 치열해졌고, 하루 24시간 영업을 해야 했기 때문에 체력이 뒤따라주지 않았다. 때 마침 과거 직장에서 일해 달라는 제안이 들어왔기 때문에 고민할 이유가 없었다. 그러나 전직 이후 시간이 흐를수록 잘못된 선택이었다는 생각이 들었다.

결국 그는 2005년 1월 추운 겨울 독립을 선언했다. 그는 초기 투자비용을 최소화했다. 보증금 500만원에 월세 65만원을 주고 사무실을 얻었다. 라벨, 쇼핑백, 광고전단지 등을 만드는 데 필요한 컴퓨터 등을 장만하기 위해 투입된 자금과 영업 후 3개월 동안 버틸 수 있는 운영자금, 그리고 중고 소형 승합차 구입비 153만원 등을 합쳐 총 투자비용은 3000만원 안팎이었다.

제이원어패럴, 쉬크베베, 엘르메, 나눔 등이 그의 거래업체다. 창업 2년 만에 도약기로 접어들만큼 성공적으로 사업을 꾸려갈 수 있는 배경은 자신의 경험을 살릴 수 있는 사업을 벌였기 때문이다. 또한 1회 주문액이 20만~30만원에 불과한 틈새시장을 공략한 게 성공 비결이었다.

그는 맞벌이를 한 덕분에 서울 가락동 시영아파트(13평)와 태릉 화랑타운아파트(32평)를 소유하고 있다. 은행 대출을 받아 집을 장만했기 때문에 한 달 이자만도 150만원에 달하지만 큰 부담은 없다. 오 대표 부부는 힘들지만 넉넉한 노후를 생각하며 꼬박꼬박 대출이자를 갚고 있다.

자녀 사교육비도 한 달에 150만원 이상 들어간다. 아직까지는 여윳돈이 없어 개인연금에 가입하지 못했지만 대출금을 상환한 이후엔 가장 먼저 연금 가입부터 할 예정이란다.

"정년 없이 일할 수 있다는 게 집을 2채 장만한 것보다 훨씬 보람있습니다."

I 이제경 매경이코노미 차장 I

딸 부재(?)인 오형직 대표의 가족

골드세대 설계하기

시작이 반이라고 했다. 만약 당신이 꿈과 현실의 차이를 극복하기 위해 새로운 인생 설계를 시작했다면 벌써 당신의 미래는 보장된 것이나 다름없다. 먼저 인생 전체의 마스터 플랜부터 짜라. 이때 어떤 것을 가장 우선적으로 생각해야 할까. 결혼, 직장, 퇴직, 이혼, 자녀 출가 등등. 이때 필요한 것 2가지를 잊지 말자. 하나는 돈이며 다른 하나는 일이다. 어떻게 돈을 벌고 모을 것이며, 골드세대까지 할 수 있는 일은 무엇인지 말이다.

인생개혁 5단계

구조조정과 혁신에 적극적인 기업처럼 개인과 가계도
'인생개혁'을 통해 행복한 은퇴 설계에 적극 나서야 한다.

골드인생은 일반인들이 꿈꿀 수 없는, 접근 할 수 없는, 달성할 수 없는 영역일까. 그렇지 않다. 누구라도 의지만 있으면 골드인생을 즐길 수 있다.

골드인생을 누리려면 가장 먼저 생각부터 바꿔야 한다. '나도 골드인생을 즐길 수 있다'는 자신감부터 회복해야 한다.

재계는 물론이고 공기업이나 국가를 통치하는 데도 혁신이나 개혁이란 말이 자주 등장한다. 그러나 상대적으로 개인이나 가계는 혁신과 개혁의 대상에서 벗어나 있다는 느낌을 받는다. 가계 부실은 정리되고 있다지만 아직도 청년실업률(15~29세)은 8% 이상이다. 또한 개인파산신청 건수는 지속적으로 늘어 2005년 기준 3만8773건에 달한다. 이들에게 골드인생을 꿈꾸라고 주문한다면 무리한 요구일까.

다시 출발해도 늦지 않다. 좋은 대학에 진학하느냐의 여부는 중학교와 고등학교 6년 동안 얼마나 열심히 공부하느냐에 달려 있다. 좋은 대학에 진학했다고 해서 좋은 직장을 잡으라는 보장은 없다. 비록 좋지 않은 대학에 다녔다고 해도 열심히 공부한다면 1류 대학을 나온 졸업생보다 더 좋은 직장을 잡을 수 있다. 이는 대학 4년 동안의 결과다. 길게 잡아 중·고등학교 6년과 대학 4년을 합쳐 총 10년의 결과다.

사회 생활은 어떤가. 1류 대학을 졸업했다고 해서 골드인생을 보장받을 수 있는 것은 아니다. 사회에 진출한 이후 열심히 일한다면 얼마든지 인생역전이 가능하다. '사오정' 신세라고 해도 마찬가지다. 80세까지 일을 한다고 생각했을 때 인생역전을 할 수 있는 기간은 30~40년에 달한다. 이래도 포기하겠는가.

'은퇴위기'는 생각보다 참혹할 수 있다. 전쟁, 테러, 허리케인보다 우리 사회에 더 치명적인 타격을 입힐지도 모른다. 베이비붐(55~64년 출생자) 세대들이 서서히 은퇴할 나이가 됐다. 이들이 본격적으로 은퇴하기 시작하면 사회안전망이 제 기능을 잃을 수 있다. '新 고려장' 문화가 등장할 수도 있다.

일부는 이렇게 반문할지도 모르겠다. '누가 노후 대비의 중요성을 몰라서 하지 않겠어. 할 능력이 없기 때문이지.'

할 수 없다고 생각하면 영원히 기회는 찾아오지 않는다. 행복한 노후를 꿈꾼다면 지금 당장이라도 '습관의 굴레'에서 탈출하길 바란다. 누구나 수십년동안 쌓아온 습관의 굴레가 있게 마련이다.

소나 말의 고삐가 말뚝에 묶여 있는 모습을 상상해 보자. 소는 고삐의 길이 범위에서 원을 그리며 풀을 뜯어먹을 수밖에 없다. 주인이 만들어 놓은 고삐의 길이 이상을 뛰어넘어 활동할 수가 없다. 사람도 마찬가지다. 자신이 수십년동안 축적한 습관의 굴레에서 쉽게 벗어날 수 없다. 생각을 바꾸고, 새로운 습관을 길러야만 습관의 굴레에서 탈출할 수 있다.

행복한 노후를 준비하려면 가장 먼저 습관의 굴레에서 탈출할 수 있어야 한다. 습관의 굴레에서 탈출할 수 있는 '인생개혁 5단계'를 제시한다. 누구나 실천할 수 있다. 의지만 있으면 된다.

1단계 생각을 바꾸자

미국 레이크우드교회 조엘 오스틴 담임목사가 쓴 '긍정의 힘(Your Best Life Now)'은 성공을 바라는 사람들에게 일독을 권하고 싶은 책이다. 인생개혁 1단계인 '생각을 바꾸자'에 결정적으로 도움을 준다. '나는 안 돼' '너무 늦었어' '그냥 이렇게 살다 죽을래' 등 이런 말을 더 이상 입에 담지 말자. 앞으론 긍정적인 생각과 말만 하자.

꿈은 이루어진다. 별똥별을 보면서 소원을 빌면 이루어진다는 옛말이 있다. 물론 과학적인 얘기는 아니지만 일리가 있는 말이라고 생각한다. 별똥별은 순식간에 사라진다. 눈으로 볼 수 있는 시간은 단 1~2초에 불과하다. 이렇게 짧은 순간에 자신의 소원을 얘기하려면 평소 마음속 깊이 담고 있어야 한다. 항상 생각하고 있어야 한다. 그렇지 않고선 별똥별을 보는 순간 소원을 빌 수 없다. 이처럼 한을 갖고 염원한다면 꿈은 이루어진다.

은퇴 이후 골드인생을 즐길 수 있는 첫 번째 관문은 '나도 골드인생을 즐길 수 있다'는 자신감을 갖는 일이다.

2단계 습관을 바꾸자

생각을 바꿨다면 다음 단계는 실천이다. 실천은 생각처럼 쉽지 않다. 누구나 '습관의 굴레'에서 쉽게 벗어날 수 없기 때문에 설사 생각이 바뀌었다 해도 곧바로 습관이 개조되는 것은 아니다. 노력이 뒤따라야 한다.

성공적인 삶을 살기 위해선 매사 선택을 잘해야 한다. 스스로 생각하기에 실패한 인생을 살고 있다면 아마도 그 동안 잘못된 선택을 해왔을 것이다.

습관의 굴레에서 벗어나고, '습관의 선순환' 체질로 바꿀 수 있는 방법론을 스펜서 존슨이 쓴 '선택(Yes or No System)'이란 책에서 찾을 수 있을 것 같다.

옳은 선택인지를 단번에 판별할 수 있는 질문이 있다. '내가 원하는 것인가 아니면 정말로 필요한 것인가'. 단순히 원하는 것이라면 선택하지 말고, 꼭 필요한 것이라면 선택하자. 필요한 것이란 결론이 내려지면 다음 단계는 많은 정보를 얻고 충분히 생각하는 단계를 거쳐야 한다. 그렇지 않았다면 선택의 마지막 단계로 넘어가지 말라. 충분히 생각했다면 마지막으로 자신에게 물어보자. '나를 속이고 있지 않는가' '내 자신을 믿는가'.

내 자신을 속이지 않았고, 내 자신을 믿는다면 자신 있게 선택하자.

이름트라우트 타르가 쓴 '버리는 기술(Simple Life)' 대로 살려면 원하는 것은 버리고 필요한 것만 선택해야 단조로운 생활의 묘미를 맛볼 수 있다.

3단계 신지식인이 되자

긍정적인 생각과 효율적인 선택을 통해 신지식이 되자. 평생직장인이 아닌 평생직업인으로 살아남으려면 전문가가 돼야 한다. 평생직장인이 아니라 평생직업이 되려면 전문가로 대접받을 수 있는 실력을 쌓아야 한다.

전문가가 되기 위해 반드시 좋은 대학교를 졸업할 필요는 없다. 고등학교만 졸업해도 전문가로 대접받을 수 있다. 창의적인 생각을 할 수 있고, 옳은 선택을 할 수 있다면 신지식인으로 평가받을 만하다.

평생직업인이 돼야만 '사오정' 시대에서 생존할 수 있다. 인생 1막(25~45세)을 살면서 인생2막(45~60세)과 인생3막(60세 이후)을 준비해야 한다. 자신의 강점을 최대한 살려 경력관리를 할 수 있어야 한다. 현재 경험을 60세 이후 어떻게 활용할 것인지 끊임없이 생각해야 한다.

4단계 부자가 되자

생각과 습관을 바꾸고, 신지식인이 됐다면 부를 축적할 수 있는 유리한 입장에 있다. 여기서 중요한 것은 효율적인 소비다. 한 가지를 명심하자. '미래 소득을 오늘 소비하지 말자'. 신용카드 구매 역시 미래 소득을 외상으로 구매하는 행위다. 현명한 소비를 통해 밑천을 장만할 수 있어야 한다. 밑천이 마련되면 올바른 선택 3단계(Yes or No System)를 통해 재테크에 나서보자. 자신의 감으로 투자에 나설 때보다 훨씬 성공 확률이 높아질 것이다.

창업은 퇴직 걱정을 없애주는 최상의 '노테크' 수단이다. 변호사, 의사, 회계사와 같은 전문직 종사자도 은퇴 이후를 걱정한다. 평범한 사람만 걱정하는 게 아니다.

퇴직 걱정을 하지 않으려면 사업만큼 좋은 수단이 없다. 다른 사람의 능력을 빌릴 수 있는 사업이야 말로 이익극대화 뿐 아니라 퇴직 걱정으로부터 자유롭게 만든다.

5단계 노후인생 새판짜자

건강하고 돈만 있으면 된다는 편견부터 버리자. 은퇴 이후의 생활설계도를 과감하게 다시 짜자. 노후엔 건강과 함께 일, 친구, 취미 등이 절대적으로 필요하다. 80세까지 즐길 수 있는 소일거리를 찾아 미리 준비해야 한다.

물론 노후의 최대 재산은 건강이다. 실버타운에 가보면 양 다리가 튼튼해서 걸을 수 있는 게 가장 큰 재산이라고 말한다. 건강을 지켰다면 그 동안 벌어 놓은 돈으로 무슨 일을 하며 세상을 정리할 것인지 미리 생각해둬야 한다. 좋은 일을 하겠다는 막연한 생각보다 좀 더 구체적으로 봉사활동 계획을 설계하는 게 좋다. 또한 생각만 하지 말고 전문가로 거듭나야 한다.

인생개혁 5단계를 실천할 수 있다면 당신은 은퇴 이후 걱정을 할 필요가 없다. 걱정 끝 행복 시작이다.

ㅣ이제경 매경이코노미 차장ㅣ

골드세대 마스터 플랜 짜기

인생 3막 시기의 수입과 지출규모를 짜기 이전에 인생 2막까지 소요되는 지출항목에 따라 지출규모를 정하는 게 급선무다. 인생 2막에 소위 목돈 지출이 많기 때문이다.

이 책을 처음부터 읽은 독자라면 이쯤해서 책을 덮고 싶을지도 모르겠다. 미래에 대한 희망이 보이지 않고, 뾰족한 대안도 없어 보이기 때문이다. 그러나 가장 늦었다고 생각할 때가 가장 빠르다고 하지 않는가. 도미노피자 대리점을 운영하는 조상호 점장(78, 여, 182페이지 참조)은 64세에 피자 가게를 차렸다. 앞으로도 10년 이상 대리점을 운영할 수 있다며 자신감을 내비친다. 아직도 늦지 않았다. 새로운 출발선상에 서보자. 시작이 반이다. 절망하지 말고 '인생 3막'을 어떻게 살 것인지 설계도를 그려보자.

【설계 1】 인생 설계도 작성하기

'인생 설계 마스터 플랜 짜기'를 보면서 자신이 어디에 속해 있는지부터 확인해보자. 인생 1막(25~45세)에 속해 있다면 정말 행운이다. 그만큼 미래를 위해 준비할 시간이 많다. 인생 1막 시기라 해도 결혼을 하지 않고 독신녀와 독신남으로 남아 있을 수 있고, 또는 젊은 층에 속한 부부 아니면 중년 부부일수도 있다.

독신남·독신녀라면 결혼한 부부보다 더 많은 저축을 해야 한다. 생활비가 넉넉하다고 해서 소비를 늘리면 곤란하다. 언제 직장을 그만두게 될지 모른다는 점, 인생 3막 이후 보살펴 줄 사람이 없다는 점 등을 명심하고 그에 따른 준비를 철저하게 해야 한다.

인생 1막이라도 중년으로 접어들수록 지출이 많아진다. 자녀가 중·고등학교에 진학하기 전에, 인생 3막으로 접어들기 전에, 좀 더 많은 저축을 해야 한다. 돈을 가장 절약해야 할 시점이다. 또한 집 마련을 위해서라도 재테크에 관심을 둬야 할 때다.

인생 2막(46~60세) 시기는 경제적으로 가장 지출이 많을 때다. 조기퇴직으로 수입이 없어지는 시기일 수도 있다. 부모가 사망할 수도 있고 배우자가 갑자기 세상을 떠날 수도 있다. 또한 자녀의 대학진학으로 학비지출이 껑충 뛰고, 자녀결혼 비용 지출이 기다리고 있는 시기다. 만약 인생 1막에 속한 독자라면 인생 2막 계획을 잘 세워둬야 한다. 지출항목을 꼼꼼하게 챙기고 금전적으로 철저하게 준비해야 한다.

인생 3막에 접어들면 수입은 대폭 줄어들지만 지출도 급감하는 시기다. 이에 따라 생활구조도 수입에 따라 재조정해야 한다. 각종 질병으로 병원신세를 져야 하는 경우가 늘어날 것에 대비해 유동성을 확보해둬야 하는 시점이다. 만약 인생 3막에 여유자금이 부동산에 묶여 있다면 곤란하다.

인생 3막은 국민연금을 타는 시기이기도 하다. 개인연금으로 노후를 준비했다면 노후 걱정 없이 인생을 즐길 수 있다.

【설계 2】 인생 2막 이전까지 소요되는 자금 계산하기

인생 3막 시기의 수입과 지출규모를 짜기 이전에 인생 2막까지 소요되는 지출항목에 따라 지출규모를 정하는 게 급선무다. 인생 2막에는 목돈 지출이 많기 때문이다. 집 장만에 따른 부채를 갚아야 하고, 자녀를 결혼시켜야 하는

인생설계 마스터플랜 짜기

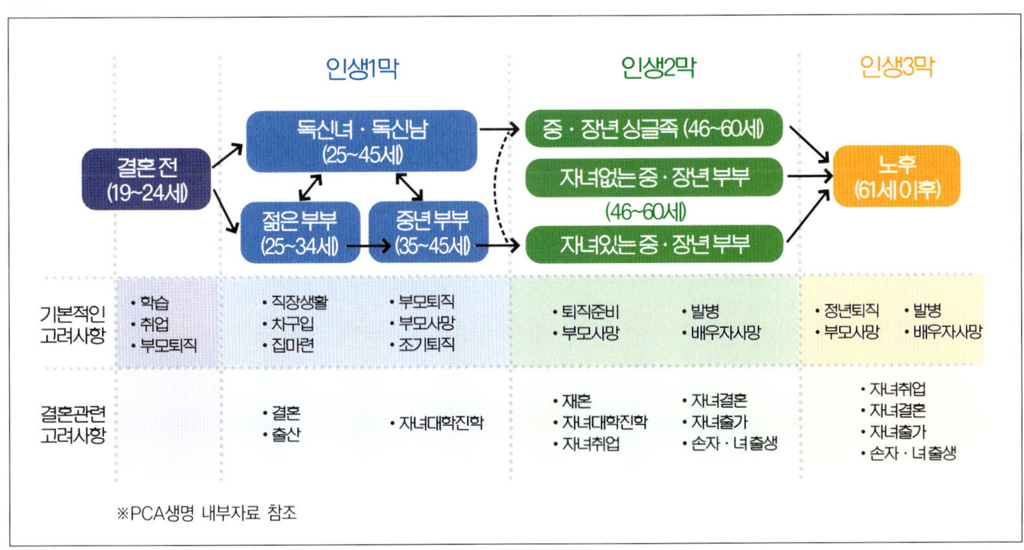

시기다. 이런 자금을 저축한 돈으로 충당하지 못하고 빚을 지게 된다면 인생 3막을 편하게 살 수 없다. 집 장만과 결혼비용은 인생 3막 시기에 필요한 노후자금과 별도로 준비해둬야 한다.

먼저 결혼비용을 계산해보자. 최근 한 조사에서 아들을 장가보내는데 들어간 평균 비용은 5394만원이었다. 만약 결혼 시기가 10년 후라고 가정하면 연평균 물가인상률 3%를 감안, 7249만원이 된다. 20년 후라면 9742만원으로 늘어난다.

어떤 독자들은 이렇게 반문할지 모르겠다. "계획만 세우면 뭘 하나. 결국 돈을 더 많이 벌 수 있어야 하는데, 무슨 수로 돈을 더 많이 벌라는 거냐?" 전혀 틀린 얘기는 아니다. 그렇다고 미래를 예측하지 않고 마냥 기다린다고 모든 문제가 해결되는 것 역시 아니지 않는가. 어쩔 수 없는 운명이라면 현실을 직시하고 준비하는 게 인간이 할 수 있는 최상책이다. 인생 계획을 세우면 소비를 줄이게 되고, 수입을 늘릴 수 있는 방안을 찾게 된다. 60세까지 일하려는 당초 계획을 수정하고, 80세까지 일할 수 있는 방법을 찾게 된다. 이 정도 결과를 얻었다면 충분하다. 다음은 전문가들의 도움을 받아 경력개발과 함께 재테크 방안을 짜고 실천하면 된다.

내가 지금 저축하는 돈이 60세 이후 또는 80세에 어느 정도 가치를 갖게 되는지를 깨닫는 것도 인생 설계의 중요한 시사점이다.

| 이제경 매경이코노미 차장 |

사교육비 추이

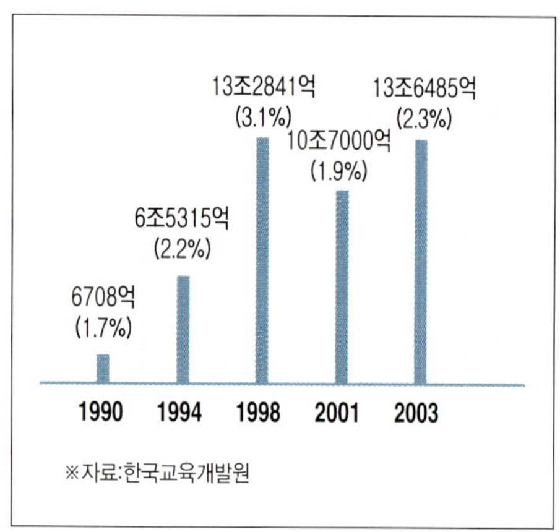

골드세대 설계 체크포인트

골드세대의 마스터 플랜을 제대로 짜기 위해 고려해야 할 요소로는 어떤 것이 있을까.

돈, 건강, 가족(친구), 취미생활, 일 등 인생의 다섯 가지 필수 요소를 반드시 반영해야 한다. 노후 계획을 수립할 때 빠뜨리지 말고 고려해야 할 체크 포인트를 점검해 보자.

※PCA생명 · 동서리서치 설문조사결과(2005년) 참조

1. 내가 원하는 삶을 반영하고 있는가

사람은 누구나 평생에 걸쳐 꼭 이루고 싶은 목표나 가치가 있다. 나는 과연 은퇴 후에 무엇을 하고 싶은 지부터 생각해야 제대로 된 노후 계획을 세울 수 있다. 창업이나 다른 일을 계속 할 것인지, 사회봉사 활동을 할 것인지, 젊을 때 하고 싶었던 여행이나 취미활동 등을 할 것인지, 전문분야를 계속 연구하여 후배양성을 할 것인지 등 노후에 바라는 자신의 라이프 스타일을 미리 그려보고 거기에 알맞은 계획을 수립해야 한다.

2. 배우자와 함께 계획을 수립했는가

요즘은 그런 경향이 많이 바뀌었지만 아직도 중요한 의사결정일수록 남편이 독단적으로 하는 가정을 쉽게 볼 수 있다. 단순히 수리적인 계산능력만 따진다면 일반적으로 남자가 여자보다 조금 낮다고 한다. 하지만 남성은 대개 미래에 대해 다분히 막연하게 긍정적으로 생각하는 반면, 여성은 훨씬 현실

노후 설계를 잘한 골드세대들의 여유로운 노후생활. 사진은 시니어스타워 입주자들

적이며 냉정하게 판단한다. 또 많은 남성들이 심사숙고해야 한다는 명분 아래 의사결정을 한없이 뒤로 미루는 좋지 않은 습성을 가지고 있다. 이런 면에서 자신의 미래를 객관적으로 전망하며 노후계획을 수립하는 데는 오히려 남성보다 여성이 더 뛰어나다고 할 수 있다.

사실 노후준비는 남편보다 아내에게 더 크고 중요한 문제다. 여자의 평균수명은 남자의 평균수명보다 훨씬 길다. 결혼할 때의 평균적인 연령차를 감안하면 대부분의 아내가 남편과 사별하고 난 뒤 10년 이상을 혼자 지내야 한다. 그것도 아직 경제력을 유지하고 있을 젊을 때가 아니라 호호백발 할머니가 된 상태에서 10년을 혼자 힘으로 살아내야 하는 것이다.

3. 자녀의 경제적 독립시기를 정했는가

외국에서는 자녀들이 고등학교를 졸업하면 성인으로 대우를 받고 거의 예외 없이 경제적으로 부모로부터 독립하는 것을 몸에 익힌다. 등록금이 아주 비싼 명문 사립대학을 다니는 예외적인 경우를 제외하고는 대학 학비도 자기 힘으로 해결한다. 중·고등학교를 다닐 때에도 아르바이트를 하면서 스스로 학비를 버는 자녀들이 많기 때문에 그만큼 노후를 일찍부터 준비할 수 있는 여유가 있다.

우리나라의 부모는 처지가 달라도 너무 다르다. 감당하기 힘든 엄청난 사교육비에 허리가 휠 지경이다.

자녀를 언제까지, 또 어느 정도로 경제적 지원을 할 것인지 자녀의 경제적 독립시기를 미리 정해 놓지 않으면 진정한 노후 준비는 그만큼 늦어지게 된다.

4. 의료비 지출 35% 책정했나

노후 준비에서 간과하기 쉬운 것이 의료비 지출 및 건강관리 비용이다. 노후에 필요한 생활비 수준을 정할 때 대부분 '현재 생활비의 얼마' 하는 식으로 대충 계산한다. 그러나 그렇게 계산된 금액이 적정한 노후 생활비 수준인가를 판단할 때는 반드시 그 중 35% 가량이 의료비로 지출된다는 것을 명심해야 한다. 젊을 때는 평소 생활비에서 의료비 지출이 차지하는 비중이 5~10% 정도에 불과하다. 노후에는 크게 늘어날 의료비 지출을 감안하여 필요 노후자금을 계산해야 한다.

행복한 노후를 위해서는 평균수명에 맞춰 건강수명도 늘려야 한다. 평균수명은 크게 늘어났는데 나의 건강수명은 늘어나지 않는다면 노년의 대부분을 고가의 의료서비스를 받으며 지내야 하는 것과 같다.

자칫 애써 준비한 노후자금의 대부분을 천문학적 금액의 의료비로 다 날려버리고 힘겨운 노년을 보내는 일이 생기지 않도록 건강관리에 만전을 기해야 할 것이다.

5. 생활비는 연금으로 준비해야 한다

목돈은 언제 다른 용도로 날아가 버릴지 모른다. '노후에 가지고 있는 목돈 통장은 비밀번호가 없는 금고와 같다'는 말이 있다. 목돈은 전혀 노후대비가 못 된다는 것이다. 목돈이 있는 부모는 여전히 자신의 노후보다는 자녀를 먼저 생각하게 된다.

지인 중 교직에 오래 있다 정년퇴직한 교장선생님 두 분이 계셨다. 한 분은 퇴직금을 일시금으로 받았고 한 분은 퇴직금 대신 평생토록 받는 연금을 선택했다. 과연 두 분의 노년은 지금 어떻게 되었을까?

짐작하다시피 수억원의 목돈을 퇴직금으로 받은 분은 지금 노후가 막막하다. 경험도 없이 음식점 하다가 퇴직금의 3분의 1을 날리고, 큰아들 사업자금 대주느라 또 3분의 1 이상을 날리고 하다 보니 남아 있는 퇴직금은 고작 1억원 남짓. 은행에 넣어두고 이자로 생활비를 하자니 한 달에 30만원이 채 안 된다. 결국 자식들의 도움을 받을 수밖에 없는데 자식들은 자식들대로 은행에 1억원이 넘는 목돈을 놔두고 자식들에게 손 내민다고 눈치를 준다.

연금을 선택한 선생님은 어떻게 되었을까? 물론 두 말할 필요도 없이 아무런 걱정 없이, 자식들에게도 부담을 주지 않고 노년을 편안하게 보내고 있다. 거듭 강조하거니와 노후에는 축적되어 있는 스톡(Stock) 자산보다 캐시 플로

(Cash Flow)가 중요하다.

나중에 손주에게 용돈이라도 쥐어줄 수 있으려면 노후 자금은 반드시 연금으로 준비하는 게 좋다. 연금 상품은 조세특례법에 따라 소득공제 혜택을 받는 개인연금이 있고, 보험료 납부기간 중에는 세제혜택이 없는 일반 연금 상품(세제 비적격 상품)이 있다. 개인연금은 납입보험료에 대해 연간 240만 원까지 소득공제 혜택을 받는 대신 노후에 연금을 지급 받을 때에는 5.5%의 연금소득세(주민세 포함)를 납부해야한다. 젊을 때야 5.5%의 세금이 크게 문제될 것이 없어 보이지만 소득이 제한된 노후에는 5.5%의 세금이 꽤 크게 느껴진다. 그러므로 적정 노후자금 규모는 반드시 연금소득의 세후 금액을 기준으로 설계해야 한다. 반면 납입기간 중에 소득공제 혜택이 없는 일반 연금 상품은 납입기간이 10년 이상이고 노후에 연금으로 수령할 경우 연금소득에 대해 전액 비과세가 적용된다.

6. 부동산에 올인하지 마라

고소득 전문직 종사자나 사업가들은 높은 소득 수준에 비해 장기 유동성 측면에서의 노후준비는 오히려 취약한 편이다. 현재 소득이 높고 투자자금 동원능력이 큰 만큼 주로 목돈을 투자해서 대부분 자산이 부동산 등에 편중되어 있다. 부동산은 정부의 부동산 세제 강화정책에 따라 나중에 세금부담도 크며 상속 증여세 대비도 쉽지 않으므로 적정규모로 조정할 필요가 있다.

무엇보다 부동산에 올인(All-in)하지는 말라는 것이다. 통계는 미래를 보여준다고 한다. 인구구성비의 장기 변화를 감안할 때 노령인구 비율이 급증하고 구매력이 있는 연령층의 비중이 급감하는 10~15년 후에는 부동산 가격의 장기 하락조정이 불가피하다. 노후에 부동산만 들고 있다면 장기적으로 상당한 손실을 볼 수도 있다.

결론적으로, 재정적인 의미에서 노후 준비란 노후에 큰 부를 형성하기 위한 것이 아니라, 인생 전체적인 수지균형(Cashflow Balance)을 이루도록 경제활동기의 소득을 은퇴 이후에 사용할 수 있도록 분산해 놓는 것을 뜻한다. 마치 다람쥐가 도토리 두 알을 주우면 한 알은 먹고 한 알은 겨울을 위해 저장해 놓는 것처럼 말이다. 노후에는 의사결정 능력과 판단능력이 떨어지게 된다. 그러므로 노후 계획은 미리 준비해야 하며, 노후에도 지속적으로 전문가의 조언이 필요하다.

| **유용선** 제이플러스파이낸셜 대표컨설턴트 |

보험으로 골드세대 설계하기

금융상품이라 하면 돈을 모으는 적금과 돈을 굴리는 예금만 있는 줄 아는 사람이 많은데, 연금도 엄연히 금융상품의 한 종류이며 연금은 노후자금 지출에 아주 유용한 상품이다.

골드세대로 살기위해 가장 중요한 요소 가운데 하나가 바로 돈이다.

우리는 주변에서 오랫동안 모은 돈을 한순간에 날려버린 사람들 얘기를 자주 듣는다. 필자도 이런 사람을 한 명 알고 있다. 그는 교직에서 30년 이상 근무한 후 퇴직을 했는데, 퇴직 후 장남이 하는 사업이 어려운 것을 안타깝게 여겨 퇴직금을 보태고 자신도 조그마한 서점을 개업하여 3막 인생을 시작했다. 얼마 지나지 않아 그는 아들의 사업을 위해 더 많은 돈을 보태야 했고, 사업경험이 전혀 없던 탓에 서점 매출로는 월세를 내는 것조차 힘들어졌다. 이후 소식을 듣지 못해 자세한 내용은 알 수 없으나 결국엔 살고 있던 집과 서점을 처분할 수밖에 없었다고 한다.

일부 사람들은 돈만 많이 모으면 어쨌든 노후준비가 되는 것이라고 여기는데 매우 위험한 발상이다. 젊은 시절, 집을 사거나 창업을 하기 위해 준비하는 돈은 단순하고 우직하게 모으기에만 열중해도 해결될 수 있다. 창업 이후 어려움이 닥치더라도 실패를 만회할 기회가 있고, 집 장만을 위한 시간도 충분히 있으므로 일시적인 어려움에 낙담할 이유도 없다.

하지만 노후 준비는 그렇지 않다. 돈을 아무리 많이 모아도 모아진 돈을 지혜롭게 사용하지 못하면 평생의 준비가 헛되어진다. 그래서 노후를 준비할 때는 '어떻게 돈을 모을 것인가' 라는 고민에 앞서 '내가 지금 준비하는 돈을 어떻게 사용할까' 를 먼저 생각해야 한다. 또한 노후를 위해 준비한 돈은 투자나 자산증식 수단이 아니라 오로지 지출을 위한 비용임을 분명히 알아야 한다. 나아가 지출의 기간이 잔여수명에 따라 다르므로 정해져 있지 않음도 명심해야 한다.

　　다행스러운 점은 노후자금의 성격이 이처럼 독특한 까닭에 오래 전부터 노후생활에 대비하는 지혜로운 방법이 연구되어 왔다는 것이다.

연금도 금융상품의 한 종류

　　그래서 단순히 돈을 모으는데 그치지 않고 계획적이고 효율적으로 돈을 분배하고 지출하는 금융상품이 개발되어 있다. 바로 연금이다. 연금(Annuity)은 그 어원에서 보듯 매월 혹은 매년 지출되는 돈(金)을 정해진 기간 동안 지급하는 금융상품으로, 일정한 주기와 규칙을 갖고 자금을 분배하는 기능이 있다. 따라서 연금 상품을 활용하면 모은 돈을 계획적으로 분배할 수 있으며 지출금액을 통제하는 것 또한 가능하다. 금융상품이라 하면 돈을 모으는 적금과 돈을 굴리는 예금만 있는 줄 아는 사람이 많은데, 돈을 청산하는 연금도 엄연히 금융상품의 한 종류이며 연금은 노후자금 지출에 아주 유용한 상품이다.

　　노후의 행복을 위해 꼭 필요한 돈을 준비하는 방법은 여러 가지다. 우리나라 사람들이 좋아하는 부동산도 훌륭한 준비 방법이며, 은행에 저축을 하거나 수익률 높은 펀드에 가입하는 것도 노후를 위해 꼭 필요한 일이다. 하지만 앞서 말했듯 매년 필요한 돈을 일정 기간 동안, 또는 죽을 때까지 지급하는 연금 상품이 노후준비에는 가장 적합하다. 연금은 자금 분배와 지출 통제를 제공하는 유일한 금융상품이다.

　　현재 우리나라에서 상품화돼 있는 연금은 크게 두 가지다. 하나는 은행이나 투신, 보험사 등 전 금융기관이 판매하는 연금저축이고 다른 하나는 생명보험회사(이하 생보사)만이 취급하는 일반연금보험(이하 연금보험)이다. 이 중에서 생보사 연금보험은 다른 금융기관이 갖지 못한 3가지 장점을 갖추고 있다. 한 기관이 실시한 조사에 따르면 소비자의 55%가 연금가입 시 선택할 금융기관으로 생명보험회사를 지목했다고 하는데 아마도 아래에 열거하는 3가지 장점이 소비자들의 공감을 얻고 있기 때문일 것이다.

첫 번째로 꼽히는 연금보험의 장점은 수익률이다. 단순히 10년 이내의 수익률만 본다면 투신과 은행 등에서 판매하는 저축의 수익률이 다소 높게 나타난다. 그러나 장기적인 관점에서 보면 생보사 연금은 이자소득세가 면제되는 혜택과 매년 이자가 더해지는 복리효과가 있어 10년 이상 경과 시 다른 금융기관보다 수익률이 높을 수 있다. 특히 연금보험은 최저 이율을 보증하는 제도가 있어 안정성 면에서도 유리하다.

두 번째 장점은 연금수령 방식이 매우 다양하다는 것이다. 연금을 일정기간 동안 받는 방식이 있는가 하면, 종신토록 연금을 지급받는 방식도 있으며, 적립된 금액의 이자만 수령하다가 사망 이후 가족에게 적립금을 상속하는 방법까지 있다. 최근에는 평균수명이 늘어나고 있는 점이 부각되면서 연금을 종신토록 받는 방식이 인기를 끌고 있다.

일반 연금보험 지급방식

가. 종신형 : 종신까지 연금을 지급하는 형태로 장수할수록 많은 금액을 수령하는 장점이 있음.

나. 확정형 : 고객이 정한 기간 동안 고액의 연금이 지급되며, 본인이 사망하면 연금이 상속됨.

다. 상속형 : 연금지급 준비금을 재원으로 이자가 지급되고, 본인이 사망하면 준비금이 상속됨.

10년 이상 유지 땐 비과세 혜택

세 번째 연금보험의 장점은 비과세 혜택이다. 연금보험을 10년 이상 유지하면 세금이 없다. 납입금액은 물론이고 불어난 수익과 받는 연금에도 세금

연금저축과 연금보험의 차이

구분	연금저축	일반 연금보험
금융기관	전 금융기관	생명보험회사
소득공제	연 납입액 100%(300만원 한도)	없음
과세제도	연금소득세 부과	(보험차익) 비과세
적립기간	10년 이상	회사별 설정(일시납가능)
가입한도	월 100만원/분기 300만원 이내	가입금액 한도 없음
지급방식	55세 이후, 5년 이상 연금형태로 지급	종신형, 확정형, 상속형

※ 주:가입대상 만 18세 이상, 보험대상자 연령 만 15세 이상

이 없다. 비과세 상품이기 때문에 당연히 금융소득 종합과세 대상도 아니다. 그뿐 아니다. 일반적으로 세금 없는 금융상품에 가입하려면 '나이가 몇 살 이상이어야 한다' '집이 없어야 한다' '근로자만 가입할 수 있다' '한 달에 불입할 수 있는 금액이 얼마까지다' 등의 여러 가지 제약조건이 있지만 연금보험에는 별다른 제약이 없다. 이처럼 연금보험에는 불입금액과 비과세 금액에 한도가 없기 때문에 가입금액이 크면 클수록 더욱 유리하다.

연금보험 선택 포인트

앞서 설명한 3가지 장점 외에도 생명보험회사의 일반연금보험에는 많은 장점이 있다. 일일이 설명하지 못한 내용은 도표를 참고토록 하고 지금부터는 연금보험을 선택하는 포인트에 대해 살펴보자.

여기서 잠깐! 혹시라도 생명보험에 대한 별다른 지식이 없는 독자를 위해 한 마디 덧붙이겠다. 연금보험의 혜택을 누리기 위해 반드시 연금보험을 가입해야 하는 것으로 오해하는 경우가 많은데 그렇지 않다. 종신보험이나 변액유니버설보험을 가입한 고객도 그 상품에 부가된 '연금전환특약' 제도를 활용하면 생보사 연금보험의 혜택을 고스란히 누릴 수 있다. 다시 말해 종신보험이나 변액유니버설보험에 가입한 고객이라도 회사가 정한 일정 시점이 되면 적립된 해약환급금을 연금으로 수령할 수 있으며, 이 경우에도 보험차익 비과세, 연금수령액 비과세, 다양한 연금방식 선택 등 생명보험회사 고객만 받는 혜택을 차별 없이 누릴 수 있다.

이제 본격적으로 연금보험 가입 시 고려해야 할 상품별 포인트를 살펴보자.

우선 금리형 연금보험은 시중금리를 반영하여 적립이 안정적이고, 시간이 지날수록 복리효과가 커지는 특징이 있다. 상품과 회사에 따라 다소 차이가 있지만 대략 15년이 지나면 타 금융권 저축보다 수익률은 높다. 더구나 이 상품은 최저보증이율이 설정되어 있어 최소 연금액을 예측할 수 있는 장점까지 있다. 최근 금리수준이 물가상승률을 따라잡지 못하는 탓에 연금의 실질가치가 의문시 된다는 점이 문제지만, 투자성향이 보수적이거나 위험을 감수할 만한 여력과 시간이 없는 40~50대에게는 충분히 매력있는 상품이다.

다음으로 변액연금. 노후준비 과정에서 가장 큰 문제가 되는 것은 준비된 돈의 가치가 하락하는 점이다. 잘 알고 있겠지만 물가가 오르면 돈의 가치는 떨어지고, 이 때문에 현재 생각하기엔 충분한 돈도 막상 노후가 되었을 때는 제 구실을 못하는 경우가 허다하다. 그래서 어떤 사람들은 적금이나 연금이 아니라 부동산 또는 주식투자로 노후를 준비한다. 물가에 연동하여 부동산과 주식의 가치도 상승하기 때문에 노후준비 수단으로 이만한 방법이 없다고 믿기 때문이다. 변액연금은 바로 이런 사람들을 위해 출시된 상품이다. 이 상품은 주식이나 채권, 부동산 등에 보험료를 투자하여 그 수익을 연금재원에 반영시킨다.

결과적으로 연금지급액이 투자수익에 결정되는 것이다. 물론 투자형 연금이기 때문에 가치변동 위험이 다소 있지만, 필자는 주식투자의 수익률이 장기적으로 저금리와 물가상승을 극복한다고 믿기 때문에 변액연금을 선호하는 편이다.

마지막으로 변액유니버셜보험(이하 VUL. Variable Universal Life Insurance)에 가입하여 연금전환제도를 이용하는 것에 대해 살펴보자. 통상 VUL로 호칭되는 변액유니버셜보험은 보장과 저축, 투자를 동시에 해결하는 신종보험상품이다. 이 상품의 적립액은 투자실적에 따라 결정되며, 투자를 통해 적립된 금액을 연금으로 전환할 경우 일반연금보험과 동일한 혜택을 누릴 수 있다.

변액유니버셜보험에 장기간 가입하면 주가상승과 복리효과, 그리고 비과세 혜택이 있어 충분한 노후자금을 준비할 수 있다는 뜻이다. 최근 VUL은 20~40대를 중심으로 수요가 급증하고 있다.

| 강팔용 PCA생명 전무 |

얼마나 저축해야
노후 편할까

현재 40세 가장이 60세 이후 월 400만원을 생활비로 쓰고 싶다면 지금부터 월 200만원 이상 저축해야 한다.

노후에 먹고 사는데 쪼들리지 않고, 시간이 나면 부담 없이 여행을 할 수 있고, 자식에게 당당한 부모 노릇을 할 수 있을 정도의 여유 있는 생활은 누구나 원하는 미래의 모습일 것이다. 이렇게 편안한 노후생활을 하려면 도대체 얼마나 필요할까? 그리고 그걸 준비하기 위해서 매월 얼마나 저축해야 할까?

노후생활자금 규모는?

편안한 노후생활을 위해서는 안정된 생활을 위한 생활비와 질병이나 상해 등에 대처할 수 있는 의료비 그리고 여가를 즐길 수 있는 여가생활비와 기타 예비자금 등이 필요하다. 특히 은퇴 후 노후생활을 위한 비용은 현재 생활비의 70%를 예상하여 계산하는 것이 합리적이다.

그러나 은퇴 후에는 직장에서 해결해주던 건강보험료 등이 없어져 스스로 의료비를 부담해야 하고, 은퇴 후 생활을 즐기기 위한 여가생활비가 급격하게 증가하고, 갑작스런 상황에 대한 대비책으로 최소한 3개월 분 생활비 정도의 예비자금 등이 추가로 필요하기 때문에 현재 생활비의 100%를 계상하는 것이 더 합리적이라 할 수 있다.

현재 수준의 월 생활비를 기준으로 60세에 은퇴하여 80세까지 20년간 노후생활을 한다고 가정하면 노후자금이 얼마인지 산출할 수 있다.

20년간의 노후생활을 위한 자금은 현재 기준의 희망노후자금을 정한 다음, 이 금액에 준비기간 동안의 물가상승률을 적용하여 은퇴시점에서 연간 총 생활비를 산출하고 이를 다시 투자수익률과 물가상승률을 적용하여 매년 필요한 생활비를 계산하여 20년간의 금액을 합산하면 노후생활자금 총액을 계산할 수 있다. 이 금액에서 현재 준비되어 있는 국민연금, 부동산, 금융자산 등의 자금을 차감한 금액이 지금부터 준비해야 할 노후자금 총액이 된다.

노후에 필요한 금액을 산정할 때는 은퇴까지 남은 기간, 은퇴 후 노후생활 기간, 은퇴 후 필요한 연간 필요자금, 국민연금 등 미래 연금소득 등의 재무적 요소와 함께 은퇴 후 생활양식의 변화, 건강상태의 변화, 미래 라이프스타일 등의 비재무적 요소까지도 반드시 고려해야 한다.

매월 얼마씩 저축해야 하나?

노후생활을 위해 '얼마씩 저축해야 되나?' 하는 것은 앞서 살펴본 노후자금 총액을 기준으로 투자수익률을 고려하면 매월 얼마를 저축해야 원하는 수준의 노후를 준비할 수 있는 지를 산출할 수 있다.

1. '최저(서민층)' 수준 노후

국민연금관리공단에 따르면 60세에 은퇴하여 '최저(서민층)' 수준의 노후 생활을 하려면 매월 109만원, 연간 1308만원의 노후생활비가 필요하다.

예를 들어 35세의 가장이 60세에 은퇴한다고 가정하고, 현재 연간 필요자금 1308만원을 35~60세까지 25년간의 물가상승률 3%를 적용하면 60세 시점의 연간 생활자금을 산출할 수 있다. 이를 다시 물가상승률 3%와 투자수익률 5%를 적용하여 20년 동안의 연간생활비를 산출하면 연간 총 생활비 2738만원이 산출된다. 따라서 준비해야 할 노후자금 총액은 4억5908만원이 된다.

결국 35세 남자가 '최저(서민층)' 수준의 노후생활을 위한 자금 4억5908만원을 준비하려면 현재의 금리 5%를 감안, 지금부터 매월 45만원을 저축해야 한다

'최저수준(109만원)'의 노후 필요자금과 매월 저축해야 할 금액

연령	노후를 위한 연간 총생활비	노후자금총액	매월 저축해야 할 금액
30세	3174만원	5억3220만원	월 34만원
35세	2738만원	4억5908만원	월 45만원
40세	2362만원	3억9600만원	월 62만원
45세	2037만원	3억4160만원	월 91만원
50세	1758만원	2억9467만원	월 150만원

※주:상기 금액은 국민연금이나 퇴직금이 없다고 가정하였으므로 퇴직금을 20%, 국민연금을 30% 수준으로 감안하면 50% 금액으로 노후준비가 가능하다.

'보통수준(198만원)'의 노후 필요자금과 매월 저축해야 할 금액

연령	노후를 위한 연간 총생활비	노후자금총액	매월 저축해야 할 금액
30세	5772만원	9억6757만원	월 62만원
35세	4979만원	8억3463만원	월 82만원
40세	4295만원	7억1996만원	월 113만원
45세	3705만원	6억2104만원	월 166만원
50세	3196만원	5억3572만원	월 274만원
55세	2754만원	4억6172만원	월 679만원

※주:상기 금액은 국민연금이나 퇴직금이 없다고 가정하였으므로 퇴직금을 20%, 국민연금을 30% 수준으로 감안하면 50% 금액으로 노후준비가 가능하다.

2. '보통(중산층)' 수준 노후

'보통(중산층)' 수준의 노후생활을 유지하려면 얼마의 자금이 필요할까? 통계청이 조사한 2005년도 1·4분기 55세 이상 도시근로자 가구 월평균 소비 지출액 177만원 중 여유생활비, 중복되는 교통비, 교육비, 교양오락비를 제외하면 월 133만원이라는 기준금액이 나오는데 여기에는 식료품비, 주거광열비, 피복·신발비, 보건의료비, 기타 잡비가 포함되어 있다. 이를 기본생활비로 계산하고, 이 금액에 여유있는 생활을 위한 비용 782만원(연간 합계)을 합산하면 '보통(중산층)' 수준의 노후를 위해서는 연간 2378만원이 필요하다는 계산이 나온다. 여기서 얘기하는 중산층의 여유있는 생활비용 782만원은 국내여행 74만원, 건강검진 60만원, 경조사 및 모임 240만원, 차량유지비 408만원 등으로 구성돼 있다.

'보통(중산층)' 수준의 노후를 보내기 위해 필요한 현재 상태의 연간 총 생활비는 연 2378만원에 달한다. 월 198만원 수준이다.

예를 들어 40세의 가장이 60세에 은퇴한다고 가정하고, 현재 연간 필요자금 2378만원을 40~60세까지 20년간의 물가상승률 3%로 적용하여 60세 시점의 연간 총 생활비를 계산하고, 이 금액에 다시 물가 상승률 3%와 투자수익률 5%를 적용한 20년간의 노후생활비를 합산하면 연간 총 생활비 4295만원이 산출되어 준비해야 할 노후자금총액은 7억1996만원이 된다.

결국 40세의 남자가 '보통(중산층)' 수준의 노후생활을 위해서는 7억1996만원이 필요하고, 이를 준비하기 위해서는 투자수익률 5%을 감안할 때 매월 113만원을 저축해야만 한다는 결론이 나온다.

3. '풍요(상류층)' 수준 노후

미국 통계청 자료에 따르면 상류층일수록 은퇴 후에도 현재 소득 수준 정도의 돈이 필요하다고 한다. 왜냐하면 자녀교육을 위한 자금지출이나 주택마련지출은 더 이상 없지만 은퇴 후 새롭게 지출항목이 발생하기 때문이다.

예를 들어보면 과거 회사에서 보조해 주던 건강보험료, 집에서의 생활증대에 따른 증가된 공과금, 활동기에 비해 현격하게 증가하는 오락을 위한 지출 등이 그 항목이다.

연령	노후를 위한 연간 총생활비	노후자금총액	매월 저축해야 할 금액
30세	10845만원	18억1795만원	월 117만원
35세	9355만원	15억6818만원	월 154만원
40세	8697만원	13억5272만원	월 212만원
45세	6961만원	11억6687만원	월 312만원
50세	6004만원	10억655만원	월 515만원
55세	5175만원	8억6748만원	월 1275만원

※주:상기 금액은 국민연금이나 퇴직금이 없다고 가정하였으므로 퇴직금을 20%, 국민연금을 30% 수준으로 감안하면 50% 금액으로 노후준비가 가능하다.

'풍요(상류층)' 수준의 노후생활을 위해서는 사망할 때까지 주거가 확실하게 보장되고 일정한 생활비 수준을 유지하면서도 건강관리와 여가생활을 할 수 있을 정도의 충분한 자금을 준비하는 것이 필요하다. '풍요(상류층)' 수준의 노후준비는 기본생활비 월133만원에 가사도우미비, 헬스클럽회비, 골프활동비, 국내·외 여행비, 건강검진비, 경조사 및 모임비, 차량유지비 등 2872만원(연간 합계)을 합쳐 산출한다. 이렇게 계산하면 '풍요(상류층)' 수준의 노후생활을 위해서는 연간 총 생활비가 4468만원이 필요하게 된다. 월 생활비로 단순 계산하면 372만원이다. 60세 은퇴시점부터 80세까지 20년간 노후자금 총액이 8억9360만원이 필요하다는 계산이 나온다.

예를 들어 45세 가장이 '풍요(상류층)' 수준의 노후를 준비하려고 한다면, 연간 총 생활비를 60세까지 15년간 물가상승률을 적용하여 연간 총생활비를 산출하고, 이를 다시 노후생활기간 동안 물가상승률과 투자수익률을 고려하여 산출하면 연간 총 필요자금은 6951만원이 되고, 은퇴후 노후자금총액은 11억6687만원이 된다. 즉, 11억6687만원을 준비하여야만 '풍요(상류층)' 수준의 노후생활을 할 수 있다는 얘기가 된다.

이 금액을 마련하려면 45세인 가장은 얼마를 준비해야 하는지를 알기 위해서는 투자수익률 5%를 적용하여 목표자금달성을 위한 월 불입금액을 산출하면 된다. 이렇게 계산해 보면 매월 312만원을 저축해야만 '풍요(상류층)' 수준의 노후를 준비할 수 있다는 결론에 이른다.

| 백정선 TN금융컨설턴트그룹 대표 |

노후 어디에서 살까

도심형 노년이라면 구시가지의 평지에 있으면서 전철역과 가까운 아파트를 선택하는 것이 낫다.

골드세대로 살아가는데 있어 빼놓을 수 없는 것이 바로 노후에 어디에서 살 것인가 하는 점이다.

대체로 젊은 시절에 두뇌를 혹사당한 노년층은 여유로운 자연환경 속으로 들어가고 싶어하고, 반대로 시간적인 여유를 제법 갖고 살아온 노년은 왁자지껄한 사람 속을 그리워한다. 어떤 사람들은 전원주택이나 전원형 실버타운을, 또 다른 사람들은 달동네라 할지라도 도심 중간으로 들어가고 싶어하는 이유다. 이 두 유형의 중간에 속하면서 경제적인 여유가 있는 노년층이라면 도심에서 멀지 않은 인접형 신도시에서 자연과 사람 모두를 즐기며 살 수도 있다.

손자들의 육아를 돕는 건강한 노년층이라면 경기도 용인 동백, 동탄, 옥정과 같은 근거리형 신도시를 선택할 수 있을 것이다. 아직 본격적인 노년과는 거리가 멀지만 분당, 평촌과 같은 인접형 신도시로의 유턴을 꿈꾸며 자신의 노년이 아니라 아이들의 교육을 위해 쾌적한 환경 속에서 일시 거주하게 된다.

【유형 1】 전원형 노년

전원형 노년은 외로움을 타지 않는 형으로서 경제적인 여유를 갖춰야 한다. 국제 감각이나 어학능력까지 갖췄다면 사계절 온난한 해외로 갈 수 있다. 2억~5억원대의 여유자금이 있다면 호주 은퇴비자를 취득하여 브리즈번, 골드코스트, 퍼스로 가도 좋고 은퇴자의 천국으로 불리는 코스타리카, 하와이, 밴쿠버 섬의 빅토리아도 괜찮다.

이 곳이 너무 멀다고 생각되면 우리나라와 가까운 따뜻한 남쪽으로 가는 것이 좋다. 원금보장형 투자금 5000만원 정도면 필리핀, 피지, 말레이시아에 세컨드하우스를 두고 드나들 수 있다.

연구나 작업관계로 따뜻함보다는 조용한 분위기를 원한다면 크라이스트처치, 앵커리지, 아들레이드, 호바트, 나나이모 등을 선택할 수 있지만 국내에서도 이에 뒤지지 않는 곳이 많다. 남녘의 통영과 여수, 동쪽의 속초, 서해의 태안반도는 관광시즌에는 사람을, 관광 시즌이 지나면 자연을 접할 수 있어 좋은 곳이다. 철따라 찾을 수 있는 천연 먹거리 재료는 외국에서 느낄 수 없는 것이다.

【유형 2】 실버타운형 노년

전원을 좋아하면서도 사람들과 사귀기를 좋아하는 형이다. 사람들을 좋아하면 도심형에 가깝지만 이 유형은 사람도 좋아하고 자연도 좋아한다.

곳에 따라 필요한 노후자금은 천차만별이다. 경기도 동수원 인터체인지에서 가까운 삼성 노블하우스 같은 곳은 5억원 이상의 준비 자금이 필요하지만 안성 미리내 성지 부근의 실버타운은 깨끗한 자연환경과 충분한 시설이 갖추어져 있어도 1억원 미만의 준비금과 월 35만원대 관리비만으로 입주가 가능하다.

경기도 서수원의 중앙실버타운과 같이 교회에서 운영하는 소규모 실버타운은 500만원대의 보증금과 월30만원대의 저렴한 관리비로 도심근접형 실버타운에 거주한다는 장점이 있으나 몸이 자유롭지 못한 노년층이 많아 놀기 좋아하는 젊은 노년층에게는 어울리지 않는다. 대체로 큰 규모의 좋은 시설은 노년을 즐기며 살기 좋은 반면에 수억원 단위의 보증금과 100만원 단위의 월 관리비라는 경제적 부담이 있고, 멀리 지방에 있는 실버타운들은 관리가 부실해 주거 안정을 해칠 수가 있다.

만약 도심형 노년이라면 구시가지의 평지에 있으면서 전철역과 가까운 아파트를 선택하는 것이 낫다. 전철을 쉽게 이용할 수 있어야 노쇠해서 약해진 기동성을 만회할 수 있기 때문이다. 어느 부류에도 속하지 않는 노년층이라면 도심에도 접근이 쉽고 자연에도 접근이 쉬운 신도시 아파트가 좋다. 경제적인 여유와 자녀들의 거주지에 따라 경기도 분당–수지권, 경기도 평촌–산본권, 경기도 일산 파주권, 경기도 남양주–하남권 등으로 분리해서 접근하면 각자의 노년에 맞는 집을 찾을 수 있을 것이다.

| 박병호 한국리츠에셋 대표 감정평가사 |

외국에서
노후 즐기기

먼저 염두에 둘 것은 외국어 회화다. 전 세계 대부분 국가엔 영어가 일반적으로 통용되므로 이주 대상국을 선정하기 이전에 영어를 익혀두는 것은 기본이다.

'나이 들면 한국을 떠나라(?)' 노후에 편안한 생활을 즐기는 방법으로 외국으로 시야를 넓히는 것도 좋을 듯싶다. 우리나라에 비해 유락시설이 잘 갖춰져 있으면서 물가가 싸 생활비도 적게 드는 곳이 의외로 많다.

이민 전문기관인 남미이주공사에서는 노후에 생활하기 좋은 나라로 피지와 말레이시아를 추천한다. 남태평양 서부에 위치한 피지는 오세아니아 지역 중 기후 조건이 좋기로 유명한 나라다. 특히 45세가 넘어서 이주할 경우 1억원 이상 자산증명만 할 수 있으면 바로 거주권 신청이 가능하다. 신청이 받아들여지면 현지에 도착한 후 우선 6개월을 생활할 수 있는 비자를 받게 된다.

이후 통장 잔고가 3000만원 이상이거나 생활 가능한 부동산을 소유하면 향후 2년 반을 더 거주할 수 있다. 결국 일정 액수의 자산만 있으면 최소 3년간 까다로운 절차 없이 노후를 즐길 수 있는 셈이다. 그 후에도 2년을 더 생활해 총 5년 이상 현지에서 거주하면 시민권을 획득할 기회가 주어진다. 귀국하지 않고 그 나라에서 여생을 즐길 수 있다는 얘기다.

특히 피지는 외국인에 대한 임대료도 보통 월 50만~100만원 정도로 저렴하고 한 달 생활비도 100만원 수준에 불과하다. 전 국민에게 의료보험 무료 혜택이 주어지는 등 노인들이 거주하기엔 그만이다.

말레이시아도 생활여건이 좋기는 마찬가지. 말레이시아엔 현재 이민제도가 없지만 2001년부터 시행된 'My Second Home Program'을 통해 일정한 재정능력만 증명하면 생활하는 데 전혀 문제가 없다. 총 5000만원 정기적금 통장을 보유하면 6개월 이상 거주할 수 있고 피지처럼 5년이 지나면 시민권을 취득할 수 있게 된다.

특히 피지나 말레이시아 같은 영국 식민지 국가들의 경우 대체로 유락시설이 잘 갖춰져 있다는 점도 주목할 만 하다. 영국인들은 '신사의 나라' 국민답게 남녀노소 누구나 골프를 즐겨한다. 이 때문에 전 세계 식민 지배를 하면서 생활 편의를 위해 골프장이나 기타 유락시설을 건설해놓은 경우가 많아 이 같은 시설을 이용하기 수월하다. 특히 피지는 골프회원권이 연간 40만원에 불과해 저렴하게 여가를 즐길 수 있다.

또한 노후엔 스스로 가사 업무를 감당하기 어려우므로 가정부 고용 비용도 고려해야 한다. 말레이시아 같은 경우 월 20만~30만원이면 가정부를 고용할 수 있다. 말레이시아 보루네오섬 북부에 위치한 코나키나발루 지역은 가격대가 더욱 저렴해 10만원 안팎에서도 가정부 고용이 가능하다.

유락시설 · 생활비 고려해야

특히 노후에 이민할 땐 개인적으로 생활하는 것보다 단체로 거주하는 게 좋다. 보통 외국인들은 혼자 아무 일도 하지 않고 즐기는 것을 휴양으로 생각하지만 우리나라 사람들은 대체로 가만히 앉아 쉬질 못한다. 강영호 남미이주공사 지사장은 "교회 단체나 노인회, 동호회 등 단체별로 이동하는 것을 추천할 만하다"며 "특히 단체로 생활할 경우 건물을 구입하거나 땅에 작물을 기르면서 함께 일하는 게 좋다"고 말한다. 보통 200평 가량 논밭을 공동으로 구매해 오전에 골프를 즐긴 뒤 낮에는 땅에서 작물을 가꾸면서 생활하는 게 가장 이상적이다.

이주할 지역 날씨도 주의해야 한다. 노인들의 건강을 생각한다면 캐나다나 북유럽 같은 추운 지역보다는 온대나 열대 지역으로 이주하는 게 좋다.

하지만 생활여건을 고려하기 전에 먼저 염두에 둘 것은 외국어 회화다. 전 세계 대부분 국가엔 영어가 일반적으로 통용되므로 이주대상국을 선정하기 이전에 영어를 익혀두는 것은 기본이다.

| **김경민** 매경이코노미 기자 |

황윤정 쇼핑몰창업 컨설턴트

"재정적인 노후준비도 필요하지만 더 중요한 건
자신의 브랜드 가치를 높이는 것입니다.
앞으로 전문성을 키워 평생 일을 하는 게 목표입니다."

쇼핑몰창업 컨설턴트로 잘 알려진 황윤정씨(32)는 자유분방한 커리어우먼이다. 현재 쇼핑몰 창업사이트를 직접 운영하고 각 대학이나 기관에서 강의를 맡는 등 전문 프리랜서로 활동하고 있다.

그는 사실 IT 전문가였다. 대학 시절부터 인텔코리아를 통해 몇 년 간 IT강사 생활을 해왔다. 하지만 2001년부터 인터넷 거품이 꺼지면서 프리랜서 생활도 차츰 불안해지기 시작했다. 이렇게 과도기를 겪으면서 직장생활도 6개월 동안 했지만 역시 자신의 적성에 맞지 않는다고 판단했다.

하지만 여기서 주저앉지 않고 경력을 살려 손쉽게 창업이 가능한 '개인 인터넷 쇼핑몰' 분야 개척에 나섰다. 이를 기반으로 2002년 9월엔 직접 인터넷 주얼리 쇼핑몰 '골드버그몰(www.goldbug-mall.com)'을 창업했고 같은 해 10월엔 최초로 인터넷 소호몰 창업기를 엮은 '나 인터넷에 가게 차렸어'라는 책까지 출간했다.

이 같은 노력은 적중했다. 책은 대박을 냈고 인터넷 쇼핑몰 사업도 승승장구했다. 특히 처음 500만원을 투자해 자신이 직접 경영하는 '골드버그몰'은 광고비를 포함한 월 유지비로 50만원 정도만 소요돼 현재 30% 이상 수익률을 기록하고 있다.

국민연금은 노후준비 기본

이후 쇼핑몰창업 컨설턴트로 잘 알려져 강의나 방송 요청이 쇄도하는 한편 최근엔 KBS '아침마당' 프로그램에서 '차세대 경제계 여성리더'로 뽑히기도 했다.

앞으로 '황윤정의 e창업교실' 사이트를 통해 창업교육 서비스를 제공하면서 쇼핑몰 창업의 가치를 널리 홍보할 계획이라고.

"온라인 쇼핑몰 창업은 많은 비용이 들지 않아 여성이 창업하기에 쉽죠. 여성을 중심으로 컨설팅을 제공하고 홍보를 강화할 생각입니다. 저도 조만간 '골드버그몰'과 유사한 '진주몰'까지 창업해 상승세를 이어갈 계획입니다."

이렇듯 성공한 커리어 우먼으로 알려진 황씨의 노후 준비는 어떨까. 사실 프리랜서는 직장인에 비해 활동이 자유롭지만 수입이 일정하지 않다. 이 때문에 정기적으로 노후준비를 하기 어려운 게 사실. 하지만 기본적인 노후준비는 철저히 해오고 있었다.

우선 그는 국민연금을 가장 신뢰했다. 어떤 금융상품보다도 안정적이고 수익률이 높아 노후준비의 기본이라고 강조한다.

"제가 장녀라서 부모님 국민연금까지 대신 붓고 있어요. 노후준비 수단이자 효도의 일환으로 생각했습니다. 저 자신도 2002년 인터넷 쇼핑몰 사업을 시작할 때부터 매달 10만원 이상씩 꼬박꼬박 넣고 있지요."

또 장기상품으로 연금저축과 장기주택마련저축에도 가입하는 등 어느 정도 준비는 마친 상태다. 하지만 그가 가장 중요하게 생각하는 노후준비는 자신의 이미지를 알리는 것이라고.

"재정적인 노후준비도 물론 필요하지만 더 중요한 건 자신의 브랜드 가치를 높이는 것입니다. 저는 인터넷 쇼핑몰 분야에서 제 이름을 내건 전문가가 되려고 노력했고 앞으로 전문성을 키워 평생 일을 하는 게 목표입니다. 이런 게 가장 중요한 노후 준비가 아닐까요."

| 김경민 매경이코노미 기자 |

명혜경 한국암웨이 부장

은퇴 대비 커피전문점 운영
부부 합치면 '트리플 잡스(Triple Jobs)'

명혜경 한국암웨이 부장(39)과 이종환 그레이프커뮤니케이션 이사(39) 부부. 이들 부부는 홍보 업계에서는 알아주는 전문가다. 명 부장은 홍보대행사를 거쳐 한국암웨이로 온 뒤 네트워크마케팅 이미지를 높이는 데 기여했다.

이 이사는 미도파에서 홍보 업무를 시작한 뒤 대행사를 차려 모 대기업 계열 광고회사 프로모션을 담당하는 등 이름을 높였다.

현재 각자 가진 직업도 탄탄하지만, 부부는 사업체를 하나 운영 중이다. 지난 2004년 12월 크리스마스 무렵 경기도 성남시청 앞에 H커피전문점을 열었다. 부부의 직업을 모두 합치면 '투잡스(Two Jobs)'를 넘어 '트리플 잡스(Triple Jobs)'인 셈이다.

처음 사업에 관심을 갖게 된 것은 2004년 이 이사가 회사를 그만두고 잠시 쉴 때였다. 부부는 은퇴 뒤에도 꾸준히 할 수 있는 일이 뭘까 고민했다.

"한 6개월 정도 시장조사해본 뒤 결정했어요. 커피전문점은 직장 생활을 하면서 쉽게 병행할 수 있다는 점에서 매력적이었죠."

집(분당)과 가까운 성남으로 매장을 택해 수시로 드나들 수 있도록 했다. 현 직장 생활에도 충실하면서 프랜차이즈를 운영할 수 있는 비결이다.

"수억원대 초기자금과 대출이자를 감안하면 아직까지 크게 돈을 벌었다고 말하기는 어려워요. 6~7개월은 투자 단계였고, 지금까지 마이너스 안 내고 조금씩 흑자를 내며 유지하는 수준이랄까요."

명 부장은 크게 욕심내지 않는다고 했다. 대신 "직장인이 갖는 불안감을 벗어나는 것만으로도 의미가 있다"고 설명했다.

"불황기라 적자가 아닌 것만도 다행이라고 주변 상인들이 말해요. 또 성남 지역은 유명 커피브랜드들이 치고 들어올 가능성이 낮아 잘만 유지하면 경쟁사 없이 선점 효과도 누릴 수 있죠. 그것보다도 은퇴 뒤 무엇인가 할 수 있는 일이 있다는 점이 가장 뿌듯합니다. 이 사업을 꾸준히 할 수 있을지는 모르겠지만 좋은 경험을 한 것이니까요. 일종의 보험 같은 것이죠."

홍보·마케팅 전문성 매장운영에 접목

매장을 운영할 때도 마케팅 전문가로서의 장점을 한껏 살렸다. 피드백(Feed Back)이 느렸던 본사와의 커뮤니케이션을 강화했다. 또 본사 방침상 밤 11시에 문을 닫지만, 매출이 높은 시간대를 파악해 11시 30분으로 마감시간을 늘렸다. 커피 맛을 좌우하는 로스팅(Roasting, 볶기) 시간이 짧다는 특유의 장점을 알리는 데도 애썼다.

"요즘엔 전자시스템이 잘 돼 있어요. 매출을 원격으로 확인할 수 있어 꼭 매장을 들르지 않아도 확인할 수 있어요. 시스템으로 돌아갈 수 있도록 구축해놓은 셈이죠."

명 부장은 "사업체를 운영해 다양한 경험도 쌓고 한결 마음도 편하지만 기술을 요하는 프랜차이즈는 직장인에 맞지 않는다"며 "미용실이나 횟집 등은 사업주가 전문성을 갖추지 않으면 성공할 수 없지만, 커피전문점은 오랫동안 전문성을 쌓지 않아도 비교적 원활하게 사업을 할 수 있다"고 밝혔다. 그는 또 "무엇보다 본업에 충실한 것이 은퇴 대비의 첫 번째"라며 인터뷰를 마쳤다.

ㅣ **명순영** 매경이코노미 기자 ㅣ

자신이 운영하는 매장을 찾은 명혜경 부장

김명선 인사아트센터 부장

현 수입에서도 절반쯤은 노후 대비를 위한 금융상품에
가입해 놓았다. 물론 지금까지 사 모은 미술작품도
훗날 괜찮은 자산이 될 것은 분명하다.

김 명선 인사아트센터 부장(41)은 운이 좋은 사람인지도 모르겠다. 즐기면서 노후를 대비할 수 있는 재테크 비법을 알고 있어서다. 아무나 할 수 없는 재테크, 바로 미술작품 수집이다.

"그림을 모으면 두 가지 이점이 있어요. 보유하는 동안 집에 걸어놓고 보고 즐길 수 있지요. 아이들에게도 색감을 익히게 해주니까 교육효과도 높죠. 그리고 시간이 지나면 자연스럽게 값도 올라가고요."

미술품 재테크는 보통 사람들이 많이 하는 부동산이나 주식과 비슷한 면도 있다. 가치있는 땅, 기업을 골라야 한다는 점이다. 미술작품과 비교하자면 앞으로 이름을 날릴 젊은 작가를 잘 발굴해야 한다는 게 포인트다.

김 부장은 87년 공채로 가나아트갤러리에 들어왔다. 지금의 직업과는 어울리지 않지만 대학 때 화학을 전공했다. 재학 시절 현 유홍준 문화재청장이 강의하는 문화예술사를 듣고 미술에 눈을 떴다고. 주변에 '문화적 허영기'가 있는 친구들 영향도 컸다고 했다.

샐러리맨이라 큰 돈을 투자할 수는 없지만 김 부장은 입사 이후 꾸준히 미술작품을 사들였다. 지금까지 모은 작품은 20~30점. 이미 눈에 보이는 성과도 났다. 80년대 후반 300만원대에 샀던 젊은 작가 고모씨의 그림은 이미 수천만원대 시세를 형성하고 있다. 아직 팔지는 않았는데 더 오를 가능성이 높다.

"가치를 인정받고, 비싸게 되파는 것도 중요하죠. 하지만 미술품 구입은 제가 미술 전문가로서 작품을 고르는 안목을 시험해보는 계기도 됩니다."

즐기면서 돈 벌 수 있어 일거양득

현재 40세인 김 부장은 미술 전문가로서의 삶이 너무도 즐겁다고 했다. 한국을 대표하는 가나아트갤러리에서 일하게 된 점을 무엇보다 뿌듯하게 생각한다. 그는 "공채 1기로서 10여년 간 회사가 커가는 모습을 보니 회사에 대한 애정이 저절로 생긴다"고 말했다.

한편으로는 제2, 제3의 인생도 준비 중이다. 김 부장은 "외국어를 열심히 공부하고 있다"고 했다. 김 부장이 총괄하는 인사아트센터에는 외국인이 적잖이 찾아온다. 작품을 고르는 안목이 수준급인 고객들이라고 했다. 이들과의 네트워크를 활용할 방안을 구상중이다.

"한국에 훌륭한 작가들이 많은데 외국에서 인정받을 기회를 얻지 못했죠. 제가 한국 미술품을 외국으로 소개하는 역할을 했으면 좋겠어요."

IT기업 부장인 남편과 자신의 수입으로 생활을 꾸려가기는 충분하다. 결혼할 때도 양쪽 집에서 전혀 돈을 받지 않았을 만큼 스스로 개척하는 스타일. 현 수입에서도 절반쯤은 노후 대비를 위한 금융상품에 가입해놓았다. 물론 지금까지 사 모은 미술작품도 훗날 괜찮은 자산이 될 것은 분명하다. 팔 생각을 해보지는 않았지만 말이다. 보통 사람들이 좋은 미술 작품을 고르는 방법을 물어봤다.

"미술품이 재테크 수단이 되려면 공부를 많이 해야 해요. 주식, 부동산도 공부해야 비로소 눈이 뜨이듯이 작품도 많이 봐야 안목이 생겨요. 단기간에 대박을 내겠다는 마음은 버려야죠. 10년, 20년 정말로 장기투자를 필요로 하는 게 미술품이라고 생각합니다."

| **명순영** 매경이코노미 기자 |

골드세대 준비하기

계획을 세웠다면 다음 단계는 실천이다. 실천의 방법은 여러 가지다. 일은 기본이다. 노동의 대가로 받은 돈을 어떻게 관리하는 게 가장 경제적일까. 여기에 은행과 보험 상품으로 돈 굴리기, 그리고 부동산과 창업 등으로 돈을 벌 수 있는 방법을 제시한다. 보험 상품 가운데 가장 인기가 있다는 변액유니버셜보험의 100% 활용법과 부동산으로 큰 돈을 벌 수 있는 방법도 공개한다. 당신에게 재무상담을 해줄 재정 설계사를 고르는 방법도 들어 있다.

재정 설계사 정하기

좋은 재정설계사들은 높은 수익률이나 부의 증식속도를 말하기에 앞서 위험관리에 대한 조언을 먼저 한다.

지방에서 학업을 마치고 서울에 있는 직장에 취직을 한 젊은이가 서울 지리와 생활요령을 가장 빨리 익히는 방법은 무엇일까? 아마도 서울친구를 사귀어 궁금한 것이 있을 때마다 도움을 받는 것이 좋을 것이다. 재테크도 이와 같은 원리가 적용된다. 금융상품과 자산관리에 정통한 상담가를 곁에 두고 필요할 때마다 도움을 청하면 재테크의 어려움을 쉽게 해결할 수 있다. 자신의 사업이나 직장일도 바쁘고 힘든데 재테크까지 열중하려면 얼마나 삶이 복잡하고 고달프겠는가?

재정설계사 선택 잘해야

한 가지 문제가 있기는 있다. 서울친구를 사귀어야 하는데 누가 좋은 친구인지 알 수 없는 것처럼, 어떤 상담가가 진정한 재정전문가인지 판단하는 일이 쉽지 않다는 것이다. 그래서 필자 나름대로 재정설계사를 판단하는 기준을 몇 가지 정해보았다. 불변의 법칙은 아니지만 아래 기준에 부합하는 재정설계사라면 자신의 문제를 진지하게 상담해도 좋을 것이다.

첫째, 좋은 재정설계사는 고객의 현재 위치를 진단할 줄 안다. 자산을 중심에 놓고 보았을 때 사람의 라이프 스타일은 자산축적 및 증식시기, 자산 관리시기, 자산 청산시기를 거치는 것이 일반적이다. 당연히 매 시기마다 필요한 금융상품과 해야 할 일이 따로 있다. 그렇다면 재정 설계사가 내 위치를 진단할 줄 아는 능력이 있는지 없는지 어떻게 판단할 수 있을까? 아주 쉬운 방법은 "내가 지금 어디쯤 와있습니까"라고 재정설계사에게 물어보면 된다.

둘째, 좋은 재정설계사는 훌륭한 인적 네트워크를 갖고 있다. 재테크는 부동산, 금융, 세제, 주식 등 매우 넓은 영역을 포괄한다. 아마 재테크의 모든 영역을 통찰하고 경험하려면 한 평생도 모자랄 것이다. 그래서 좋은 재정설계사는 자신이 만병통치약을 제시할 수 없음을 솔직히 인정한다. 그 대신 각 분야의 전문가들과 네트워크를 형성해두고, 그들의 도움을 받아 최상의 서비스를 제공하는 성실함을 보여준다.

간혹 자신은 금융 뿐 아니라 부동산이나 세금, 보험에까지 정통하다며 모든 것을 맡기라는 재정설계사가 있다. 이런 상담사는 이미 겸손함을 잃었을 뿐 아니라 자신의 분야에 대해서도 깊이 모르는 경우가 많다.

셋째, 좋은 재정설계사는 부의 증식보다 위험관리를 우선시 한다. 잠시 셈을 하나 해보자. 1억원을 투자해 첫 해에 +50%의 수익을 냈다. 그런데 이듬해에는 −50%의 손실이 났다. 다행히 3년째는 30%의 수익을 올렸다. 이제 처음 투자했던 1억원 중 얼마가 남아있겠는가? 얼핏 생각하면 1억3000만원이 남아있을 것 같지만 절대 아니다. 남아있는 돈은 1억원이 안 된다. 3년 동안 30%의 수익을 올린 것 같은데 어찌된 일인가. 이유는 위험관리를 못했기 때문이다.

위험관리 가장 중요

재테크에서 가장 중요한 것은 위험관리이다. 물론 높은 수익도 중요하지만 위험을 관리하고 부를 지켜내는 것이 훨씬 더 중요하다. 좋은 재정설계사는 이 점을 알고 있다. 그래서 좋은 재정설계사들은 높은 수익률이나 부의 증식속도를 말하기에 앞서 위험관리에 대한 조언을 먼저 한다.

이제 마지막 기준을 제시해 보겠다. 시중에 가면 재테크 책이 많이 있다. 10억 만들기는 기본이고 주식으로 대박을 터트리는 기술까지 수많은 책들이 돈 버는 비법을 알려주고 있다. 그렇다면 그 많은 재테크 책의 저자들은 모두 부자일까?

독자께서 좋은 재정설계사의 도움을 받고 싶다면 그 사람이 부자인지 아닌지를 알아본 다음 상담에 임하기를 권한다.

| 강팔용 PCA생명 전무 |

보험으로 골드세대 준비하기

'풍요' 수준의 노후생활자금을 위해서는 매월 317만원을 납입해야 은퇴시점에 약 9억2700만원의 연금적립금으로 매월 386만원의 연금을 받을 수 있다.

좋은 재정설계사를 활용한다고 해도 돈을 모으는 것은 결국 본인의 몫이다. 도시근로자 평균 가정을 보면, 월 평균 생활비가 150만원으로 연간 1800만원이다. 40대 중반의 근로자라면 15년 후에 은퇴하는 것을 가정하고 물가상승률과 투자수익률을 감안했을 때 20년간의 노후생활을 위해 은퇴시점의 총 필요자금은 3억 9174만원이 된다. 따라서 60세 적립금 3억 9174만원을 만드는 플랜을 보험으로 세운다면 어떻게 하는 것이 좋을까?

적립방법이나 투자계획 등은 연령과 투자위험에 대한 감수 정도에 따라 다른 방법을 선택할 수가 있기 때문에 연령대별로 구분하여 준비방법을 생각해 보고자 한다.

30대의 경우

30대는 내 집 마련, 자녀교육자금 마련, 노후를 위한 준비를 동시에 준비해야 하는데 준비기간이 20년 이상이어서 물가상승률까지 고려할 때 현재수준의 금액보다 훨씬 많은 돈을 준비해야 한다. 따라서 안정적인 노후자금을 목적으로 하는 경우는 복리로 부과되는 연금보험을 활용하는 것이 좋고, 장기적인 투자이기 때문에 약간의 리스크가 있다고 하더라도 높은 투자수익을 기대하는 경우는 변액유니버셜을 활용하는 것이 좋다.

첫째, 일반연금보험으로 준비하는 경우 '최저' 수준의 노후생활자금을 마련하려면 매월 62만원의 보험료를 납입해야만 한다. 매월 62만원을 납입하면 은퇴 시(60세 가정) 연금적립금은 약 4억 6000만원으로 매월 190만원의 연금을 받을 수 있다. '보통' 수준의 노후생활자금을 마련하려면 매월 85만원을 납입해야 한다. 은퇴시점에 약 6억3만원의 연금적립금으로 매월 220만원의 연금을 받을 수 있다. 또한 '풍요' 수준으로 노후 생활을 하려면 매월 169만원을 납입해야만 은퇴시점에 약 12억4700만원의 연금적립금으로 매월 520만원의 연금을 받을 수 있다.

둘째, 변액유니버셜보험으로 준비하는 경우를 보자. '최저' 수준의 노후생활자금을 마련하기 위해서 변액유니버셜보험을 활용하면 투자수익률의 차이에 따라 매월 투자하는 금액이 달라진다. 투자수익률 연 6.375%를 가정하면 매월 80만원, 연 9.5%를 가정하면 매월 48만원, 연 12%를 가정하면 매월 32만원을 납입해야만 은퇴 시(60세 가정) 4억6000만원의 적립금으로 매월 190만원의 생활비를 수령할 수 있다. '보통' 수준의 노후생활자금을 마련하려면 투자수익률 연 6.375% 가정 시 매월 110만원, 연 9.5% 가정 시 매월 65만원, 연 12% 가정 시 매월 44만원을 납입해야만 은퇴 시 6억3000만원의 적립금으로 매월 263만원의 생활비를 받을 수 있다. '풍요' 수준의 노후생활자금을 마련하려면 투자수익률 연 6.375% 가정 시 매월 210만원, 연 9.5% 가정 시 매월 130만원, 연 12% 가정 시 매월 87만원을 납입해야 은퇴 시 12억4700만원의 적립금으로 매월 520만원의 생활비를 받을 수 있다.

셋째, 일시금으로 준비하는 경우는 연금보험을 일시납으로 불입한 후 거치했다가 은퇴이후 연금으로 받는 방안이다. '최저' 수준의 노후생활자금을 마련하려면 1억2100만원을 납입해야 한다. 25년이 지난 은퇴 시 4억5900만원의 연금적립금으로 매월 190만원의 연금을 받을 수 있다. '보통' 수준의 노후생활자금을 마련하려면 1억6500만원을 일시금으로 납입해야 은퇴 시에 6억3200만원을 연금적립금으로 매월 263만원의 연금을 받을 수 있다. '풍요' 수준의 노후생활자금을 마련하려면 3억2500만원을 일시금으로 납입하여야 한다. 이렇게 하면 은퇴 시 12억4600만원의 적립금이 쌓이게 되어 매월 519만원의 연금을 종신토록 받을 수 있게 된다.

35세 가장이 노후준비를 퇴직금, 국민연금 등으로 50%를 준비하고 보험으로 50%를 준비한다고 가정할 때는 100% 보험으로만 준비할 때보다 당연히 적은 금액으로 준비할 수 있다. 즉, 국민연금으로 30%, 퇴직금 및 저축으로 20%가 준비된다고 볼 때 보험으로 준비할 노후자금은 보험으로 100% 준비할 때보다 적은 50% 수준만 준비하면 된다는 것이다.

40대의 경우

40세 대한민국 평균 직장인의 직급은 차장급이고, 자녀들은 중·고등학생이며, 가계수지는 수입보다 지출이 많은 시기로 노후가 심히 걱정되는 시기이다. 그런데 준비할 수 있는 기간이 10~15년 정도의 시간밖에 없다는 것이 문제다. 따라서 40대의 노후설계는 안정을 추구하면서도 다소 공격적인 투자설계를 세울 필요가 있다. 왜냐하면 노후준비를 위해 지출할 수 있는 돈이 많지 않아서 월 소득의 10% 이상을 벗어나기가 쉽지 않고 준비할 수 있는 기간도 짧기 때문이다.

40대의 보험을 통한 노후준비는 연금보험을 적립식이나 일시납형으로 준비할 수 있으나 30대와 마찬가지로 변액유니버셜보험을 활용하는 것이 효과적이다.

첫째, 일반연금보험으로 준비하는 경우 '최저' 수준의 노후생활자금을 마련하려면 매월 118만원의 보험료를 납입해야 한다. 이렇게 하면 은퇴 시(60세 가정) 약 3억4100만원의 연금적립금으로 매월 142만원의 연금

'골드세대'로 살아가기 위해선 젊었을 때부터 체계적으로 '노테크' 계획을 세워야 한다.

을 받을 수 있게 된다. '보통' 수준의 노후생활자금을 위해서는 매월 161만원을 납입해야 하고, 은퇴시점에 약 4억7만원의 연금적립금으로 매월 196만원의 연금을 받을 수 있다. 또한 '풍요' 수준의 노후생활자금을 위해서는 매월 317만원을 납입해야 은퇴시점에 약 9억2700만원의 연금적립금으로 매월 386만원의 연금을 받을 수 있다.

둘째, 변액유니버셜보험으로 준비하는 경우에는 '최저' 수준의 노후생활자금을 마련하기 위해서 투자수익률을 연 6.375%라고 가정하면 매월 140만원, 연 9.5%라면 매월 106만원, 연 12%로 가정하면 매월 85만원을 납입해야만 은퇴 시(60세 가정) 3억4100만원의 적립금으로 매월 142만원의 생활비를 받을 수 있다. '보통' 수준의 노후생활자금을 마련하려면 투자수익률 연 6.375% 가정 시 매월 192만원, 연 9.5% 가정 시 매월 147만원, 연 12% 가정

	30대의 노후준비	40대의 노후준비	50대의 노후준비
준비의 방향	−20~30년간의 장기준비로 인플레이션에 대응하는 준비 −안정과 수익을 동시 추구	−10~15년간 준비하는 노후 −공격적인 투자준비	−10년 이내에 준비완료 −노후생활과 건강중점 −연금 조기수령 전략
상품의 구성	변액유니버셜보험+연금보험	변액유니버셜보험 위주 설계	일시납 즉시형 또는 일시납 거치형 연금
노후자금 예시 − 도시근로자 　평균생활비 기준 − '보통' 수준 기준 − 60세 은퇴 기준 − 은퇴후 20년 수령	−변액유니버셜보험 　(연 6.375%) 가정시 매월 110만원을 납입하면 매월 263만원 가치의 생활비 수령	−변액유니버셜보험 　(연 6.375%) 가정시 매월 192만원을 납입하면 매월 196만원 가치의 생활비 수령	−연금보험 　매월 206만원 납입 　매월 169만원 연금수령 −일시납 즉시연금보험 　일시금 3억원 납입 　매월 146만원 수령

시 매월 118만원을 납입해야 은퇴 시 4억7000만원의 적립금으로 매월 196만원의 생활비를 받을 수 있다. '풍요' 수준의 노후생활자금을 마련하려면 투자수익률 연 6.375% 가정 시 매월 380만원, 연 9.5% 가정 시 매월 290만원, 연 12% 가정 시 매월 230만원을 납입해야만 은퇴 시 9억2700만원의 적립금으로 매월 386만원의 생활비를 받을 수 있다.

셋째, 일시금으로 준비하는 경우는 연금보험을 일시납으로 불입한 후 거치했다가 은퇴 이후 연금으로 받는 방안인데 '최저' 수준의 노후생활자금을 마련하려면 1억3700만원을 납입해야 한다. 25년이 지난 은퇴 시에 3억4200만원을 연금적립금으로 매월 142만원의 연금을 받을 수 있다. '보통' 수준의 노후생활자금을 마련하려면 1억8700만원을 일시금으로 납입하여야 은퇴 시에 4억7만원을 연금적립금으로 매월 196만원의 연금을 받을 수 있게 된다. '풍요' 수준의 노후생활자금을 마련하려면 3억6900만원을 일시금으로 납입하여야 한다. 이렇게 하면 은퇴 시 9억2700만원의 적립금이 쌓이게 되어 매월 386만원의 연금을 종신토록 받을 수 있게 된다.

45세 가장이 노후준비를 퇴직금, 국민연금 등으로 50%를 준비하고 보험으로 50%를 준비한다고 가정할 때는 국민연금으로 30%, 퇴직금 및 저축으로 20%가 준비된다고 볼 때 보험으로 준비할 노후자금은 35세의 경우와 마찬가지로 50% 수준만 준비하면 된다.

50대의 경우

50대 초반의 경우는 10년간의 노후준비플랜을 세우고, 55세 이후에는 연금을 즉시 받을 수 있는 노후준비플랜을 세우거나 연금보험을 통해 자녀에게 상속이나 증여를 하는 방안을 세우는 것이 필요하다.

50대 초반의 연금설계는 준비하는 기간이 너무 짧고 투자할 수 있는 기간이 제한되므로 변액유니버셜보험보다는 연금보험으로 준비하는 것이 합리적이다. 다만, 변액유니버셜보험으로 설계할 경우는 5년간 불입한 후 5년 거치 후 받는 방식으로 할 경우는 연금보험을 불입하는 경우보다 유리하다. 50세 가장이 일반연금보험으로 준비하는 경우 '최저' 수준의 노후생활을 위해서 매월 150만원을 불입한다면 60세 은퇴시 2억9400만원의 노후적립금으로 매월 122만원의 연금을 받을 수 있다. '보통' 수준의 경우 206만원을 불입하면 4억500만원이 준비되고 매월 169만원의 연금을 받을 수 있다. '풍요' 수준의 경우는 410만원을 불입하여 8억원을 준비하고 매월 333만원을 연금으로 받을 수 있다. 일시납연금으로 준비하는 경우는 '최저' 수준은 1억4500만원, '보통' 수준의 경우는 2억원, '풍요' 수준의 경우는 3억9300만원을 한꺼번에 준비해야 한다.

55세 이후 연금설계는 '일시납 거치형' 이나 '일시납 즉시형 연금보험' 으로 설계하는 것이 가장 좋다. 왜냐하면 이 시기는 이미 은퇴를 하였거나 은퇴시기가 얼마 남지 않았기 때문이다. 일시납 거치형의 경우는 3년 이상 거치시킨 후 연금으로 받을 수 있고 비과세로 종신토록 받을 수 있다는 장점이 있다. '최저' 수준의 노후준비계획을 위해서는 약 1억8000만원을 3년 거치 후 종신토록 연금으로 받는 방식을 택하는 게 좋다. '보통' 수준의 노후준비는 약 2억2000만원을, '풍요' 수준의 노후준비를 위해선 약 5억원을 일시납으로 납입해야 한다.

일시납 즉시형으로 준비하는 경우 공시이율을 연4 %로 가정하면 '최저' 수준을 위해서는 2억2000만원을 일시금으로 납입한 후 다음 달부터 매월 106만원을 수령한다. '보통' 수준을 위해서는 3억원을 일시금으로 납입한 후 다음 달부터 매월 146만원을 받고, '풍요' 수준을 위해서는 5억9000만원을 일시금으로 납입한 후 다음 달부터 매월 288만원을 받게 된다.

| 백정선 TNV금융컨설턴트그룹 대표 |

변액유니버셜보험 100% 활용하기

변액유니버셜보험은 은행처럼 수시 입출금이 가능한데, 이것의 가장 큰 매력은 대출이자가 거의 없다는 점이다. 또한 일정기간 유지 후 잠시 보험료를 내지 않아도 보험이 유지된다.

노후준비에 활용할 수 있는 보험상품 가운데 최근 각광을 받고 있는 상품이 바로 변액유니버셜보험(VUL)이다. 변액유니버셜보험은 은행처럼 납입과 인출이 자유로운 유니버셜 기능과 투신사의 투자 수익에 따라 실질적인 화폐가치를 보전할 수 있는 투자기능과 더불어 보험사의 보장 기능이 결합된 선진국형 금융 상품이다.

돈은 모아야 재산이 되는데 과거의 금융상품은 장기적으로 유지하기 힘들었고, 때문에 종자돈 (Seed Money) 모으기도 쉽지 않았다. 그러나 변액유니버셜보험은 다음과 같은 몇 가지를 잘 활용하면 종자돈을 만드는 시간을 단축시켜줄 뿐만 아니라 저금리 기조가 계속되면서 어느 때보다 투자 수익률이 중요시 되는 요즘 타 금융상품보다 두 세배의 수익을 가져다 줄 수 있다.

변액유니버셜보험을 어떻게 활용하면 좋을지 살펴보자.

【활용 1】 중도인출을 활용한다

변액유니버셜보험은 회사별로 차이는 있지만 일정기간이 지나면 수시로 입 · 출금이 가능하다. 기존의 보험상품은 중도에 돈이 필요할 경우에는 인출의 개념이 아닌 해약 환급금을 담보로 약관대출을 받아야 한다.

그러나 변액유니버셜보험은 수시 입출금이 가능한데, 이것의 가장 큰 매력은 대출이자가 없다는 점이다. 예를 들어 1억원을 1년간 사용한다고 가정하면 은행대출이나 보험 약관대출은 연 6% 금리라고 가정

했을 때 연 600만원 정도의 이자를 부담해야 하지만 변액유니버셜보
험을 활용하면 몇 만원 정도의 이자만 부담하면 가능하기 때문에 그
만큼 절약이 된다.

【활용 2】 추가납입 제도를 활용한다

2001년 미국의 9·11테러 발생과 노무현 대통령 탄핵 가결 때 주식시장은
단기간에 급락했지만 1년이 채 지나지 않아 하락폭을 만회했다. 이처럼 주식
은 급락을 하면 반드시 급등하게 마련이다. 이때를 기회로 삼아 추가납입을
하면 많은 수익을 올릴 수 있다.

그러나 추가납입을 잘 활용하면 약이 되지만, 잘못하면 독이 되므로 신중
을 기해야 한다.

변액유니버셜보험을 비롯하여 적립식펀드를 마켓 타이밍(Market tim-
ing; 단기간의 주가등락에 따른 적극적 투자)해서는 안 된다. 변액유니버셜
보험은 직접투자 상품이 아니기 때문이다. 고객이 위험을 효과적으로 관리
하면서도 변액유니버셜보험의 최대효과(투자+보장)를 누리기 위해서는 경
기가 상승장인지 하락장인지 파악하고 경기체감에 맞게 추가납입을 결정
해야 한다.

덧붙여 일반적으로 경기가 상승국면에 있다면 성장형 펀드 또는 혼합
형 펀드로, 경기가 하락국면이라면 안정형 펀드로 펀드변경을 하는 게
좋다.

【활용 3】납입 유예제도 활용

일정기간 유지 후 경제여건이 힘들 때 잠시 보험료를 내지 않아도 보장이
유지되는 '납입 유예제도'를 활용한다.

기존의 보험은 두 달간 연속 보험료를 불입하지 않으면 실효가 되고, 실효
가 된 지 2년 이내에 부활을 하지 않으면 자동 해약이 된다.

그러나 변액유니버셜보험은 어느 정도 계약이 유지된 상태에서는 한동안
보험료를 납입하지 못해도 이미 납입했던 특별계정의 적립금에서 보험료를
충당하기 때문에 일정기간 동안에는 보험이 실효 되지 않고 자동적으로 보
험계약이 유지된다.

【활용 4】연금 전환

가입기간 동안 종신보험의 보장을 계속 누리다가 개개인의 노후계획에 맞춰 연금으로 전환하여 사용한다. 기존의 종신보험은 보장 가치가 인플레이션에 의해 계속 절하될 수밖에 없고 연금은 그 수익률이 지속적으로 하락하고 있다. 변액유니버셜보험은 이러한 단점을 보완해 줄 수 있다.

【활용 5】특약 활용

변액유니버셜보험에 가입할 때 재해사망, 재해상해, 암, 입원, 수술, 성인병보장, 자녀보장, CI보장 등의 특약을 선택할 수 있다. 이 특약부분에 해당하는 금액은 1년에 100만원까지 소득 공제가 될 뿐만 아니라 예금자 보호법 대상으로 5000만원 한도 내에서 보호를 받을 수 있다.

또 변액유니버셜보험은 가입 후 10년이 지나면 비과세가 되는데, 10년 이내에도 수시 출금하여 사용한 금액에 대해서도 2005년 1월 이후 가입한 건은 모두 비과세가 적용된다.

변액유니버셜보험과 같은 펀드 상품들은 간접투자자산업법에 따라서 판매사(보험회사), 운용사(투신사), 일반사무관리회사(은행)로 나뉘어 운용된다. 펀드를 운용, 실적 배당하고 특별계정으로 운용되므로 만약 파산을 하더라도 특별계정에서 운용되는 펀드자금은 실제 소유자가 각각 개인들이며, 이 자금은 운용회사의 상황과 자산에 따라 별개로 움직이므로 채권자가 손을 댈 수 없다.

즉, 변액유니버셜보험과 같은 상품은 예금자 보호법의 대상이 아니라는 것이 약점이 아니라 오히려 더욱 많은 자산을 안전하게 보장받을 수 있는 장점이 되는 아이러니를 가지고 있다.

한 사람의 인생에 있어서 그 인생이 성공했느냐, 실패했느냐의 갈림길은 올바른 목표와 비전을 가졌는지 여부에 따라서 달라질 수 있고, 이와 더불어 그것을 실행할 재정목표와 계획을 합리적으로 가져야 한다는 사실이다. 재정계획이란 '무한한 대안에 대한 제한된 재원을 할당하는 일'이라고 정의할 수 있다.

그래서 궁극적으로 당신의 재정상태가 어떠한지를 아는 것이 당신의 목표와 꿈, 욕구를 성취할 계획을 수립하기 이전에 더욱 절실하게 필요하다.

현재 경기상승에 대한 여러 예측이 쏟아져 나오지만 우리나라에 이미 정

변액유니버셜보험은 가입 후 10년이 지나면 비과세가 되는데, 10년 이내에도 수시 출금하여 사용한 금액에 대해서도 2005년 1월 이후 가입한 건은 모두 비과세가 적용된다.

착해버린 저금리생활에서 유행처럼 번져가는 변액유니버셜보험을 활용하기 위해서는 꼼꼼한 재정계획을 세워야 한다.

그 첫 번째 단계로 '현재 상황을 요약하라'는 것이다. 나는 어디에 있는가? 라는 질문을 통해 개개인의 인생목표와 재정 포트폴리오의 한 구성요소인 변액유니버셜보험을 효과적으로 활용할 수 있다.

변액유니버셜보험 가입시 주의점

첫째, 가입목적을 분명히 해야 한다. 투자이거나 지출이거나 그 돈의 사용목적에 알맞은 금융상품을 선택해야 한다. 특히 인생에 있어 가장 큰 목돈이 필요한 노후자금을 비롯해 자녀교육, 결혼자금, 주택자금은 단기적 투자로서는 결코 만족할 수 없을 정도의 자금이다. 그러므로 가능하다면 젊었을 때부터 그 사용목적에 맞게 합리적 포트폴리오를 구성할 필요가 있다. 가장 안전하고 큰 수익률을 누릴 수 있는 방법은 결국 장기투자인 것이다.

둘째, 변액유니버셜보험은 수익성과 더불어 안정성, 두 가지를 동시에 만족시켜야 하는 10~20년 이상의 장기 투자상품이므로 운용사의 펀드운용능력을 체크해야 한다. 국내에 얼마 전부터 판매가 된 변액유니버셜보험은 과거 실적수익률을 단기간 밖에 알 수 없다. 하지만 그 운용사의 철학과 운용하는 다른 펀드들의 과거수익률을 통해서 고객의 투자성향과 어울리는 회사를 발견할 수 있다.

이 부분은 바쁜 세상을 사는 고객들이 전문성 있게 파악할 수 있는 부분이 아니므로 여러 회사의 상품과 철학을 파악할 수 있는 전문가에게 문의해야 한다.

셋째, 변액유니버셜보험의 펀드유형은 주식이나 채권 등의 편입 비율에 따라 성장형, 혼합형, 안정형, MMF형 인덱스형, 해외성장형, 아시아주식형, 미국채권형 등이 있고, 시장상황에 따라 계약자가 수시로 펀드를 변경할 수 있다. 그러므로 가입시 펀드 변경 횟수, 펀드변경 수수료 등 회사별 차이를 확인해 보는 것이 중요하다.

| 이남재 VFC파이낸셜 컨설턴트 |

금융재테크로 골드세대 준비하기

은퇴 후 수입을 발생시키기 위한 자금 마련 방법에 영향을 미치는 세 가지의 변수로는 저축액, 남은 시간, 수익률 등이다.

연금보험이나 변액유니버셜보험이 보험사를 활용한 노후준비라면 장기주택마련저축 등 은행이나 제2 금융기관을 활용한 재테크에도 관심을 기울여야 한다. 최근에는 특히 젊은 사람들이 노후를 위한 저축을 하지 않고 있으며 상당수 사람들의 경우에도 마찬가지로 노후 대비에 대한 저축을 따로 하지 않는 편이다. 현재처럼 당장의 소비생활에 더 높은 비중을 두고 생활한다면 큰 어려움에 처하게 될 것이다.

노후대비는 빨리 시작하라

노후 생활을 위한 계획을 시작하는 때를 단정적으로 어느 때라고 말할 수는 없지만, 하나의 가능한 지침은 '20/20 규칙(Rule)' 이다. 즉, 20년 동안의 노후 생활을 계획하기 위해서는 은퇴하기 최소 20년 전부터 자금을 모으기 시작해야 한다는 것이다.

따라서 노후준비를 빨리 시작할수록 각자가 노후를 위해 떼어놓아야 하는 돈의 액수가 적어지고, 각자 부담해야 할 투자 위험도 줄어들게 된다. 예를 들어, 각자가 은퇴 이후를 위한 특정한 재정적 목표를 세우고 매년 세금을 공제한 5000만원의 돈을 사용하기를 원한다고 하자. 그 액수가 변하지 않는다고 가정했을 때 은퇴 후 수입을 발생시키기 위한 자금 마련 방법에 영향을 미치는 세 가지의 변수가 있다. 이 변수들은 자신의 노후 자금을 축적하기 위해 투자할 수 있는 금액, 은퇴 시까지 남은 기간, 자신의 돈에 대해서 얻게 되는 수익률 등이다.

이러한 세 가지 변수들이 서로 어떻게 작용하는지 확인하는 것은 어렵지 않다. 자신이 일찍 시작하면 투자에 필요한 돈의 액수가 적어지고 또 높은 수익률에 대한 필요성도 줄어든다. 만약 노후를 위한 자금 준비의 시작을 뒤로 미루면 동일한 액수의 노후 자금을 축적하기 위해 더 많은 돈을 투자해야 하며 투자에 대해 더욱 높은 수익률을 필요로 하게 된다. 이것은 투자 위험이 높아지는 것이다.

노후 생활을 위한 저축 및 투자

노후대비 투자에서 우선 고려해야 할 것은 은퇴가 가까워옴에 따라 투자 전략을 보수적으로 짜야 한다. 만약 은퇴까지 수십 년이 남은 동안 위험한 투자에 실패한다면 이를 만회할 수 있는 시간이 있다. 그러나 노후에 투자 수익이 전망치에 크게 밑돌게 되면 그 손실을 만회할 수 있는 충분한 시간이 없기 때문에 노후를 위한 자금 계획에 큰 차질이 있게 된다. 따라서 젊어서는 비교적 공격적인 투자도 고려하지만 노후에는 고수익보다는 안전한 투자를 더 고려해야 한다.

자신의 투자수단을 다양화하는 것도 매우 중요하다. '자신의 모든 계란을 한 바구니에 담지 마라'는 원칙을 지킨다면 자신의 노후 생활 자금에 심각한 손실을 줄일 수 있다.

또한 투자는 노후 비용 지출을 위한 현금 흐름을 고려해야 한다. 부동산 등은 노후 자금을 축적하는 동안에는 매우 효과적인 자산 형태일 수 있다. 그러나 노후에는 점차 이러한 비유동성 자산의 비중이 너무 많은 것은 피하고 예금 등의 유동적인 자산으로 전환하는 것이 좋다.

젊어서는 목돈을 모으는데 중점을 두고 은퇴를 앞두고서는 이자지급식 상품에 가입해서 은퇴 후에 고정수입이 없을 경우를 대비해야 한다. 이자지급식 상품에는 후순위채권, 정기예금, 연금저축, 즉시연금보험 등이 있다.

노후자금 마련을 위한 방법

1. 상호부금

상호부금은 6개월~3년 정도의 기간에 투자할만한 적금형 상품이다. 목돈 모으기에서 가장 기초가 되는 상품이다. 비록 비과세혜택은 없지만 세금우대 가입은 가능하다.

상호부금은 목돈 모으는 재미를 느끼게 해주는 상품이다. 지나치게 장기상품의 경우에는 만기까지 기다리는 것에 지칠 수도 있는데, 상호부금은 중단기에 만기가 돌아오므로 적은 금액으로 큰 금액을 모으는 재미를 느끼게 한다.

가입기간	만기수령액(일반과세시)
6개월	3,029,610원
1년	6,109,980원
2년	12,423,000원
3년	18,939,060원

이렇게 상호부금으로 모은 목돈으로 목돈 굴리는 상품에 재투자하면 된다. 목돈 굴리기에 적합한 상품에는 정기예금, CD(양도성예금증서), 발행어음, 수익증권, 채권 등이 있다.

2. 연금저축

연금저축에는 연금신탁, 연금투자신탁, 연금보험이 있다. 연금신탁은 은행에서만 판매되고, 연금투자신탁은 은행, 증권사에서 판매되며, 연금보험은 은행, 증권, 보험사에서 판매된다. 만 18세 이상이면 누구나 가입할 수 있는 연금저축은 만 55세 이후 최소 5년 이상 연금을 지급 받을 수 있다. 가입기간은 10년 이상으로 납입한도는 분기별 300만원 이내다. 연간 240만원까지 소득공제 혜택을 받을 수 있고 납입 기간 중에는 발생수익에 대해 비과세하고 만 55세 이후 연금수령시 연금소득에 대해서 5.5%(주민세포함) 과세한다.

연금저축에 가입할 때는 수익률을 꼼꼼하게 비교해 꾸준하게 높은 수익률을 올리고 있는 금융기관을 이용하는 것이 바람직하다. 일반적으로 연금신탁은 최소한 원금은 보장하므로 비교적 안정적이라는 장점이 있고, 연금투자신탁은 높은 수익이 가능하지만 반대로 원금을 손해 볼 위험이 있다. 연금보험은 일정금리 이상은 보장이 되며 종신형을 선택할 수 있는 것이 특징이다.

자신의 노후 설계에 맞춰 적절한 금융기관을 골랐다면 인터넷 등을 통해 자세한 연금상품과 수익률을 비교해 볼 수 있다. 전국은행연합회(www.kfb.or.kr), 자산운용협회(www.amak.or.kr), 생명보험협회(www.klia.or.kr), 손해보험협회(www.knia.or.kr) 홈페이지에 접속해 '연금상품 공시'를 선택하면 수익률을 조회해 볼 수 있다.

3. 적립식펀드투자

높은 수익률을 기대할 수 있고 은퇴 이후 목돈으로도 활용이 가능한 상품이다. 적립식펀드투자는 일반 적금과 같이 매달 일정금액을 적립해 나가는

장기주택마련저축에 매월 50만원씩 저축하는 경우

평균금리가 연 3.5%인 경우		평균 금리가 연 5.5%인 경우	
가입년수(개월)	만기수령액	가입년수(개월)	만기수령액
7년(84개월)	47,206,250	7년(84개월)	50,181,250
10년(120개월)	70,587,500	10년(120개월)	76,637,500
20년(240개월)	162,175,000	20년(240개월)	186,275,000
30년(360개월)	274,762,500	30년(360개월)	328,912,500

상품으로, 매달 적립한 금액으로 우량주식이나 채권을 꾸준히 매입해 투자 대상 자산의 평균 구입 가격을 낮추는 방식으로 설계된 상품이다.

적립식펀드투자는 수익률면에서는 일반 확정금리 상품보다는 높은 수익률을 기대할 수 있으나 실적배당 상품의 특성상 투자대상 자산이 주식 등 시장성 상품이라 원금이 보장되지 않는다는 점은 충분히 고려해야 한다. 다만 노후자금 마련을 목적으로 투자기간을 5년 이상으로 가입해서 투자한다면 위험 분산을 통해 원금손실이 발생할 확률을 최소화 할 수 있다.

4. 장기주택마련저축

거의 모든 금융기관에서 취급하는 상품으로 최대 장점은 7년 이상 불입시 이자소득에 대해 비과세 혜택을 받을 수 있다는 점과 연간 불입금의 40% 범위 내에서 최대 300만원까지 소득공제 혜택을 받을 수 있다는 점이다. 가입기간은 7년 이상 50년 이내로 가입할 수 있는 상품들이 시중은행에서 판매되고 있다.

즉, 60세에 은퇴한다고 가정하면 40세부터 20년을 연 5.5%로 월 50만원씩 저축한다면 만기에 1억8627만원을 수령하게 된다. 만약 30세부터 30년을 이런 방식으로 투자한다면 3억2891만원을 수령하게 된다.

노후생활비중에서 일부는 공적연금(국민연금 등)에서 지급된다고 가정했을 때 노후생활을 하기 위한 최소한의 금액을 100만원으로 가정해서 매월 100만원씩을 이자로 받기 위해서는 2억~4억원 수준이 필요하다.

은퇴 후에는 수익률이 높더라도 위험한 상품에 투자하는 것은 불안하기 때문에 투자의 기본은 안정성 확보에 맞추어야 한다. 비교적 안전하게 세후 수익률을 높이기 위해서는 이자소득세가 적은 상품에 가입하는 것이다.

만 60세 이상의 경우에는 1인당 3000만원까지 생계형저축으로 가입시에 비과세된다. 이 상품은 정기예금 등과 연결해서 가입할 수 있다. 또한 즉시연

〈단위:%〉

상품명	수익률	세후수익률	가입금액	비　　고
정기예금	연 3.8	연 3.21	3.74억원	확정금리/이자수령
후순위채권	연 5.5	연 4.65	2.58억원	확정금리/이자수령
즉시연금보험(상속형)	연 4.2	연 4.2	3.5억원	변동금리/이자수령
즉시연금보험(종신형)	연 4.2	연 4.2	2억원	변동금리/원금이자수령
연금신탁	연 3.5	연 3.4	3.6억원	저율과세/이자수령

금보험의 경우에도 비과세된다. 연금신탁의 경우에는 적립기간 중에는 비과세되고 연금수령시에 5.5%만 과세되는 저율과세 상품이다.

또한 세금우대를 활용하면 이자소득세(주민세포함) 15.4% 대신에 9.5%(농특세 포함)만 부담하면 된다. 세금우대 가입한도는 1인당 4000만원이고, 남자 만 60세 이상이거나 여자 만 55세 이상의 경우에는 1인당 6000만원까지 가능하다.

이 외에 신협과 새마을금고, 농·수협 단위조합에서 판매하는 조합예탁금도 은퇴 후 생활비 조달에 유용하게 쓰일 수 있다. 조합예탁금은 1년 이내로 단기투자해도 2000만원까지 이자소득세가 면제되는 등 세금혜택을 받을 수 있지만 올해 말 까지만 세제혜택이 주어진다.

후순위채권은 5년 이상의 장기상품인데 5년 동안 매월 동일한 이자를 수령할 수 있다는 것이 가장 큰 장점이다. 또한 정기예금에 비해서 연 1~2% 정도 수익률이 높다는 것이 장점이다. 다만 후순위채권 발행 금융기관이 파산할 경우에는 원금도 못 받을 수 있으므로 우량금융기관 발행의 후순위채권에만 가입하는 것이 중요하다.

즉시연금보험을 활용할 수도 있는데 이자만 받다가 나중에 원금을 수령하는 상속형, 원금과 이자를 나누어서 받는 종신형으로 구분할 수 있다. 본인의 여유자금이 적다면 종신형을 활용하는 것도 좋은 방법이다.

본인 소유의 주택을 담보로 대출을 받아서 생활하는 역모기지론도 고려해 볼 만 하다. 역모기지론은 주택을 담보로 하는 대출이라는 점에서 다른 주택담보대출과 같지만 대출금이 한꺼번에 지급되지 않고 대출기간에 매월 일정 금액이 분할 지급된다는 점에서는 차이가 있다.

이외에 본인이 가입하고 있는 공적연금의 수령액을 확인할 필요가 있다. 공적연금에는 공무원연금, 군인연금, 사학연금, 국민연금이 있다.

| 김성엽 하나은행 분당백궁지점장 |

창업으로 골드세대 준비하기

40~50 창업 아이템은 노동강도가 약해 60대까지도 충분히 운영할 수 있고, 경우에 따라서는 부업으로, 즉 투잡스가 가능한 아이템을 골라야 한다.

노후 설계를 위해 창업을 준비한다면 어떻게 접근하는 것이 현실적일까. 30, 40, 50대 연령별로 노후 창업재테크 전략을 정리해본다.

30대의 경우

2030세대의 청년 창업자들은 사회경험이 적고 상대적으로 창업자금이 부족하다. 반면 창업에 대한 열의가 높고 정보수집 능력이 뛰어나다. 또한 자신의 취미나 적성, 또는 경험을 살리면서 지식을 쌓을 수 있는 분야에 관심이 높다.

이러한 점들을 고려할 때 청년 창업자에게 적합한 아이템으로는 소자본으로 아이디어를 이용한 틈새사업이 적합하다. 소자본을 이용한 무점포 사업이나 컴퓨터 편의점, 온라인 인쇄 편의점 등의 생활편의 제공사업, 신세대 고객을 겨냥한 사업 등에 도전해볼 만 하다.

1. 소호쇼핑몰

소호쇼핑몰은 오프라인 매장에 비해 진입장벽이 낮고, 인터넷에 익숙한 젊은 세대가 늘어나면서 청년창업이 증가하는 추세다.

다음이나 야후 등 포털사이트를 활용해 개인 쇼핑몰을 개설하는 경우에는 웹페이지 제작에서 유통, 결제, 마케팅 등의 기법에 대한 교육을 받을 수 있으며 해당 업체의 배송 시스템을 활용할 수 있다. 또 포털사이트에 접속한 회원을 자연스럽게 유치할 수 있어 마케팅 효과도 누릴 수 있다. 다음이 운영하는 다음장터의 경우 초기 입점비 20만원, 입점 상품 수에 따라 매월 20만~50만원의 이용료를 지급해야 한다.

2. DVD 자동대여판매기

기계 한대 당 설치비용은 2300만원으로 기계 설치 수에 따라 창업자금이 달라진다. 수익성은 초기 6개월은 월 900회 대여 기준, 광고 수주, 복권을 포함하여 월 순수입 110만원, 설치 후 1년 후부터는 약 210만원 정도의 수입을 기대할 수 있다.

최근 개인형 편의점이 노후재테크 수단으로 부각되고 있다. 사진은 개인형 편의점의 하나.

3. 컴퓨터 편의점

컴퓨터 편의점은 아파트 단지나 회사밀집 지역에 입주함으로써 고정고객을 확보할 수 있다.

사업장 규모는 10~20평이면 적당하며 창업비용은 매장 임대비를 제외하고 5000만원 안팎이다.

4. 온라인 인쇄 편의점

온라인을 통한 주문이 주요 수익원이지만 매출을 올리기 위해서는 오프라인에서 활발한 영업을 해야 한다. 청첩장, 명함, 전단지, 스티커, 엽서, 판촉물 등 취급물품이 많아 소비층이 다양하다는 것이 장점이다.

사업자의 노력에 따라서는 적은 비용으로 월 300만원 이상의 수익을 올릴 수도 있는 아이템이다. 입지는 소규모 사무실이나 상가밀집 지역이 유리하다. 모든 업종이 마찬가지지만 이 사업 역시 홍보가 중요하며, 사업자의 마케팅 능력에 따라 매출 규모가 달라진다는 점을 잊어서는 안 된다.

5. 구슬공예전문점

구슬공예전문점에서는 완제품을 팔기도 하지만 재료나 DIY 도안도 함께 판매하고 있으며 DIY 구슬강의도 하고 있다. 따라서 개성이 강한 20대 젊은 층부터 취미 활동으로 즐기고 있는 30~40대와 노년층까지도 확보할 수 있다.

창업비용은 5평을 기준으로 가맹비 500만원, 인테리어비 평당 230만원,

초도물품비 1700만원 등 총 4000만원 정도이며, 주고객층은 젊은 층 여성으로 이대, 대학로, 명동 등이 적합하고 동대문의 대형 쇼핑몰 밀집 지역도 소규모 창업으로 좋다.

6. 생과일 카페

생과일 카페는 일본에서 이미 성공한 업종으로, 미용과 건강을 위해 과일을 찾는 여성들이 많다는 점과 사계절 꾸준한 수요를 가진 자연식품인 과일이 갖는 신선한 이미지로 사람들에게 어필할 수 있는 아이템이다.

과일주스, 과일차를 비롯해 과일샌드위치, 과일빙수, 과일화채 등을 주 메뉴로 하며, 과일을 선택하면 원하는 사이즈의 접시에 직접 과일을 깎아주기도 한다. 최근 유행하는 과일빙수 전문점이 계절을 타는 반면 생과일 카페는 4계절 꾸준히 매출을 올릴 수 있다는 것이 가장 큰 강점이다.

주고객 층은 여성층으로 이대 앞이나 대학로, 명동 등 여성유동인구가 많은 곳이 적합하며, 창업비용은 20평 기준시 가맹비 500만원 포함 5400만원 정도이다.

그 외에도 테마맥주 전문점, 치킨점, 분식배달점, 여행사 여행가이드, 네일아트숍, 쥬얼리숍, 인테리어 사업, 여성의류점, 인터넷 비즈니스, 프로그램 제작업, 온라인 광고업, 자동차 액세서리 전문점, 튜닝 및 A/S 전문점 등이 있다.

40~50대의 경우

40~50대의 창업자들은 자금이 어느 정도 조성되어 있어 구속받지 않는 창업을 선호한다. 또한 수익이 크지 않더라도 리스크가 작고 육체적 노동 강도도 낮은 여가형이나 임대 형태의 창업을 고려해야 한다. 이러한 특성에 부합하는 업종으로 임대업, 관리업 등이 제격이다.

특히 4050 창업 아이템은 노동강도가 약해 60대까지도 충분히 운영할 수 있고, 경우에 따라서는 부업으로, 즉 투잡스가 가능한 아이템들을 골라야 한다.

1. 디지털 노래방

창업비용은 100평 기준 실내공사비를 포함해 약 4억원 정도가 들어간다. 현재 3개의 체인점을 두고 있는 이 업체는 20호점까지는 가맹비를 무료로 제공한다. 수익성은 평균 월매출이 1700만원에 순이익 약 600만~800만원 정도로 40% 이상의 마진율이 기대된다.

2. 차량 종합 관리업

창업비용은 점포비, 차량구입비 제외 가맹비 500만원과 차량개조, 웹 프로그램 사용료, 2주교육(3인 기준), 초도물품대 등 총 2500만원 정도다.

개업 3개월 후 월 평균매출은 900만원 선이고 점차 회원들이 더 늘어나는 추세다. 회원 모집 건당 10만원, 차량 점검 1만원과 자동차 보험 유치, 출장세차 등을 합한 결과다. 900만원 매출일 때 월 순익은 인건비 280만원, 임대료 50만원, 관리비 140만원을 제한 약 400만원 정도다.

3. 24시간 편의점

편의점 창업은 일반적으로 투자비용도 많이 들고 다른 업종보다 운영하기 힘들다고 알려져 있다. 하지만 본사의 POS시스템과 집기류를 받아 운영하기 때문에 생각보다 많은 금액이 들지 않고 안정적으로 꾸려갈 수 있다.

4. 조각 사무실 임대업

조각 사무실 임대업(소호 비즈니스 사무실 임대업)은 40~50대 장년 층에 적합한 창업아이템으로 교통이 비교적 양호한 지역의 역세권에 약 50~100여평 사무실을 임대 받는다면 더욱 전망이 밝다. 이때 가능한 보증금을 높여 월세 부담을 줄이는 것이 중요하다.

5. 펜션 사업

창업비용은 장소에 따라 차이는 있지만 일반적으로 60평형 건물 건축비, 500여평 토지매입비, 인허가비, 토목.조경비, 집기·설비비 외 기타비용 포함 약 3억7000만원 선이다. 수익은 비수기와 성수기가 있기는 하지만, 한달 평균 매출액 1200만원 정도를 기대할 수 있다. 침구류교환, 인건비, 집기비용의 30~40% 유지비용을 뺀 나머지가 순익이다.

이 외에도 4050창업자라면 아침식사 전문점, 한식당, 유기농 식품점, 공연기획사, 명품 종합 매장, 안경 전문점, 홈스테이, 찜질방, 어린이 관련 교육사업, 실버용품 전문점, 애견용품 사업, 아파트 임대업(원룸 임대업), 실버관련 비즈니스, 실버 도우미 파견업, 인력아웃소싱업 등에 도전해볼 만 하다.

| 이인호 창업e닷컴 소장 |

부동산으로 골드세대 준비하기

30대인 경우라면 주거안정을 취한 후 금융기관 저축으로 소규모 자금이 쌓이게 되면 과감히 고위험 고수익 종목에 도전해야 한다.

우리나라처럼 사회보장이 미약한 나라에서 노후인생을 준비하기에 적합한 투자대상은 부동산이다. 안전성이 높아 원금을 까먹을 위험이 별로 없고 평균적으로 은행 금리 이상의 수익을 올릴 수 있다. 또 잘만 선택하면 투자원금의 몇 배에 이르는 자본이득을 덤으로 얻는 것도 가능하다. 하지만 부동산으로 노후를 준비하기 위해 뛰어다니는 경쟁자가 많기 때문에 좋은 부동산을 만나려면 남 다른 노력이 필요하다.

우선, 부동산 재테크로 성공적인 노후를 맞이하기 위해서는 장기계획을 세워 단계적으로 접근할 필요가 있다. 직장생활 초년기의 통장을 이용한 종자돈 마련과 주거안정, 30대 후반의 과감한 자본 투자, 40대의 안전한 투자가 바탕이 되지 않고는 50대에 들어와 쉽게 수익성 부동산을 확보할 수 없기 때문이다. 임대든 직영이든 매월 정기적인 소득이 기복없이 들어오는 부동산을 만나는 것은 행복한 결혼생활을 할 수 있는 좋은 짝을 만나는 것과 같다. 직장의 월급처럼 꾸준하고 안전한 소득이 창출돼야 성공적인 노후생활이 가능하다.

부동산 노테크, 30대부터 시작

사회초년생이 직장생활을 시작하면서 국민연금에 의무적으로 가입하듯이 나만의 자발적인 부동산 노테크를 위해 청약예금, 적금, 부금과 같은 청약통장에 가입하게 된다. 전세집에 살며 은행 저축으로 목돈을 마련하고 청약통장을 이용해 내 집 마련의 꿈을 이룬다. 이후 분양가와 시가의 차액이나 시가의 상승을 통한 매매차익을 보태 좀더 나은 여건의 지역이나 좀더 큰 집으로 이전한다. 이런 일련의 과정이 성공적이면 다음 단계의 노테크도 수월해지게 된다.

이렇게 주거안정을 취한 후 금융기관저축으로 소규모 자금이 쌓이게 되면 과감히 고위험 고수익 종목에 도전해야 한다. 어차피 5000만원대의 소액으로 안전한 종목에 들어갈 수 없을 뿐만 아니라 젊고 활동적이어서 열심히 발품을 팔 수 있기 때문이다. 이 시기에는 대개 수도권 재건축 아파트 단독투자, 그린벨트 농지, 녹지지역 토지, 관리지역 임야 공동투자 등을 활용한다. 재건축 투자의 장기 보유와 공동투자의 위험성을 잘 극복하면 3배 정도의 자본이득을 올릴 수 있다.

이를 바탕으로 40대 중반에 개발지역 인접 토지, 판교권 아파트, 충청권의 상가주택지대 내 단독주택 등으로 은행 금리 2배 정도의 수익이 가능한 안전한 부동산에 투자한다. 이러한 일련의 성공적인 투자과정을 거치고 50대에 들어서면 본격적인 노후 준비용 수익성 부동산에 투자해야 하는데 임대용이나 직영용 부동산이 주가 된다. 이 때는 임대용이든 직영용이든 자기가 평소에 관심을 가졌던 업종을 중심으로 부동산을 선택해야 한다. 이용자의 눈으로 부동산을 바라볼 수 있어야 직장생활의 급여와 같은 정기적인 소득이 발생하는 부동산을 발견할 수 있기 때문이다.

수익성·자본이득 두 마리 토끼 가능

대개 수익성이 높으면 자본이득(매매차익)을 얻기 어렵고, 매매차익을 노릴 수 있으면 수익성이 낮지만 잘만 선택하면 수익성과 자본이득이라는 두 마리 토끼를 다 잡을 수 있다. 노후를 준비하는 장년층들 중에는 안전하게 수익을 올리면서 장기적으로는 부동산 가격 상승을 통해 자본이득이 가능한 물건을 찾는 일석이조 형이 많다. 매달 발생하는 수익은 장년인 본인을 위해서, 자본이득은 아직 젊은 자식들을 위한 투자인 것이다.

50대 초반에 대기업을 그만두고 미용실을 운영하다 최근 은퇴한 61세의 백 여사는 서울의 신당동 아파트 33평을 팔고 두 마리 토끼몰이를 시도하고 있다. 월세를 줄까도 생각해 봤지만 월 100만원 이하의 수입으로는 생활비도 안 되는 것을 알고는 아예 처분해서 경기남부의 재건축 아파트를 사기로 방향을 틀었다. 월세도 충분히 얻고 자본이득도 노리자는 심산에서다. 백 여사는 4억6000만원에 아파트를 팔고 18년 지난 오산의 저층 주공아파트를

7500만원에 6채 사서 임대사업을 시작하려고 한다.

거기서 나오는 월세는 35만원으로 6채를 합하면 210만원이 되어 생활비 조달이 가능해진다. 또한 거기서 나오는 보증금 6000만원은 비상금으로 통장에 그대로 넣어 두려고 한다. 더구나 오산 아파트 주변은 대단위 택지개발지구에다 오산 전철역세권으로서 택지개발이 가시화되거나 오산역이 활성화되면 충분한 자본이득도 얻을 수 있다. 월세도 2배 이상 올리면서 아파트 가격 상승률도 서울보다 오산의 재건축 아파트가 더 높을 것으로 기대하고 있다.

이처럼 서울의 중형아파트 임대보다는 수도권 남부의 소형 아파트가 임대수요가 많을 뿐만 아니라 아직 시장에 재건축 기대가치가 반영되어 있지 않아 더 유리하다. 안전진단이 통과되어 재건축 사업도 급물살을 탈 수 있기 때문에 불과 3~5년 후면 가격이 2배 이상 오를 가능성이 높아 보인다. 백 여사가 컨설턴트의 의견을 귀담아 듣고 열심히 발로 뛰어다니며 확인한 노력의 결실이 가까이 오고 있다. 이렇게 되면 안전하고 충분한 임대수익과 높은 매매차익으로 인한 자본이득을 취하여 아름다운 노후생활이 가능해질 것으로 보인다.

인간의 소비성향은 늘리기는 쉬워도 줄이기는 어렵다. 작은 집에서 큰 집으로 가기는 쉬워도 큰 집 살다 작은 집으로 이사하기 힘든 이유도 여기에 있다. 노년이라고 해서 품위유지비를 절반으로 줄이는 것이 쉽지 않는 점도 마찬가지 이유다. 우리나라에서 부부가 평균 이상의 고품위를 유지하려면 장년층을 기준으로 식사, 의류, 문화, 사교, 인사, 관광 등으로 월 300만~500만원 정도가 필요하다. 그러나 저금리

서울 중형 아파트 보다 수도권 남부의 소형 아파트가 임대 투자로 좋아 보인다.

상황에서 은퇴 후 이 정도의 소득을 계속 유지하기는 쉬운 일이 아니다.

부동산으로 이 정도의 소득을 안전하게 확보하려면 최소한 10억원 이상의 현금을 투자해야 한다. 그러나 대부분의 고품격 노년형은 소득은 300만원 이상을 원하면서 투자는 5억원대 미만의 부동산을 희망한다. 대개 살고 있는 아파트 외에 퇴직금과 젊을 때 단계별 부동산 투자로 모은 자산을 합쳐 운용 가능한 돈이 5억원 정도에 불과하다. 그러나 차별화된 부동산 시장에서 300만원대의 안전한 월 수익이 가능한 부동산을 5억원대에 찾기란 보통의 안목으로는 쉬운 일이 아니다.

신분전환이 가능한 종목과 지역을 찾는 수밖에 없다. 현재는 주거지대지만 조만간 상가주택지대로 변할 수 있는 곳, 현재는 한산한 길거리의 농지지만 멀지 않은 장래에 통행량이 늘어 길거리 점포지대로 변할 수 있는 곳, 현재는 죽은 상가지만 택지개발사업이 완료되면 되살아날 수 있는 곳에서 적합한 물건을 찾아야 한다.

상가로 바뀔 수 있는 곳 유리

대기업의 해외 주재원 생활을 오래하고 50대 초반에 명퇴한 후 공공건물의 매점을 운영하다 그만 둔 59세의 금 선생은 지금은 주거용이지만 3~5년 후 상가로 변할 4억원대 단독주택을 찾아 발품을 팔다 맘에 든 물건을 찾았다.

천안시 신부동 천안 인터체인지에서 터미널을 못가서 왼쪽의 도심 속 주택지대에 있는 그 집은 대로변의 바로 이면 코너 각지를 이루고 있으나 현재는 한산해서 상가로 느껴지지 않는다. 그러나 주변에 있는 1000세대의 주공 아파트가 재건축에 들어갈 예정이고, 미래 성장형의 아산, 공주, 조치원 방향 국도가 바로 한 블럭 뒤에 위치하여 3~5년 후 터미널과 관공서, 오피스가, 국도의 유동인구 등을 배후로 둔 상권이 형성될 가능성이 높다.

금 선생은 두 필지 130평을 평당 300만원대로 4억원을 투자하고, 그 중 한 채를 음식점으로 전용하여 월 80만원에 세를 주고 주택은 40만원에 월세를 줘서 매월 120만원을 올릴 계획이다. 그러다 4년 후 재건축 아파트 입주 시기에 맞춰 1억원을 더 투자하여 하나의 가게로 리모델링한 후, 두 채를 합쳐 월 300만원에 프랜차이즈 음식점으로 임대할 계획이다. 그때는 땅 값이 평당 500만원대에 이르러 자본이득도 크게 높아질 것으로 보인다.

| 박병호 한국리츠에셋 대표 감정평가사 |

문형남 숙명여대 테크노경영대학원 교수

"재테크에 신경 쓰는 것보다 그 시간에 공부나 경력 개발을 통해
경제수명을 연장하는 게 더 나은 노후 준비죠"

문형남 교수(46)는 경력관리의 모범사례로 손꼽힌다. 끊임없는 자기개발로 변신에 변신을 거듭했다. 현재는 숙명여대 테크노경영대학원에서 부교수로 정년을 보장받았지만 87년만 하더라도 동서경제연구소에서 선임연구원으로 일했다. 92년 기자(매경이코노미)로 변신했고, 한 때 법무법인 대일에서 임원을 지내기도 했다. 숙명여대로 자리를 옮긴 시기는 2000년 3월이다.

그는 공부를 통해 경력관리를 한다. 요즘엔 경영학 박사 이외에 북한학 박사학위를 취득하기 위해 박사과정을 추가로 수료했을 정도다.

문 교수는 얼마 전에 타계한 피터 드러커를 존경한다.

"피터 드러커는 이런 말을 한 적이 있죠. 은퇴가 몇 살이냐, 정년이 어디 있냐고. 그도 죽기 직전까지 저술 및 강연 활동을 했습니다. 또 지난해 미국에서 104세에 은퇴한 교수가 있었는데, 이 분은 70세에 교수 생활을 시작했더라고요. 공부하다 보면 길이 보입니다."

현재 문 교수는 노후자금을 어느 정도 마련한 상태다. 또 2년 전 학교로부터 65세까지 정년을 보장받았다. 그렇지만 정년 이후에 여행 등으로 편안하게 노후를 즐길 생각은 없다.

그는 '평생 공부하는 삶'을 꿈꾼다. 현재 문 교수는 북한과 전자상거래가 늘어날 것에 대비해 최근 북한IT 박사과정을 마쳤다. 앞으로 연관 분야로 계속 학문 영역을 넓혀 경력을 개발할 생각이다. 또 갖고 있는 자격증만 해도 30개에 이른다.

"e-비즈니스라는 학문은 수익성과 연결되는 학문이에요. 외부기관에서 연구나 컨설팅 요청이 많이 들어와요. 이런 일을 하면서 얻는 수입도 많은 편이죠. 노후를 준비한다고 재테크에 신경 쓰는 것보다 그 시간에 공부나 경력 개발을 통해 경제수명을 연장하는 게 더 나은 노후 준비가 아닐까 합니다."

사실 그는 매우 현명하게 노후를 준비하고 있다. 현재 일을 하면서 노후자금 마련이 가능하고, 노후에 무슨 일을 할 것인가도 동시에 해결하고 있어서다. 노후자금은 보험으로 준비하고 있다. 현재 본인이 3개, 부인이 10개를 들었다. 한 달에 나가는 보험료만 해도 400만원에 이른다고.

문 교수는 현재 행정기관 홈페이지평가 위원장으로 '홈페이지 평가 시장'이라는 블루오션을 개척해 각종 공공기관에서 컨설팅 및 연구 요청이 끊이지 않는다. 프로젝트를 수행하느라 밤새는 날도 많다. 내년에 안식년을 앞두고 있는 그는 앞으로 미국 시장 등 해외시장에도 진출할 계획을 갖고 있다.

공부예찬론자인 문형남 교수. 그는 대학시절 "공부하는 것을 평생목표로 정했다"고 한다. 그에게 공부가 어떤 의미인지 물었다.

"공부를 어렵게 생각할 필요 없어요. 일 자체가 공부 아닌가요. 무언가를 하다보면 자연스럽게 그 분야에 빠지게 되는 거고 그런 과정이 전부 공부하는 거죠."

65세에 교수 정년이 끝나면 통일된 북한에서 IT 전도사로 활동하고 싶은 게 그의 꿈이다.

| 이용현 매경이코노미 기자 |

박호성 팍스바이크 사장

50세까지는 자전거포 사업에 매달리고, 그 뒤 펜션을 동시에 운영해볼 생각이다. 자금마련 계획도 탄탄히 잡아놓았다. 퇴직하기 전에 모아놓은 돈과 자전거포 수입으로 문수산 아래에 땅을 마련했다.

대기업 중견간부 자리를 박차고 나오기란 쉬운 일이 아니다. 2003년 4월, 박호성씨(44)가 회사를 그만둔다고 할 때도 다들 의아해했다. 그는 국내 최고의 광고대행사라는 제일기획에 다니고 있었기 때문이다. 그것도 차장급으로 한창 미래가 창창할 때였다.

그리고 꼭 4개월 뒤 그는 집 근처인 인천에 자전거포를 차렸다. 이제 그의 명함 직함에는 '제일기획 차장'이 아닌 '팍스바이크 사장'이 박혀 있다. 웬 '생뚱맞은' 삶이냐고? 결코 그렇지 않다. 그는 자신이 계획한 대로 차근차근 삶을 꾸려가고 있었다.

그에게 있어 자전거는 대기업 차장 이상의 가치가 있다. 자전거와의 인연은 90년부터다. "아이를 운동시키려고 자전거를 하나 사주려고 나갔다가 제 것도 덤으로 샀죠. 그게 인생을 바꿔놓았어요." 자전거가 너무 재미있어 동호회까지 가입하며 즐기기 10년. 중간에 사고로 어깨가 부러지고, 오른쪽 광대뼈가 함몰돼 인공뼈까지 넣는 아픔이 있었다. 그래도 자전거는 점점 좋아져갔다. "인생을 걸어도 괜찮겠다고 생각했죠. 좋아하는 취미가 직업이 되는 것만큼 행복한 삶도 없으니까요."

자전거포라는 첫 번째 창업을 위해 그는 사표를 내기 전 6개월간 시장조사에 나섰고, 퇴직금을 포함해 모두 1억원을 쏟아 부었다.

아직 예전 연봉 수준만큼은 못된다. 그래도 좋아하는 일을 하는 점에서는 더할 나위 없이 만족한다.

이제 3년째 운영중이지만, 그는 또다시 제2의 창업을 꿈꾸고 있다. 바로 자전거 펜션이다. 현재 나이 44세. 50세까지는 자전거포 사업에 매달리고, 그 뒤 펜션을 동시에 운영해볼 생각이다.

자금마련 계획도 탄탄히 잡아놓았다. 퇴직하기 전에 모아놓은 돈과 자전거포 수입으로 문수산 아래에 땅을 마련해 놓았다. 이전에 갖고 있던 주식을 팔아 1000여만원 돈을 마련한 뒤 100평 가까운 땅을 사둔 것. 경매를 통해 비교적 싸게 구입할 수 있었다고. 그는 여기에 펜션을 지을 계획이다. 그 비용은 자전거포에서 번 돈으로 충당할 예정. 5000만원 정도의 비용을 예상한다.

그의 부인도 김포 시가지에서 퀼트점을 운영중이다. 박 사장과 마찬가지로 취미가 직업이 된 셈. 최근엔 수익을 높이기 위해 '숍인숍(Shop in Shop)' 형태로 3평 정도 떼어내 케이크 전문점도 열었다. 부인 수입은 생활비, 박 사장 수입은 미래설계비로 이원화된 셈이다. 부모님 등 가족도 일부 투자를 하겠다고 해 '패밀리 비즈니스(Family Business)'가 될 가능성도 열려있다.

"자전거 사업이 꽤 매력적"이라고 그는 말한다. 판매 뿐 아니라 수리비 등으로 고정수입이 가능해서다. 고객이 꾸준히 늘고 있는 터라 이전 연봉수준을 회복하는 것은 시간문제. 박 사장은 이미 펜션 사업을 하고 있는 친구의 도움을 많이 받을 참이다.

"앞으로 한강둔치 자전거길이 연결될 거에요. 가족끼리 자전거를 타고 와 쉬고 갈 수 있는 공간으로 만들어야죠. 김포에는 야트막한 산악지대도 많아 남성들끼리 묵으며 즐길 수도 있을 겁니다."

ㅣ **명순영** 매경이코노미 기자 ㅣ

GIOS
KELME
MANITOU
KENDA KOYOTE
CAT EYE

박종섭 PCA생명 재정설계사

노후 준비로 장기금융상품이 매력적이라고 강조한다.
은행예금 · 적금보다 높은 수익을 기대할 수 있는
펀드상품에 투자할 계획이다.

수많은 고객들의 재정을 상담해주는 박종섭 PCA생명 재정설계사(46). 정작 자신은 어떻게 노후를 준비하고 있을까.

"저는 아직 결혼을 하지 않았어요. 이 때문에 여유자금이 많아 노후를 대비해 연금이나 보험 상품에 집중적으로 투자하고 있습니다."

그는 우선 재정설계사 업무로 매달 1500만원 이상 고수입을 올리고 있어 안정적인 투자여건을 갖췄다. 이중 30%가 넘는 500만원을 장기투자상품에 가입한 상태다. 구체적으로 200만원은 연금저축에, 300만원은 변액유니버셜보험(VUL)에 넣고 있었다.

특히 노후준비로 이 같은 장기금융상품이 매력적이라고 강조한다. 앞으로도 단순한 은행예금 · 적금보다는 높은 수익을 기대할 수 있는 펀드 상품에 투자할 계획이라고.

"부동산 같은 상품들은 단기간 큰 수익을 올릴 수 있을지 몰라도 결국 경기가 급변하면 불안하게 마련이죠. 하지만 보험 같은 장기금융상품은 저를 든든하게 지켜줍니다. 수익도 생각보다 높고 중도에 인출이 가능해 여유자금으로도 활용할 수 있어요."

박종섭씨는 87년 대학을 졸업한 후 바로 호주로 건너가 무려 13년 동안 객지에서 생활했다. 그곳에서 대학원을 나와 직장까지 다닌 뒤 나이 마흔이 돼서야 한국에 들어왔다. 한국에 온 초창기엔 미래에 대한 걱정을 많이 했다고.

"호주 생활이 많이 외로웠습니다. 남들은 외국에서 생활한다고 부러워했지만 가족들을 한국에 두고 혼자 공부하고 돈 벌다 보니 한국 생활이 많이 그리웠죠. 결국 늦었지만 한국에 들어와 다시 취직을 했습니다."

장기투자상품이 매력적

2000년 한국에 들어와 첫 직장으로 도미노피자 마케팅팀장을 맡았다. 다행히 일이 적성에 맞아 승승장구하면서 보람도 느꼈지만 마케팅 업무가 수명이 짧아 좀 더 오래 할 수 있는 직업을 찾게 됐다. 이후 헤드헌터 업무를 거쳐 2003년부터 PCA생명에서 재정설계사로 재출발했다. 보통 재정설계사들은 수입이 불안정하고 영업직이라는 편견도 많지만, 일반 직장인에 비해 오랫동안 일을 할 수 있고 보람도 많은 직업이라고 생각했다고.

"재정설계사가 불안정한 직업이긴 하지만 노력한 만큼 고수익을 올릴 수 있고 남들에게 재정상담을 해주면서 많은 보람을 느꼈어요. 물론 수입도 많아 노후 준비에도 괜찮은 직업입니다."

그는 앞으로 65세까지 일을 한 뒤 그 동안 쏟아 부은 연금을 받으면서 노후를 즐길 생각이라고.

"우선 실버타운에 들어가 다양한 혜택을 받으며 노후를 편안히 보내는 게 꿈입니다. 또 전국 일주를 하면서 그 동안 전국에 퍼져 있는 제 고객들을 일일이 방문할 계획도 세웠어요. 고객들과 골프도 치고 술 한 잔씩 하는 여유로움을 누리고 싶습니다."

ㅣ 김경민 매경이코노미 기자 ㅣ

골드세대 내돈 지키기

돈을 버는 것만큼 지키는 일도 어렵다. 돈을 지킬 수 있는 지식을 갖춰야 한다. 여기에 돈을 안정적으로 운용하는 방법과 사기 당하지 않는 법을 제시한다. 나이가 들수록 돈을 안정적으로 굴려야 한다. 한 번 실패하면 역전할 수 있는 기회는 희박하다. 돌다리도 두들겨가며 건너야 할 시점이다. 노후자금을 굴리는 가장 효율적인 재테크는 무엇일까. 또한 효율적인 증여 수단도 궁금하다. 역모기지를 통해 노후를 즐길 수 있는 방법을 공개한다.

노후자금 굴리기

생활비를 받을 수 있는 예금 등에 투자 한 뒤 일부를 간접투자 상품으로 운용하는 것도 바람직하다.

은행 금리가 갈수록 낮아지면서 만나는 고객마다 한숨 뿐이다. 특히 퇴직금이나 노후자금을 은행에 넣어둔 이자생활자들은 더욱 그렇다. 실질금리가 '마이너스' 라며, 대책을 물어오지만 해결책을 찾기가 쉽지 않다. 노후자금, 어떻게 운용해야 할까?

1. 무조건 대출금부터 갚는다

대출받아 이익을 내려면 최소한 8% 이상 수익이 나야 하지만 연 8% 이상 수익률을 고정적으로 올릴 수 있는 방법이 거의 없다. 따라서 대출이 있다면 노후자금으로 대출금부터 갚아야 한다.

2. 비상자금은 MMDA를 활용

은퇴 이후에는 비상시에 대비해 최소한 6개월 정도의 생활비(1000만 ~2000만원 정도)를 확보해 둬야 한다. 노환으로 갑작스럽게 병원에 입원하거나, 해외여행이나 가족들의 애경사로 언제 목돈이 필요할지 모르기 때문이다.

비상자금은 입출금이 자유로운 MMDA(시장금리부 수시입출금식 예금)나 MMF(머니마켓펀드)가 적합하다. MMDA는 금액에 따라 차별화된 금리가 적용된다. 500만원 미만은 제로(0%)금리가 적용되지만 5000만원까지는 약 1%, 1억원까지는 2%, 1억원이 초과될 경우에는 2.6% 정도의 금리가 지급된다. MMF는 500만원 이상 가입이 가능하며, 실적배당 상품으로 최근 수익률은 연 3% 이상이다.

3. 목돈투자 첫 걸음은 '절세상품' 가입

저금리 시대, 절세상품 가입은 재테크의 기본이다. 목돈을 투자할 수 있는 비과세상품으로는 3가지가 있다. 60세 이상이라면 1인당 3000만원까지 생계형저축에 가입할 수 있으며, 비과세가 적용된다. 신용협동조합과 마을금고, 농수협단위조합에서 판매하는 조합예탁금은 1인당 2000만원까지, 농어촌특별세 1.4%만 적용된다.

생계형저축과 조합예탁금과는 별도로 1인당 6000만원까지 세금우대저축에 추가 가입이 가능하다. 세금우대저축은 1년 이상 가입해야 세금혜택을 받을 수 있지만 조합예탁금은 1년 미만으로 가입해도 세금혜택을 받는다.

4. 상호저축은행은 예금자보호 한도까지만 가입

상호저축은행(구 상호신용금고) 정기예금은 은행 예금금리보다 1%포인트 높은 연 4~5% 전후의 높은 금리를 지급하기 때문에 한 푼의 이자가 아쉬운 퇴직자가 특히 거래를 많이 하는 편이다. 하지만 주의할 점이 있다. 상호저축은행의 안전성이 은행에 비해 상대적으로 떨어지는 만큼 예금자보호 이내까지만 거래하는 것이 좋다.

현재 예금자보호 금액이 1인당 5000만원(원금과 이자를 포함)이므로, 발생할 이자를 감안한다면 4700만원(1년제 기준)까지만 가입하는 것이다.

5. 기 가입통장을 최대한 활용

2000년 12월 말까지 가입한 개인연금신탁은 노후자금 운용하기에 더 없이 좋은 상품이다. 이자소득세가 비과세되며, 은퇴 후에는 한꺼번에 해지를 해도 전혀 불이익이 없기 때문에 사업자금으로도 활용할 수 있다. 분기당 최고 300만원까지 가입할 수 있다.

6. '정기예금금리 + α' 상품을 공략

절세상품을 가입하고 남는 노후자금은 '+α' 금리를 지급하는 금융상품에 투자한다. 대표적인 상품이 실물자산 펀드이다. 국제 금값에 따라 실적배당을 하는 골드지수연동예금이나 부동산펀드 등은 안전하면서 정기예금 이상의 수익이 가능하다. 은행에서 발행하는 후순위채권도 은행 정기예금에 비해 금리가 1~2%P 이상 높으며, 만기까지 확정금리를 지급받으므로 퇴직금 등을 안전하게 장기 투자할 수 있다.

7. '원금보장' 되는 펀드에 30% 이내 투자

주식을 하고 싶다면 배 아프지 않을 정도, 여유재산의 30% 이내에서 투자하자. 그것도 마음편한 간접투자가 좋다. 은행의 주가지수연동정기예금(ELD)은 원금이 보장되며, 증권사의 주가지수연계증권(ELS)도 안전성을 갖춘 상품이다. 상품 종류에 따라 차이가 있지만 수익률도 정기예금의 2~5배 정도나 된다.

8. 단기투자는 조합예탁금 활용

1년 이내 단기투자자라면 신용협동조합과 농·수협단위조합, 새마을금고에서 판매하는 조합예탁금을 이용하자. 1인당 2000만원까지는 이자소득세가 면제되는 대신 농어촌특별세를 1.4%만 내기 때문에 세후수익률이 높다. 2006년 말까지만 가입이 가능하며 농특세 1.4%만 부과하면 된다. 조합예탁금의 또 다른 장점은 1년 이상 가입해야 세금우대 혜택이 주어지는 은행의 세금우대저축과는 달리 1개월 이상만 가입해도 세금혜택을 받을 수 있다는 점이다. 1년 이내 단기투자가 가능하면서 세금혜택까지 받을 수 있는 셈이다.

9. 일시납 즉시연금보험 적극적 활용

퇴직금 또는 노후자금 중에서 일부를 일시납 즉시연금보험에 가입할 필요가 생겼다. 2005년부터 소득세법이 개정돼 10년 이내 중도인출을 하더라도 종신형이나 상속형인 일시납연금보험은 비과세 혜택을 받을 수 있기 때문이

노후자금 포트폴리오(3억원일 때)

○ 긴급자금 : 2000만원 투자
  - MMF 2000만원 → 언제 필요할지 모르는 긴급자금으로 활용
○ 매월 생활비 조달 : 2억원
  - 생계형예금 4000만원 → 매월 이자로 생활비 조달(1인당 2000만원씩)
  - 조합예탁금 4000만원 → 매월 이자로 생활비 조달(1인당 2000만원씩)
  - 세금우대 1억2000만원 → 본인, 부인, 가족명의로 가입
    (55세 이상 여자와 60세 이상 남자는 6000만원, 기타 4000만원)
    *만약 해당사항이 없다면 은행 후순위채권에 투자해서 생활비 조달 가능
○ 주식투자 : 8000만원
  - 주가지수연동 정기예금 : 4000만원
  - ELS펀드 성장형 : 2000만원
  - 골드지수연동정기예금 : 2000만원

구분	저축종목	취급기관	가입대상 및 특징	가입기간	저축한도
비과세	생계형 저축	전 금융기관	- 60세 이상 개인, 장애인, 상이자, 생활보호대상자	제한없음	3000만원
	장기저축성보험	보험사, 농·수·축협, 신협, 우체국	- 10년이상 유지시 비과세 (2003년까지는 7년 이상 유지하면 비과세)	10년 이상	–
	선박펀드	은행 및 증권사	- 원금기준 3억원까지 비과세, 3억원 초과시 원천징수세율로 분리과세	주로 10년제	–
세금우대	세금우대저축	전 금융기관	- 세율 9.5% 적용	1년	1500만~6000만원
	조합예탁금	신협, 새마을금고, 농수협회원조합	- 2006년까지 농특세만 1.4% 과세	제한없음	2000만원
단기투자	MMDA	은행	- 1.4% 과세수시입출금식, 가입금액에 따라 차등금리	1일 이상	500만원 이상
	MMF	투신사	- 수시입출금식, 높은 금리	1일 이상	제한없음
정기예금 +α금리	은행 후순위채권	은행	- 고금리, 예금자보호대상 제외	5년 이상	1000만원 이상
	주가지수연동예금 (ELD)	은행	- '원금보장+주가변화에 따른 추가금리'로 연 20% 전후의 고수익 추구	1개월 이상	제한없음
	실물자산펀드	은행 등	- 국제 금값, 선박, 부동산 등에 투자 - 원금보장(골드지수연동예금) 및 보전 추구	6개월 이상	제한없음
추가 불입 가능한 상품	개인연금저축	전 금융기관	- 2000.12월 판매 종료한 연금에 추가불입 - 연간 40%(72만원까지) 소득공제, 비과세	10년 이상	분기당 300만원 가능한 상품

다. 실제 세후수령액을 은행 예금과 비교해도 즉시연금보험이 유리하다. 1억원을 은행 정기예금(1년제)에 가입하면 매월 이자가 세금을 제하고 26만원 정도이지만 즉시 연금보험 상속형으로 가입하면 31만~33만원 정도를 받을 수 있기 때문이다. 즉시연금보험은 금리에 연동되지만 최저금리를 보장하고 있으며, 종신형의 경우에는 장수할수록 더 유리하다.

10. 재산 남겨두면 재산 싸움 불씨

자식들에게 한 푼이라도 더 상속해줘야 한다며, 늙어서까지 자린고비 생활을 하는 사람들이 있다. 하지만 전혀 그럴 필요가 없다. 재산 좀 남겨두고 가면 자식들은 재산다툼으로 날 샌다. 고생해서 번 돈, 건강할 때 다 쓰고 간다고 생각하자.

| **서춘수** 조흥은행 PB강북센터 지점장 |

사기 당하지 않기

나이가 들수록 투자위험을 낮춰야 한다. 젊었을 때엔 실패해도 만회할 수 있는 기회가 있다. 그러나 나이가 들어 한 번 실패하면 도저히 헤어날 수 없는 상황에 처할 가능성이 높다.

부자와 가난한 사람의 차이는 어디에 있을까. 공통적인 차이점은 이렇다. 부자는 돈을 사랑하는 데 반해 가난한 사람은 돈을 업신 여기는 경향에서부터 부자들은 미리 소득을 앞당겨 지출하지 않는 반면 가난한 사람들은 미래 소득을 오늘 지출한다는 등.

하지만 부자와 가난한 사람의 가장 큰 차이는 투자 위험 관리에서 두드러진다.

성공적인 투자로 떼돈을 벌기도 하지만, 큰 돈을 쫓다가 쪽박 차는 경우도 많다. 수익률이 높을수록 투자위험 또한 높다. 이는 투자 철칙이다.

사기꾼들은 큰 돈을 벌기위해 날뛰는 사람들을 노린다. 이런 점에서 사기를 당한 쪽에도 일정 부분 책임이 있다.

나이가 들수록 투자위험을 낮춰야 한다. 젊었을 때엔 실패해도 만회할 수 있는 기회가 있다. 그러나 나이가 들어 한 번 실패하면 도저히 헤어날 수 없는 상황에 처할 가능성이 높다.

바쁠수록 돌아가라는 말이 딱 어울릴 것 같다. 그러나 불행히도 나이가 들수록 마음이 급해진다.

그만큼 돈 벌 수 있는 시간적인 여유가 없기 때문에 빨리 큰 돈을 벌고 싶은 욕구가 앞선다. 그럴수록 투자위험이 높아지는 것은 자명하다.

퇴직금을 받으면 아무것도 하지 않고 은행이나 보험상품에 넣어두는 것도 성공적인 투자방법이다. 꼭 사업을 벌이거나 부동산에 투자하는 것만이 능사가 아니다.

마치 주식을 사지 않고 현금을 갖고 있는 것도 현금에 투자하는 것과 마찬가지인 이치다.

노후에 가장 많은 사람들이 투자하는 대상인 부동산과 창업에 대해 실패 확률을 낮추고, 사기 당하지 않는 '상식'을 제시한다. 꼭 마음에 새겨놓았으면 좋겠다.

| 이제경 매경이코노미 차장 |

부동산 투자 실패 막는 10가지 상식

부동산은 다른 투자 대상에 비해 안전성이 높다. 그러나 아무리 부동산이 안전하다고 해도 휴지가 되어버릴 수 있는 주식보다 안전하다는 것일 뿐이다. 부동산의 위험은 쉽게 팔리지 않는 부동산을 사들여 유동성을 상실하는 위험과 거래 과정에 문제가 있어 매매가 쉽게 종료되지 않는 위험으로 분류할 수 있다. 그러나 부동산이 위험하다고 내 집을 안 살 수 없고 80%를 부동산으로 증식하는 우리나라 재테크 환경에서 투자를 안 할 수도 없다. 그럼 실수요자나 투자자 입장에서 미리미리 대비하여 위험을 예방하는 방법은 없을까?

1. 매매가 대비 임대가 너무 높으면 안 돼

보통 주거용 부동산의 전세가격은 시가의 50% 정도 선에서 형성된다. 그러나 매매차익을 얻을 수 없는 지역의 주택은 그 비율이 90%에 육박하기도 한다. 부동산 초보자는 대개 이와 같은 경우 가격이 싸다고 생각하여 쉽게 매수를 결정해 버린다. 전세가 8000만원인데 1억원에 사라고 하니 너무 저평가돼 있는 것처럼 보이지만 비인기 지역이라 꼭 그곳에 거주할 수밖에 없는 실수요자 외에 투자자가 들어오지 않는 결과를 가져온다. 투자자가 들어오지 않는 지역은 실수요자도 전세로 살려고 하지 매입해서 거주하려고 하지 않는다.

2. 갑자기 매수 문의가 오면 매도 중단해야

부동산으로 인해 속병이 든 사람들은 오르고 있는 물건을 못 사서 생긴 경우보다 팔고 나서 가격이 급등하여 생기는 경우가 훨씬 많다. 한 순간의 판단 착오로 집 잃고, 병 얻는 경우의 사례는 초보자에게서만 발생하는 것이 아니다. 오랜 기간 팔리지 않던 주택이나 상가를 갑자기 누군가가 사겠다고 하면

고마운 마음에 쉽게 계약하고 만다. 이런 경우는 대개 저녁시간이나 공휴일에 이루어진다. 다음 날로 넘어가면 다른 사람에게 빼앗길까봐 시간핑계를 대는 것이다. 계약서를 쓰기 전에 매수인의 입장이 되어 조사해보고 매각을 결정해야 한다.

3. 낯선 사람의 권유는 무시해야

우리나라처럼 좋은 부동산이 만성 공급부족인 곳에서는 양질의 물건이 저가격인 상태로 시장에 오랜 기간 남아 있지 않는다. 거래수량이 줄어들어 중개업이 적자인데 문을 닫지 않은 것도 좋은 부동산을 1년에 한 번 정도만 자기 물건화 시키면 급여생활자 연봉 정도는 쉽게 벌 수 있기 때문이다.

4. 아는 체 하는 친구를 조심하라

잘 알지도 못하면서 아는 체 하는 친구가 위험하다. 땅을 사면 보상받는 경우만 상정하고 20년간 오산에 살면서 부동산을 사지 못한 김 사장은 열심히 살았지만 재산규모가 계속 줄어들어 가는 형편이다. 오산의 땅값이 평당 몇 만원일 때에 땅을 사서 새 건물을 짓고 싶었으나 땅 잘못 사면 산 가격의 반도 못되는 보상금을 받고 빼앗긴다는 선무당의 말을 듣고 한 뼘도 사지 못했다. 오산 역 주변 뒷골목 상가를 갖고 직접 직영하여 저축도 꽤 했으나 지금은 오산 전철이 개통되며 수원 역으로 의류상권을 빼앗기고 운암 신시가지로 음식점 상권이 넘어가면서 장사도 안 돼서 현금예금만 곶감 빼먹듯 하고 있다.

5. 도면만 보지 말고 직접 확인하라

올바른 컨설턴트나 중개인은 책임감 때문이라도 고객에게 도면만 보여주고 사라고 하지 않는다. 도면으로 설명한 뒤 관심이 있으면 현장을 확인시킨 후 스스로 매입여부를 결정하게 한다. 대개 도면만 보여주고 계약을 하게 만드는 곳은 지적도만 수십 필지로 분할한 후 실제는 분할하지 않는 상태 그대로 두고 매각을 하는 토지 기획업자가 많다.

이런 토지를 사는 경우 기획업자의 의도대로 일시에 다 팔리지 않으면 지적과 현황이 계속 불일치한 상태로 남아 있어 소유권이 넘어오지 않는 경우가 많다.

6. 불법 투자 절대 말아야

현재의 부동산이 아니라 미래의 부동산에 대한 각종 권리들은 입주권, 분양권, 대토권, 이축권, 환지권, 보상권, 청약권, 딱지 등의 이름으로 거래되는 경우가 많다. 이런 권리들을 거래할 때는 먼저 해당 구청에 문의하여 거래의 대상이 되는지와 미래 어떤 부동산을 확보하게 되는지를 확인해야 한다. 거래 대상이 아닌 경우 여러 법률적 하자를 안고 있는 물건을 취득할 가능성이 높기 때문이다.

7. 분양광고 기간 길면 무시하라

앞으로는 상가도 선분양이 금지되기 때문에 안전하다고 생각할지 모르나 선 분양금지를 교묘히 회피하는 분양 방법이 등장할 가능성이 높다. 상가는 상인들의 입소문이 빠르기 때문에 좋은 물건이 오랜 기간 안 팔리는 경우가 드물다. 팸플릿이나 안내장, 신문광고 등 분양 안내매체로 알게 된 상가는 분양이 언제부터 시작되었는지, 광고는 얼마나 행해졌는지를 알아보고 그 기간이 오래된 것은 사지 않는 편이 안전하다.

8. 전문가 자문 받아라

대개 남자들은 자존심 때문에 남에게 물어보기를 꺼려하고, 여자들은 전문용어가 익숙하지 않아서 자문 받지 않는다. 또한 부부는 컨설팅수수료가 아까워 의뢰하지 않는다. 하지만 부동산만큼 한 순간의 판단이 중요한 것은 없다. 한 번의 선택으로 인한 기회이익과 기회손실이 크기 때문이다.

9. 목표 가격 잊고 팔아라

내 아파트 가격이 오르면 다른 가격도 오른다. 대개 아파트를 적은 평수에서 큰 면적으로 옮겨가려고 하는 교체 수요자들은 자기 것을 먼저 팔고나서 다른 것을 매입한다. 물론 미래 시장에 확신이 있는 베테랑 투자자는 계약금에 모험을 걸고 먼저 갈 집을 계약하고 나서 나중에 자기 것을 팔기도 한다. 자기 아파트가 얼마 되면 팔겠다고 하면서 목표 가격에 도달하기까지 계속 기다리는 경우가 많다. 그러나 자기 아파트가 목표에 도달하면 옮겨갈 아파트는 더 크게 올라 있을 가능성이 높다.

10. 담보대출은 3분의 1만 받아라

부동산의 위험은 팔리지 않았는데 대출금 이자와 원금을 갚아야 하는 경우에 발생한다. 이런 경우에 처하면 헐값에 매각하거나 차 순위 금융기관으로 옮겨 대출금을 대환하는 방식을 취한다. 제1금융권에서 연 5%대로 담보감정가액 50% 한도로 대출을 받았다면 제2금융권으로 옮겨 담보감정가액 60% 선에 대출을 받는 방식이다. 그러나 대개 감정가는 시가의 80% 선에 머물기 때문에 처음 자금 계획 시, 월임대료가 잘 안 들어오거나 매달 상환할 수 있는 소득이 줄어든 경우를 상정하여 투자금액 3분의 2는 순수 내 돈으로 살 수 있는 규모의 물건을 선택하는 것이 안전하다.

| 박병호 한국리츠에셋 대표 감정평가사 |

외식창업 실패 막는 5가지 상식

1. 위험요소를 먼저 살펴라

사업계획서란 사업을 하기 전에 사업 내용, 사업에 필요한 자금, 경영방식, 수익성, 사업 추진 일정 등을 일목요연하게 표현한 기록서이다. 창업에 있어서 예비 단계인 사업계획 과정에 충분한 시간과 노력을 투자하지 않고 사업을 성급하게 추진할 경우 실패확률이 높다. 사업계획은 실패를 예방하고 위험을 최소화하기 위해 창업에서 반드시 필요한 과정이다.

2. 내 몸에 맞는 업종 선택

누구든지 창업을 한다고 해서 성공할 수 있는 것은 아니다. 물론 아이템도 중요하고, 자금 · 입지도 중요하지만 무엇보다도 새로운 사업을 해야 하기

먹거리 창업의 성공확률도 매우 낮은 만큼 창업 경기는 밝지 않다. 사진은 폐허로 변한 지하상가 모습.

때문에 적성과 자기 연령을 고려하여 본인에 대한 충분한 검토가 선행되어야 한다. 즉, 내가 창업을 하여 성공적으로 사업을 펼쳐갈 능력과 체력이 있는 사람인가를 판단해야 한다는 뜻이다. 외식창업에 있어서 가장 큰 제약은 적성과 연령이다. 50세 이상의 연령층이라면 모험성이 거의 없는 자기 적성에 맞는 안전한 업종업태를 선택하는 것이 좋다.

3. 소비자 트렌드 읽어라

소득 격차가 심해져 외식업계도 빈익빈 부익부 현상이 더욱 더 심화되고 있다. 중·하위층은 거품이 걷혀진 실속 있는 식당을 찾게 된다. 물가 상승, 정리해고 등으로 실직자 증가, 고용 기회 감소 등으로 부자는 더 큰 부자가 되었고 가난한 사람은 더 가난해졌다. 따라서 대부분의 고객이 가격에 대비하여 실속을 찾게 되고 맛있는 식당을 선호하게 된다.

단순히 가격을 내리는 전략만으로는 소비자들 기대에 부응하지 못하게 된다. 즉, 서비스나 점포의 분위기보다는 실속있는 메뉴를 선택하게 되는 것이다. 빠른 서비스 식당이나 테이크아웃 식당, 택배전문점, 생계형 밥집, 도시락, 대형 저가횟집, 셀프형 고기집·고기부페 등이 성공하는 사례가 점차 늘고 있는 것이 단적인 예이다.

고객들은 입맛을 포기하기보다는 체감이 덜한 서비스나, 좋은 분위기를 포기하는 것이다. 즉, 즐기는 즉흥적인 외식보다는 필요성에 입각한 외식이 증가하게 된 것이다.

최근에 경기의 침체에 따라 불닭, 매운 돼지갈비찜, 매운 피자 등의 매운 메뉴를 선호하고 있다. 매운맛은 혀가 통증을 느끼는 맛으로 음식을 먹을수록 입맛을 당기게 해준다.

아무리 매워서 물을 먹고 땀이 흘러 부채질을 해도 그 맛에 빠져 음식을 남김없이 다 먹게 된다. 그리고 매운맛은 중독성을 지녀서 한 번 맛을 보면 또 오게 만드는 마력을 가지고 있다.

이젠 남들과 같은 메뉴, 인테리어 등으로는 성공할 수 없다. 메뉴와 접객 서비스 등 소프트한 쪽의 비중이 커지면서 점포의 개성이 강하게 요구된다.

4. 틈새시장 공략해야

소비자 트렌드를 읽으면 틈새시장을 공략할 수 있으며, 어느 업종이나 틈새시장은 있게 마련이다. 음식점을 한다면 고가 메뉴로 할 것이냐 저가 메뉴로 할 것이냐, 또는 고객의 타깃은 남성이냐 여성이냐, 연령 대는 20대인가 30대인가, 패밀리레스토랑이냐 캐주얼 레스토랑이냐를 고려한 후 틈새시장을 공략한다면 성공을 보장받을 수 있다. 성공을 위한 창업전략은 고정관념의 틀에서 벗어나 창조적인 파괴에서 시작된다.

5. 상권 조사 꼭 해야

유망한 사업아이템이라 해서 어디에서든지 잘되는 것은 아니다. 상권 안에 들어갈 품목 및 지역특성을 꼼꼼히 살펴보고 판단해야 한다. 따라서 상권 입지조사를 철저히 해야 한다.

상권조사나 입지분석에는 자기가 희망하는 업종업태가 가장 활성화 될 수 있는 장소를 선택하기 위한 것이며, 입지조사를 통해서 자기점포의 영업이 잘 될 것인지, 또는 매출은 어느 정도가 될지를 예측하기 위한 것이다. 이러한 기초 자료가 창업성공의 밑거름이다.

| **함동철** FSC외식경영연구소 소장 |

상속과 증여하기

현금으로 물려주는 것보다는 토지로 물려주는 것이 낫다. 사전 증여할 때도 한 사람에게 몰아주는 것보다는 분산하면 세금을 절약할 수 있다.

노후에 재산을 어떻게, 얼마나 안전하게 굴리느냐에 관심을 갖는 사람들은 자신을 위해서보다 자녀들을 위해서인 경우가 많다. 예금을 차곡차곡 넣어서 불린 돈이든, 부동산 투자로 대박을 터트린 돈이든 모은 돈을 자녀들에게 물려주려면 언제, 어떤 방식으로 물려주는 것이 가장 좋을까. 결론부터 말하면 현금으로 물려주는 것보다는 토지로 물려주는 것이 낫다. 사전 증여할 때도 한 사람에게 몰아주는 것보다는 분산하면 세금을 절약할 수 있다.

실제 사례를 들어서 알아보기로 하자. 30억원의 토지로 상속하는 경우와 30억원의 현금으로 상속하는 경우 어떤 차이가 날까. 계산을 위해 장례비가 500만원 들었고 인적공제는 일괄공제를 적용받아 5억원을 공제받았으며 배우자 공제는 10억원이라고 가정하자.

상속세를 계산하기 위해서는 우선 상속세의 구조부터 알아야 한다. 크게 보면 상속세는 총 상속재산에서 각종 공제를 차감해서 나온 과세표준에 상속세율을 적용해서 산출세액을 계산한다. 그리고 상속세를 6개월 내에 신고하면 산출세액의 10%를 차감해서 납부세액을 계산하는 구조로 되어 있다.

현금 30억원 상속세는 3억2220만원

그러면 현금으로 30억원을 받은 김무진씨의 상속세를 계산해 보자.

총 상속재산이 30억원이고 공제 사항으로 장례비 500만원, 일괄공제 5억원, 금융재산 상속공제 2억원, 배우자 공제 10억원을 차감하면 과세표준이 12억9500만원이 된다. 상속세는 과세표준의 금액에 따라 5단계 초과 누진세율을 적용하는데 김무진씨의 경우는 40% 세율이 적용된다.

상속세 어떻게 다를까?

비 고	현금으로 30억원을 상속받는 경우	시가 30억인 땅으로 상속받는 경우
총 상속재산	30억원	21억원
장례비	500만원	500만원
상속세 과세가액	29억9500만원	20억9500만원
일괄공제	5억원	5억원
배우자 공제	10억원	10억원
금융재산상속공제	2억원	–
과세표준	12억9500만원	5억9500만원
세율	40%–160,000,000	30%–60,000,000
산출세액	3억5800만원	1억1850만원
신고세액공제	3580만원	1185만원
납부세액	3억2220만원	1억665만원

그러므로 산출세액은 과세표준(12억9500만원)의 40%(누진공제 160백만원 적용)인 3억5800만원이 되고 6개월 내에 납부한다면 신고세액공제(산출세액의 10%)를 적용 받아 3억2220만원을 상속세로 납부해야 한다.

반면 시가가 30억원인 땅으로 상속받은 윤준포씨는 상속세를 얼마나 납부해야 될까? 윤씨의 상속세를 계산하기 전에 상속세법에서 상속재산을 어떻게 평가하는지를 알아야 된다.

상속세법에서는 상속재산을 상속개시 당시의 시가로 평가하되, 시가를 산정하기 어려운 경우에는 상속세법에서 정하는 보충적 방법으로 평가하도록 규정하고 있다. 여기서 '시가'란 불특정 다수인 사이에 자유로이 거래가 이루어지는 경우에 성립된다고 인정되는 가액을 말한다. 실제로 재산을 평가할 때는 상장주식과 같이 공개시장이 형성돼 시가가 분명하게 드러나는 경우를 제외하고는 시가를 산정하기가 쉽지 않다. 특히 부동산 가격은 거래 당사자간의 주관적인 사정에 따라 크게 좌우된다.

부동산은 개별공시지가 및 국세청 기준시가에 따라서, 개별공시지가 및 국세청 기준시가는 통상 시가의 80% 이하 수준에서 결정되고 있다.

그러면 토지는 개별공시지가로 평가한다는 것을 알았으니 개별공시지가가 시가의 70%인 21억원이라고 가정하고 윤준포씨의 상속세를 계산해 보자.

증여세 어떻게 다를까

구 분	아들에게만 증여했을 경우	아들, 며느리, 손자에게 함께 증여했을 경우		
		아들	며느리	손자
증여재산	15억원	5억원	5억원	5억원
증여재산공제	3000만원	3000만원	500만원	1500만원
과세표준	14억7000만원	4억7000만원	4억9500만원	4억8500만원
세율	40%	20%	20%	20%
산출세액	4억2800만원	8400만원	8900만원	8700만원
세대생략 할증세액	0	0	0	2610만원
신고세액공제	4억2천800만원	840만원	890만원	1131만원
납부세액	3억8천520만원	7560만원	8010만원	1억179만원
납부세액합계	3억8천 520만원	2억5749만원		

총 상속재산이 21억원이고 공제 사항으로 장례비 500만원, 일괄공제 5억원, 배우자 공제 10억원을 차감하면 과세표준이 5억9500만원이 된다. 윤준포씨는 5단계 초과 누진세율 중 30%의 세율이 적용된다. 그러므로 산출세액은 과세표준(5억9500만원)의 30%(누진공제 60백만원 적용)인 1억1850만원이 되고 6개월 내에 납부한다면 신고세액공제(산출세액의 10%)를 적용받아 1억665만원을 상속세로 납부해야 한다.

사전증여는 분산이 묘약

사전 증여할 때도 한 사람에게 몰아주는 것보다는 분산해서 증여할 때 세금을 훨씬 절약할 수 있다.

증여재산을 15억원으로 가정했을 때 아들에게만 증여했을 경우와 며느리, 손자들로 분산증여 하였을 경우 각각의 증여세 차이를 다음과 같은 표로 설명할 수 있다.

그러면 위와같은 사전 분산증여의 경우 단순히 증여세 절세효과만 있는 것일까? 추가적으로 발생하는 효과와 참고할 점은 다음과 같다. 할 점은 다음과 같다.

첫째, 며느리, 손자에게 증여한 부분은 상속세 합산과세시 유리하다.

둘째, 며느리, 손자가 증여받은 재산은 추후 재산 취득시 중요한 근거가 된다. 아들에 비해 경제적 능력이 상대적으로 빈약한 며느리, 손자에게 증여하면 이들이 추후 재산들을 취득하는 경우 중요한 취득근거가 된다.

셋째, 증여세에 대한 증여세를 대비해야 한다. 증여를 할 때는 증여세에 대한 재원을 마련해주고 증여하는 것이 기본이다. 고액의 재산을 증여해 상당한 증여세가 나왔을 경우 이를 수증자가 내지 않고 증여자가 낸 것으로 확인될 경우에는 대신 내준 세금을 다시 증여로 파악하고 또 증여세가 나온다.

| 김용열 세무법인 STC세무사 |

노테크에 필요한 절세법

상속대상 재산을 파악하여 평가방법이 유리한 다른 재산으로 바꿔 보유하는 것이 좋은지 검토해야 한다. 부모의 연령이나 건강상태를 점검해 언제 상속이 개시될지 예측해야 한다.

돈을 잘 모으는 재테크도 중요하지만 합법적으로 세금을 절약하는 세테크도 중요하다. 특히 한 푼이 아쉬운 노년층으로 갈수록 절세법을 알아둘 필요가 있다. 가장 중요한 것은 재테크하는 마음으로 10년 계획을 세워 사전 상속을 준비해야 한다는 점이다. 기본적인 사항을 중심으로 세테크 방법을 구체적으로 알아보자.

상속대상 재산을 파악하라

상속세법에서는 상속재산을 시가로 평가하도록 하고 있다. 그러나 상장주식과 같이 공개된 시장이 있는 재산도 있지만 대부분의 재산은 양도자의 주관적인 의사에 따라 매매가가 결정되므로 시가를 산정할 수 없다.

그래서 이러한 경우에는 상속세법상 보충적 평가 방법으로 평가하도록 규정하고 있는데 예금, 주식, 부동산 등 재산마다 평가하는 방법이 다르다. 예를 들어 실제 매매가가 10억원 정도 되는 상가는 세법상 보충적 평가방법으로 하면 5억~7억원에 불과한 경우가 허다하다. 그러므로 상속대상 재산을 파악하여 평가방법이 유리한 다른 재산으로 바꿔 보유하는 것이 좋은지 검토해야 한다.

상속개시 시점을 파악해라

부모의 연령이나 건강상태를 점검해 언제 상속이 개시될지 예측해야 한다. 왜냐하면 자식에게 사전 증여하는 경우, 재산을 처분하거나 부채를 부담하는 경우처럼 상속개시일로부터 일정한 기간을 정해 놓고 이 기간 사이에 발생한 일에 대해서만 고려하는 경우가 있기 때문이다. 예를 들어 상속개시

상속 임박시 주의해야 할 사항

1. 사망일에 임박해서 재산을 처분하면 일정금액 이상에 대해서는 처분재산의 용도를 밝혀야 한다

상속개시 전 1년 이내 처분가액이 2억원 이상이거나 2년 이내 처분가액이 5억원 이상인 경우로서, 처분금액의 사용 용도가 명백하지 않은 경우에는 처분가액 중 사용처를 소명하지 못한 금액에서 처분재산가액의 20%와 2억원 중 적은 금액을 차감한 금액을 상속재산으로 여겨 상속세를 과세한다. 그러므로 부득이 재산을 처분하게 되면 사용처에 대한 증빙을 확보해둬야 한다.

2. 상속개시 전에 양도하면 양도소득세 부담이 늘어난다

일반적으로 상속이 개시되고 난 후에 상속받은 부동산을 양도하게 되면 상속인이 상속개시일에 취득한 것으로 보아 보유기간이 짧아 양도소득세가 없거나 적게 나오지만, 상속개시 전에 양도하면 피상속인이 보유한 기간이 길므로 양도소득세가 많이 나온다. 다만 상속개시 후에 팔더라도 사망 후 일정기간이 지나서 파는 것이 좋다. 상속개시 후 6개월내 매매하는 경우 실거래가액이 상속재산가액으로 인정되어 상속세 부담이 늘어날 수 있고, 단기간내에(1년, 2년) 매매시에는 고율의 양도소득세율이 적용되기 때문이다.

(＊ 참고 : 포괄주의 과세원칙이 도입된 2004년 이후 6개월 이후 기간 중에 매매 등이 있는 경우에도 상속일로부터 매매계약일 등에 해당하는 날까지 가격변동의 특별한 사정이 없다고 인정되는 때에는 국세청에서는 평가심의위원회의 자문을 거쳐 당해 매매 등의 가액을 시가로 확인되는 가액에 포함시킬 수 있으므로 상당한 주의를 요한다.

3. 피상속인의 부채가 2억원 이상인 경우에도 사용처에 대한 증빙을 확보해둬라

상속재산을 처분한 경우와 마찬가지로 부채의 경우도 피상속인이 부담한 채무의 합계액이 상속개시일 전 1년 이내에 2억원 이상인 경우와 상속개시일 전 2년 이내에 5억원 이상인 경우로서 그 용도가 객관적으로 명백하지 않은 경우에는 사용처 미소명 금액에서 부채의 20%와 2억원 중 적은 금액을 차감한 금액을 상속인이 상속받은 것으로 여겨 상속세를 과세한다. 그러므로 피상속인의 채무가 상속개시일 전 1년 이내에 2억원 이상이거나 2년 이내에 5억원 이상인 경우에는 그 사용처에 대한 객관적인 입증서류를 갖춰 놓아야 한다.

전후 6월내 기간에 거래된 사실이 있는 재산은 그 거래 가액을 상속대상가액으로 보며, 상속개시 2년 내 현금 등을 인출하는 경우 일정액에 대해서 남은 자식들이 그 사용처를 소명해야 하는 경우가 있기 때문이다.

상황 변화 따라 계획 수정해야

상속세를 줄이기 위한 계획은 지금 현재 시점에서 짜는 것이다.

올해 개정세법 중 눈에 띌 만한 것이 하나 있다. 중소기업에 대해서 대주주의 주식을 평가할 때 경영권 몫으로 할증평가한 규정이 2006년 12월 31일까지 유예된다는 것이다. 이 같은 세법개정 사항을 잘 이용할 수 있다면 중소기업 주식의 경우 사전증여를 통하여 상속세를 절감할 수 있는 좋은 방안이 될 것이다.

상속세의 재원을 마련해 둬라

자녀 명의로 보장성 보험을 들거나 사전증여, 물납, 분납, 연부연납 등 상속세 납세자금을 검토해야 한다.

| 김용열 세무법인 STC 세무사 |

역모기지 활용하기

역모기지로 필요 불가결한 자금을 확보해 두고 품위유지는 다른 수익성 부동산으로 보충하는 방법을 활용하는 것도 괜찮다.

역모기지는 노인들이 자기 집을 담보로 금융기관으로부터 연금식으로 생활비를 대출받아 사용하다가 사후에 주택의 소유권을 금융기관에 넘기는 제도를 말한다.

내집 마련 때 많이 이용하는 일반 모기지가 부족한 매입자금을 조달하기 위한 것이라면 역모기지는 노후생활자금을 안전하게 확보하려는 데 목적이 있다. 또 한꺼번에 대출을 받는 일반 모기지와 달리 역모기지는 사망 시까지 매월 일정액을 받기 때문에 대출금 상환을 걱정할 필요도 없다.

2007년부터 도입되는 '종신형역모기지론'은 주택금융공사가 주택가격이나 금리 등의 변동위험에 대해 공적보증하는 게 특징이다.

이를 활용하여 노후자금 월 100만원 이상을 조달 받으려면 60세를 기준으로 3억원 이상의 아파트를 소유해야 한다. 역모기지 활용 시 다른 대체 방안들과 비교해보자.

역모기지 vs 현금 보유

집을 그대로 갖고 있으면서 매달 은행에서 일정액을 조달받는 역모기지는 집값이 계속 오르는 경우 자본이득(매매차익)에 대한 손실이 없다. 오른 값으로 집을 팔아 대출을 상환하면 된다. 하지만 역모기지 대신 집을 팔아 현금으로 갖고 있었다면 자본이득을 전혀 얻을 수 없다.

집값이 떨어지는 경우는 그 반대의 결과가 나타난다. 역모기지 방식보다는 집을 팔아 현금으로 갖고 있는 것이 낫다. 결국 역모기지를 활용하느냐 집을 파느냐의 문제는 집값이 오르는 지역에 있는지 떨어지는 지역에 있는지를 판단하는 것이 중요한 선택 기준이 된다.

집값이 계속 오를 것으로 예상되는 판교권역(분당, 강남, 서초), 재건축권역(송파, 성남, 강동, 광명, 여의도), 새도심권역(뉴타운, 상암, 성동, 광역시의 새도심), 기호권역(수원, 오산, 평택, 천안), 지역거점(교하, 병점, 아산, 송도, 부천, 안양), 클린권역(신봉, 성복, 하남, 덕소) 등에 소재하는 아파트는 역모기지가 유리하고 공급초과권역(광주, 대구, 전주, 목포, 울산)의 기존 아파트는 팔아서 현금 예금으로 생활자금을 마련하거나 집값이 계속 오를 지역으로 옮겨간 후 역모기지를 활용하는 것이 좋을 것으로 보인다.

역모기지 vs 일반 모기지

일반 모기지는 일시에 빌려온 자금을 생산적이고 안전하게 투자할 수 있는 경우에 유리하다. 역모기지는 살아있는 기간 동안에는 대출을 상환해야 하는 부담이 없기 때문에 아무것도 하지 않고 편하게 노후를 보내려고 하는 경우에 유리하다. 하지만 월 임대료가 들어올 수 있는 상가에 대한 투자 계획이 있는 경우라면 일반 모기지를 활용해 목돈을 투자한 후 그 부동산으로 생활자금을 확보하는 것이 좋다.

역모기지와 소규모 부동산 동시 활용

역모기지로 필요 불가결한 자금을 확보해 두고 품위유지는 다른 수익성 부동산으로 보충하는 방법을 활용하는 것도 괜찮다. 예를 들어 100만원의 자금이 매월 필요한 경우 그 중 70만원은 역모기지를 활용하고 나머지 30만원은 건축한지 20년 내외의 소형 저층 아파트를 사서 월세로 보충하는 방법이다. 역모기지로는 식비, 관리비 등 최소한의 생활비를 조달받고 소규모 수익성 부동산으로는 품위유지비를 조달하면 적합한 배합이 될 것으로 보인다.

매달 70만원의 역모기지를 위해서는 60세를 기준으로 2억원대 아파트를 소유해야 하고 30만원의 월세가 나오게 하려면 6000만원대의 수도권 소형 저층아파트를 사야 한다. 여기서 발생하는 1가구 2주택 문제는 소형 저층 아파트는 취득세나 양도소득세 등 부동산 세제 부담이 별로 크지 않고, 팔지 않으면 양도소득세가 발생하지 않는다. 만약 재건축으로 건물이 헐려서 건축물대장이 말소되었을 때에 나머지 1주택을 처분하면 해결된다.

| 박병호 한국리츠에셋 대표 감정평가사 |

현임종 네잎클로버 대표

오전 8시부터 오후 7시 정도까지 부인과 함께 일한다.
부부이자 동시에 어엿한 사업 파트너인 셈.
같이 있는 시간이 늘면서 금슬도 더 좋아졌다.

현임종 네잎클로버 대표(57)는 꽃에 둘러싸여 산다. 서울 반포 쇼핑타운에 위치한 꽃집 '네잎클로버'에서 종일 꽃 주문을 받고 관리하는 일을 하기 때문. 불과 몇 년 전만 해도 현 사장은 꽃과는 거리가 먼 은행의 지점장이었다.

"IMF 외환위기가 터지고 나서, 같은 연배의 동료들이 은행을 떠나는 걸 보고 새로운 일을 시작해야겠다고 마음먹었죠. 마침 집사람이 꽃에 관심이 많아, 작은 꽃집이라도 시작해 보라고 권했죠."

부인인 장현순씨가 꽃집을 시작한 때는 98년 초. 직원 한 명이 고작인 웨딩장식 전문점이었다. "처음 2년 동안은 가게를 유지하는 수준이었습니다. 저도 사업에 크게 관여하지 않았고, 돈을 벌기보다는 사업 경험을 쌓는다고 생각했죠."

부인이 시작한 사업에 2000년 은행을 퇴직한 현 사장이 본격적으로 가세하면서, '꽃집'은 본업이 됐다. 현 사장의 가세로 일손이 늘고, 각종 화환과 꽃 장식 제작과 배달 등을 본격적으로 시작할 수 있었다.

"2년 동안 제대로 돈을 벌진 못했지만, 사업을 제대로 하면 성공할 수 있을 것 같더군요. 2년 정도 집사람이 쌓은 예비경험도 큰 도움이 됐습니다. 마침 인터넷이 활성화하던 때라 운도 따라 주었구요."

인터넷 꽃 배달을 빨리 시작한 덕분에 별다른 광고 홍보없이 고객을 모을 수 있었다. 당시 고객들 중 상당수는 지금도 단골로 거래한다. 현 사장이 은행 시절 쌓아놓은 네트워크도 한 몫 했다. 고객들이 늘면서 사업도 정상 궤도에 올라섰지만, 뜻밖의 난관을 만났다. 바로 카드대란이다.

"2002년 카드대란이 터지면서 매출이 뚝 떨어지기 시작하더군요. 더욱이 주요 판매 채널로 삼고 있던 인터넷 관련 비용도 커졌어요. 광고 홍보비만 한달에 600만~700만원 정도 들길래, 판매 채널을 오프라인 중심으로 바꿨습니다."

현 사장이 택한 구조조정은 품목을 화환과 난초 중심으로 단순화하고, 인터넷 판매 비중을 줄여나가는 것이었다. 전환은 성공적이었다. 기업 등 고정 고객이 늘면서 매출이 이전보다 더 안정적으로 이뤄졌다.

"고객을 우선으로 생각하는 게 주효한 것 같습니다. 고객 만족을 최우선으로 하면 한 번 떠나갔던 고객도 다시 돌아와요. 지금은 외국에서도 저희 가게에 배달 주문을 하는 경우가 많아요. 지금 수입은 직장생활 할 때에 못지 않아요."

현 사장은 오전 8시부터 오후 7시 정도까지 부인과 함께 일한다. 부부이자 동시에 어엿한 사업 파트너인 셈. 같이 있는 시간이 늘면서 금슬도 더 좋아졌다고 그는 말한다.

"직장생활에 최선을 다하는 게 중요하지만, 수명이 느는 만큼 3막 인생 준비도 해야죠. 창업을 생각한다면 돈이 너무 많이 드는 사업은 권하고 싶지 않습니다. 특히 자기 사업을 할 때는 신뢰가 가장 중요하다는 점을 명심해야 합니다."

ㅣ**김병수** 매경이코노미 기자 ㅣ

윤병두 홍천 곰펜션 사장

서울 인근 지역에 대한 펜션 수요가 증가하는 걸 보고
펜션 사업으로 방향을 틀었다. 그의 선택은 대성공이었다.
성수기에는 월 매출이 1000만원에 육박한다.

강원도 홍천에서 곰펜션(www.gompension.com)을 운영하는 윤병두 사장(59)은 요즘 인생 황금기를 달리고 있다. 은퇴 후 시작한 펜션 사업이 궤도에 오른 데다 자연과 함께 사는 삶에 120% 만족하고 있다. 윤 사장은 "욕심을 버리고 택했던 펜션 사업이 뜻밖의 대박을 터뜨려줬다"고 말한다. 부인 정귀자(55)씨도 "은퇴 후 삶이 이렇게 재미있을 줄 몰랐다"며 "준비만 잘 해두면 은퇴는 새로운 인생의 시작이 될 수 있다"고 덧붙였다.

윤 사장은 2003년 '공식' 은퇴했다. 25년 가까이 대학 도서관 장비 공급업체를 경영하다 일선에서 물러나며 귀농을 택했다. 아이들이 모두 학업을 마친 데다 사업을 정리하면서 반드시 서울에서 살 이유가 없어졌기 때문이다. "은퇴 전부터 귀농을 생각하고 마음의 준비를 하고 있었던 게 은퇴 후 삶을 준비하는 데 많은 도움이 됐다"고 그는 말한다.

처음에는 단순 귀농을 생각했지만 서울 인근 지역에 대한 펜션 수요가 증가하는 걸 보고 펜션 사업으로 방향을 틀었다. 그 동안 축적한 사업 감각으로 펜션 운영에도 어느 정도 자신이 있었기 때문이다.

경제적인 문제도 고려하지 않을 수 없었다. 당시 윤 사장이 갖고 있던 재산은 시가 3억원 상당의 분당 아파트가 전부. 분당 아파트를 판 돈에다 은행 융자 1억원을 더해 강원도 홍천에 펜션을 열었다. 대지 500평에 방 7개 규모. 인근 지역에 비해 땅 값이 조금 비쌌지만 집 가까이 홍천강과 팔봉산이 있다는 점을 염두에 두고 심사숙고 끝에 매입했다.

그의 선택은 대성공이었다. 성수기에는 월 매출이 1000만원에 육박하는가 하면 비수기에도 500만원 이상의 매출을 올리고 있다. "일단 펜션 사업을 하기로 결정한 후에는 입지 분석을 철저히 했다"며 "곰을 주제로 펜션을 꾸미고 손님 응대, 시설 투자 등에 만전을 기했던 게 입소문을 탔다"고 윤 사장은 성공 비결을 귀띔했다. 실제 곰펜션은 홍천 지역 내 150여 개 펜션 가운데 최고 유명세를 누리고 있다.

윤 사장이 펜션 사업으로 3막 인생을 꿈꾸는 '후배' 들에게 전하는 훈수는 뭘까. 그는 "우선 서울과 적어도 1시간 30분 이내의 근거리에 펜션이 자리 잡아야 한다"고 강조한다. 아무리 주 5일 근무제가 실시된다고 해도 2시간 이상의 원거리 펜션은 사람들이 쉽게 발길을 돌리지 않기 때문이다.

윤 사장은 또 "시설이 좋다고 반드시 손님이 많은 것은 아니다"라고 강조한다. 그보다는 펜션 전체에 편안한 분위기를 만들 수 있는 자연환경과 인테리어가 중요하다는 설명. 또 찾았던 손님을 단골로 확보할 수 있는 친절함이 더 중요하다고 강조했다.

"사실 은퇴를 더 일찍 준비하지 못했던 걸 후회한 때가 많았어요. 다시 돌아간다면 은퇴를 조금 더 일찍, 더 철저히 준비할 겁니다. 누구나 은퇴는 하게 마련이고 어떻게 준비하느냐에 따라 인생의 마무리가 달라지기 때문이죠."

| 정광재 매경이코노미 기자 |

골드세대 내가 할 수 있는 일

돈이 인생의 전부는 아니다. 소일거리가 없다면 행복한 노후라고 말할 수 없다. 노후에 어떤 일을 할 수 있을까. 취미생활을 하면서 동시에 돈도 벌 수 있는 일거리는 없을까. 실버창업이 궁금하다. 과연 어떤 일을 해야 할까. 부동산 임대 수입으로 노후를 편하게 보내고 싶다면 부동산 임대 성공조건에 주목하라. 평생교육을 통해 노후에도 일할 수 있는 비법이 여기에 있다. 내 몸에 맞는 일거리를 생각해 본다.

노후에도 일하는 게 행복

60세 이후에도 자기 사업을 하는 것은 매우 중요하다. 사업만 잘 운영하면 나이가 들어도 정년을 걱정하지 않아도 된다. 좋은 사업거리라면 전문경영인을 두고 하면 그만이다.

"내가 60세라면 무엇이든지 다 도전할 수 있을 것 같아요. 정말로 60세면 새파란 나이지요."

70대 '청춘'들이 하는 말이다. 과연 그렇다. 만약 50대가 이 책을 읽고 있다면 큰 다행이다. 얼마든지 도전할 수 있는 나이이며, 또한 도전할 수 있는 길이 열려 있기 때문이다.

60대라도 늦지 않았다. 50대보다는 늦지만 '늦다고 생각할 때가 빠른' 나이다. 70대 나이에도 불구하고 꾸준히 사회활동을 하는 사람들이 많다. 그들이라고 해서 특별한 능력을 갖춘 사람들이 아니다. '늙지 않았다' '무슨 일이든지 하겠다'는 생각을 갖고 있다는 점이 일손을 놓고 허송세월하는 다른 70대와 다를 뿐이다.

서울 총신대역 근처에서 도미노피자집을 운영하는 조상호씨(女)는 1928년생이다. 14년 전인 64세 때 도미노피자 대리점을 시작해, 지금도 어느 대리점 못지않게 성공적으로 피자집을 운영한다. 경기도 분당에서 살면서 전철로 서울 총신대역까지 출퇴근하는데도 힘들어하지 않는다. 운전사를 두고 자동차를 끌고 다닐 재력이 있지만 전철과 버스를 고집한다.

'1·3세대 강사' 인기

1930년생인 김예애씨(女)는 씽크대 절수(節水) 수도 장치를 만드는 이지밸브란 회사를 60대에 창업했다. 또한 일본인을 상대로 서울에서 민박집을 운영한다.

초등학교와 중등학교 교사를 지낸 김예애씨는 일에 미칠 만큼 나이를 잊고 산다. 절수 수도 장치 사업을 번듯하게 키워보겠다는 의욕이 대단하다. 일본어 실력이 아까워 일본어 번역 일도 마다하지 않는다. 민박 운영업을 하는 이유도 일본어를 그냥 썩히지 않기 위해서라고.

1933년생인 이재춘씨는 서울 노원노인종합복지관이 운영하는 '방과 후 공부방'과 어린이집에서 강사로 활동한다. 이곳에서 한자와 예절을 가르친다.

이화여대 도서관에서 교직원으로 정년퇴직을 마친 후 새로운 일자리를 잡기 위해 서울 북부 노인종합복지관이 운영하는 예절지도사 교육과정을 이수했다. 정부가 노인 일자리 창출을 위해 도입한 '1·3세대 강사'를 하기 위해 필요한 교육 과정을 밟았던 것이다. '1·3세대 강사'란 1세대가 3세대를 가르치게 함으로써 노인들에게는 일자리를 주고, 3세대 어린이에게는 양질의 교육을 서비스 받도록 하자는 게 기본 취지다.

1936년생인 이문옥씨(女)는 70세 나이에도 불구하고 인기 댄스 강사로 자리를 잡았다. 초등학교 교사 출신인 이문옥씨는 자신의 경험을 활용해 일할 수 있는 즐거움을 얻기 위해 레크리에이션 지도자에 도전했다. 이화여대 평생교육원에서 2년 동안 교육을 받았다. 첫해엔 레크리에이션 지도자 과정을, 나머지 1년 동안엔 노인지도자 과정을 이수했다.

이문옥씨는 요즘 서울 정릉교회 경로대학에서 노인들을 대상으로 댄스를 가르친다. 교회 노숙자 단체와 양로원을 찾아다니면서 노인들에게 레크리에이션으로 즐거움을 선사한다.

노후에 할 수 있는 일 어떤 게 있나

구분	주요 일자리	근무처
공익강사형	숲생태 해설사	유치원, 학교 등 숲생태 해설
	문화재 해설사	국립공원, 문화재 등 해설
	1·3세대 강사(전통놀이, 예절, 동화구연, 종이접기)	유치원, 학교 노인강사
인력파견형	주유원	주유소, 가스충전소
	주례	전통예절 강사, 결혼식장 주례
	간병인	치매보호소, 노인요양시설 간병
	경비원	아파트, 공공기관 경비원
	가사도우미	가사보조, 파출부
	베이비시터	어린이집, 놀이방 보조인력
	급식지도원	학교 급식 지도
시장참여형	지하철 택배	택배서비스
	재활용품점	재활용품점 운영
	번역	법률서류, 유학 서류 번역 등
	도시락 배달	단체주문 도시락 배달
	스팀 세차	세차사업
	세탁방	세탁업
	떡제조	떡제조업
	유기농작물 재배	초기자본 최소로 틈새공략 가능

돈만 갖곤 행복 못찾아

많은 사람들은 돈만 있으면 노후를 편안하게 살 수 있을 것으로 생각한다. 그러나 막상 60세가 넘은 노인들을 만나면 공통적으로 일을 하고 싶어한다. 돈만으로 노후가 행복한 게 아니라는 얘기다.

60세 이후에 할 수 있는 일은 어떤 것들이 있을까.

막상 60대가 돼서 할 수 있는 일을 찾는다면 좋은 일자리를 얻을 수 없다. 미리부터 준비해야 한다. 젊었을 때 골드세대를 준비해야 하는 이유가 여기에 있다. 60세 이후에 어떤 일을 할 것인지 생각하고, 젊었을 때부터 준비하는 삶이 필요하다.

만약 당신이 '사오정(45세 명예퇴직)'이라면 인생 3막에 대해 깊은 성찰이 필요하다. 당장 생활비가 부족하다고 해서 무턱대고 일자리를 찾기보단, 미래를 내다보면서 60세 이후에도 할 수 있는 일에 도전하는 게 좋다. 이런 삶이 소위 '경력개발(Career Development)'이다.

'경력개발'에 관심 가져야

그 동안 경력개발을 하지 못하고 60대에 접어들었다 해도 크게 낙담할 것까지는 없다. 눈높이를 낮추고 새로운 일자리를 찾겠다는 생각으로 노력만 한다면 얼마든지 길은 열려 있다. 그러나 남보다 한 발 앞서 정보를 얻고 준비하는 노력이 필요하다.

노인 일자리 지원 체계

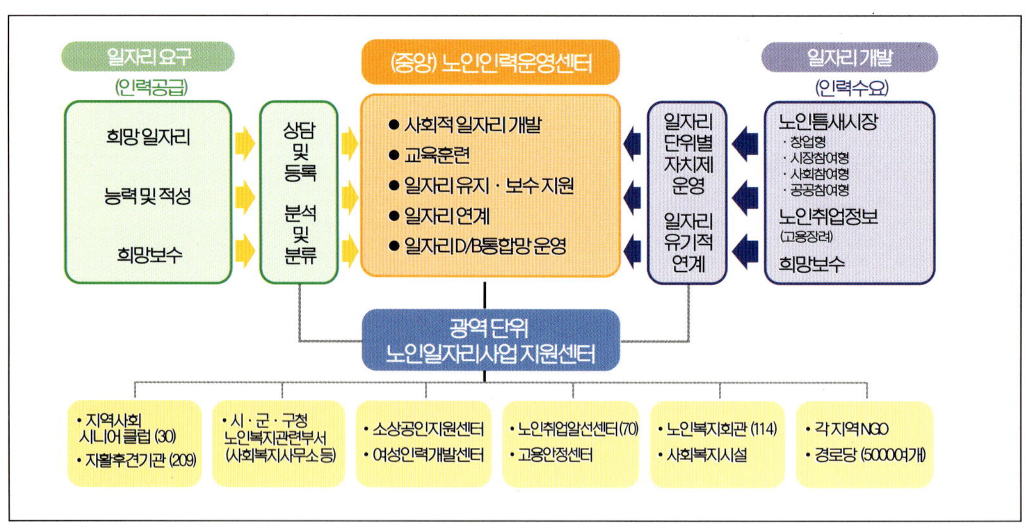

정부는 2004년부터 2007년까지 30만개에 달하는 노인 일자리를 창출하기 위해 노력한다. 정부 예산도 많이 투입한다. 이 책을 읽는 독자가 60세 이상이라면 30만개 일자리에 도전해 보도록 권하고 싶다. 정부 지원이 뒤따르기 때문에 의욕과 건강만 있다면 어렵지 않게 성취할 수 있다고 믿는다.

정부가 생각하는 30만개 일자리는 크게 3가지로 구분된다.

첫째는 공공참여형이다. 자연환경정리, 거리환경개선, 공원관리, 주차관리 등이 여기에 속한다. 공공참여형 일자리는 부가가치가 낮다. 어떻게 보면 기초적인 사회안전망에 가까운 일자리에 속한다. 공공근로 취로에 가깝다. '경력개발' 을 해온 사람들에게는 눈높이가 맞지 않는 일자리라고 말할 수 있다. 직업의 귀천을 따지자는 얘기는 아니다. 단지 대기업이 중소기업의 영역을 침범하는 것과 같은 이치임을 말해주고자 할 뿐이다. 그 동안 경력개발을 잘 해왔다면 다음에 얘기할 사회참여형이나 시장참여형에 도전하는 게 현명하다.

둘째는 사회참여형 일자리다. 1·3세대 강사를 포함해 인력파견형이 여기에 속한다. 주유원, 간병사, 급식지도원, 가사도우미 등이 인력파견형 일자리이다.

인력파견형 일자리는 앞으로 더욱 늘어날 것으로 보인다. 앞으로 노령인구가 늘어날 수밖에 없는 사회구조여서 그만큼 인력파견형 일자리 수요도 많아진다.

자기사업엔 정년없다

셋째는 시장참여형 사업이다. 직접 사업을 하거나 고용되는 형태다. 시장참여형에 도전하려면 사업경험과 소규모 창업 자금이 필요하다. 정부는 60세 이상 노인이 할 수 있는 시장참여형 사업으로 지하철 택배, 농산물재배, 공동작업장, 재활용품점, 세탁방 등을 꼽는다. 이런 사업을 60세 이상 노인이 도전할 경우 다양한 혜택이 주어진다.

60세 이후에도 자기 사업을 하는 것은 매우 중요하다. 사업만 잘 운영하면 나이가 들어도 정년을 걱정하지 않아도 된다. 좋은 사업거리라면 전문경영인을 두고 하면 그만이다. 일은 전문경영인에게 맡기고 자신은 뒤에서 관리만 하면 된다.

80대 나이임에도 불구하고 산업 현장을 지키는 사업가를 주위에서 쉽게 만날 수 있다. 이들은 평생직업을 가진 셈이다. 1세에 그치지 않고 2세들에게도 자기 사업을 물려줄 수 있으니 얼마나 큰 기쁨인가.

| 이제경 매경이코노미 차장 |

내 몸에 맞는 실버 창업

창업 가능한 최소의 비용으로 자신의 인생여정에 따른 장단점을 최대한 고려하여 창업을 시도하는 것이 좋다.

최근 출근길 지하철에 새로운 풍속도가 생겨났다. 무가지 신문을 보고 선반에 올려놓기 무섭게 60대 노인들이 이를 수거해 간다. 2~3 정거장만 지나가면 또 다른 노인들이 나타나 무가지신문을 수거해 간다. 이들 노인들이 무가지나 폐지를 수거해서 버는 금액은 월 10여만원. 소일거리로 보기에는 어렵고 부업형태로 경제활동의 일환이다.

주유소, 아파트경비원, 주차안내원 등 노인들이 주로 맡아왔던 직종은 아르바이트를 원하는 젊은 층들에게로 넘겨지고 있다. 그만큼 노인들의 일자리가 줄어드는 셈이다. 노후를 위해 꾸준히 준비해온 황혼세대의 경우에는 별 문제가 없겠지만, 자녀교육이나 분가 등으로 노후대비를 못한 경우 이들의 미래는 암울하기만 하다. 소득 1만 5000달러 시대를 맞이했다지만 국가나 사회의 노인복지대책을 기대하기엔 아직 시기상조다.

일부 노인들의 경우 자녀들이 젊은 나이에 직장을 그만두고 창업전선에 뛰어 들면서, 주택을 담보로 보증을 해주고, 빚을 내서 창업을 지원해주다가 자녀들이 사업에 실패하면서 같이 거리로 내몰리는 경우도 허다하다.

이러한 사회적 여건 속에서도 소비수준이나 삶의 질적 수준은 향상되었다. 웰빙 등의 건강지향 풍조가 자리를 잡는 등 전형적인 고령화 시대가 전개되었다. '인생은 60세부터' 라는 말은 이미 옛 이야기로 들린다. 고령화 시대를 맞이한 요즈음 인생은 70세부터 라는 말이 오히려 익숙하게 들린다. 전국 남자와 여자의 평균수명은 각각 73.8세, 80.8세로 2025~2030년엔 78.9세, 85.1세로 각각 5년 이상 늘어날 전망이다. 정년퇴직을 하고도 최소한 20년 이상 살아야 한다는 얘기다.

그냥 놀기에는 살아야 할 기간이 너무 많은 셈이다. 경기불황으로 중장년 층도 대부분 2년 이내에 사업 실패를 겪는 현실을 감안할 때 이들에게 창업 은 그림의 떡일 수도 있다. 그럼에도 불구하고 생계창출을 위해 창업을 시도 하고, 젊은 자녀들의 짐이 되기 싫다면서 창업전선에 뛰어드는 황혼창업이 늘어나고 있다. 경제적으로 어느 정도 기반을 갖춘 사람들도 저금리시대가 지속되면서 이자수입, 연금에 의존해 생활하기 어려워지자 황혼창업을 시도 하게 된다.

풍부한 인생경험은 큰 장점

60대 이상 황혼세대 창업의 장단점을 살펴보자. 인생경험이 풍부하여 노 련함과 지혜로움이 젊은 세대에 비해 뛰어나다는 것은 가장 큰 장점이다. 또 한 창업자본금이 어느 정도 준비된 상태이며 부양가족이 없다는 점, 국가재 건을 위해 한평생 몸 바친 세대여서 근면, 검소가 몸에 배여 있다는 점, 폭넓 은 대인관계와 인맥 등도 강점으로 부각된다. 단점은 역시 건강문제다. 체력 이 많이 떨어지고, 동작이 신속하지 못하며, 청결 유지 등이 문제가 될 수 있 다. 아날로그 세대로 디지털 문화에 익숙하지 못하고, 젊은 세대와 문화적 차 이가 있어 대화의 단절 등을 불러올 수도 있다.

사업경험이 없는 경우, 창업을 권고하고 싶지 않지만 생계창출, 소일거리 등의 이유로 부득이 창업을 해야 하는 경우라면 창업 가능한 최소 의 비용으로 자신의 인생여정에 따른 장단점을 최대한 고려하여 창업을 시도하는 것이 좋다. 장 사는 고객에게 상품을 파는 일이 므로 대상고객이 신세대인 업종 은 곤란하다. 대화가 통할 수 있 는 중년 이상의 고객들을 대상으 로 하는 사업이나 고객의 연령에 구애받지 않는 업종이 적합하다.

황혼창업의 경우 그 동안 충실 하게 경제적 기반을 갖춘 사람과 생계를 걱정해야 할 정도의 60대

조상호씨(78, 사진 왼쪽)는 14년전인 64세에 피자점을 운영하기 시작해 지금까 지 경영하고 있다.

와는 창업의 향방이 달라진다. 그러나 어떤 경우일지라도 기본 생활비 확보는 '최우선적으로 고려해야' 한다. 안전창업을 지향하는 만큼 기초생활비 등을 최대한으로 확보하고 사업을 시작하는 전략이 필수다.

우선 창업에 쓸 수 있는 자기자본 규모를 알아봐야 한다. 순수자기자금인 현금 예금, 적금 해약금 등 동원 가능한 금액을 측정하고 규모에 알맞은 아이템으로 도전하는 것이 필수다.

자본금 규모에 따라 업종 달라져야

황혼창업에 적합한 업종으로는 자본금이 최소 2억원 이상인 경우 임대관련업, 고시원, 소호텔, 숙박업, 신개념 독서실, 찜질방, 기원, 인도어골프장, 노래방 등이 도전해볼만 하다. 외식업 분야에서는 100평 이상의 대형업소를 운영하되 고객접객 부문보다는 경영 또는 조리부문 등을 노려볼 만 하다.

창업비용으로 1억원 정도를 생각하고 있다면 고객연령대 영향을 적게 받는 저가 할인점, 편의점, 건강원, 골프용품전문점, 실내낚시터, 보쌈순대전문점, 감자탕전문점 등이 무난하다. 5000만원 정도의 업종은 전통상차림전문점, 복권방, 반찬전문점 등을 선택할 수 있다. 5000만원 미만이라면 가판매점, 무인자판기관리업, 즉석쌀방앗간, 청소대행업, 애견용품전문점, 지하철택배업, 베이비시터파견업, 곤충표본도매업 등이 적당하다. 전문분야의 자격증 등이 있다면 직장생활의 연장선에서 시도할 수 있는 아웃소싱, 번역대행업, 부동산중개업,

창업자금규모별 실버창업 업종

자본규모	특 징	업 종
2억원 이상	기계, 장비, 시설 등에 의존하는 창업 업종	임대관련업, 고시원, 소호텔, 숙박업, 신개념독서실, 찜질방, 기원, 인도어골프장, 노래방
1억~2억원	제품, 취미, 기호 등의 성격에 강한 업종	저가할인점, 편의점, 골프용품전문점, 실내낚시터 등
5000만 ~1억원	주 고객이 40대 이상인 건강관련 외식업종	보쌈순대전문점, 감자탕전문점, 반찬전문점, 건강원, 건강보조식품판매업 등
5000만원 미만	소자본창업 가능 업종	전통상차림전문점, 가판매점, 무인자판기관리업, 즉석쌀방앗간, 청소대행업, 애견용품전문점, 지하철택배업, 베이비시터파견업, 곤충표본업, 복권방, 어린이 방과 후 도우미업 등
커리어 창업	창업자의 전문성에 의한 창업 가능 업종	아웃소싱, 번역대행업, 이·미용업, 인력관리업, 금은보석방, 안경전문점, 한문예절교육업, 선도장, 요가, 상담분야의 컨설팅업, 부동산중개업, 사회사업 등

이·미용업, 인력관리업, 금은보석방, 안경전문점, 한문예절교육업, 선도장, 요가, 상담분야의 컨설팅업, 사회사업 등이 황혼세대에 매우 유리한 분야다.

전문가 도움 받는 게 좋아

황혼창업은 기본적으로 고려해야 할 점이 있다. 업종은 환금성이 높고, 현금회수가 빠른 업종을 선정하는 것이 좋다. 그리고 소자본창업은 현재 포화상태인 만큼 인건비 따먹기 형태로 흐를 가능성이 높다. 이런 여러가지 난관들을 극복하기 위한 주의점을 살펴보자.

첫째, 치밀한 창업 준비를 위해 소상공인지원센터나 지자체 등의 창업지원기관이나 창업컨설팅을 하는 전문가들의 도움을 받아 창업을 시도하는 것이 좋다.

둘째, 황혼창업의 애로사항은 체력이다. 자영업의 특성상 하루 12~14시간 영업을 해야하는 만큼 힘든 업종은 피하는 것이 좋다. 젊은 세대처럼 발로 뛰면서 극복할 여건이 되지 않기 때문이다.

독자적인 창업보다는 브랜드 의존도가 높은 프랜차이즈 가맹 창업이 유리하다. 가맹창업을 할 때는 본사의 노하우 전수, 물류에 대한 지속성과 전문성, 교육 프로그램을 꼭 점검해 보아야 한다. 가족의 도움을 받을 수 있는 여건이 된다면, 노인층이 자본을 대고 자식들이 운영 등의 인력을 전담하는 방법도 좋다.

셋째, 수익성보다는 안전창업을 지향하는 만큼 기초생활비 등을 최대한으로 확보하고 사업을 시작하는 전략이 필수다. 황혼창업자는 가족 부양의무가 적은 편이며, 생활비도 비교적 적게 드는 편이다. 따라서 수익성에 치중하기보다는 정신적 건강을 유지하는 소일거리 창업으로 접근하는 것이 좋다.

넷째, 고객으로부터 거부감이나 부담감을 해소하려면 유니폼을 착용하는 것이 최선의 방법이다. 고객들은 유니폼을 착용하였을 때 나이 또는 경륜 같은 부담감을 비교적 덜 느끼게 된다.

다섯째, 연령에 알맞은 서비스를 개발할 필요가 있다. 그러나 서비스를 좋게 한다고 예절교육이나 친절교육을 받고 고객에게 지나치게 깍듯이 인사하면 오히려 고객에게 거부감이나 역효과를 가져올 수 있다. 황혼세대가 가장 잘 할 수 있는 서비스는 역시 친자녀나 친손자들처럼 인정으로 대해주는 정감 있는 말씨다.

| **최재희** 연합창업지원센터 소장 |

부동산 임대 성공조건

임대 수요가 많은 서울 강남권, 종로구, 여의도 주변의 사무실이나
업무 밀집지역, 대학교 주변일수록 전세 회전율이 높다.

서울시 주택임대사업자 등록수(2005년 기준)는 1만3617명에 달한다. 정부가 다주택자에 대한 종합부동산세 도입 및 양도소득세 중과세를 선언하자 1년 전에 비해 다수가 임대사업자로 전환했다.

원래 임대주택사업은 서민들의 주거안정과 건설경기 연착륙을 위해 공공임대아파트 공급계획과 함께 정부가 권장하는 사업이다. 비록 금리가 상승곡선을 타고 있는 상황이지만 '세(稅)테크'를 할 수 있기에 여전히 매력적인 상품이다.

임대사업자의 종류는 크게 주택을 건축해 임대하는 건설임대사업자와 주택을 매입해 임대사업자로 등록하는 두 가지 방법이 있다. 여기서는 임대사업자가 주택 매매 등에 따라 소유권을 취득한 매입 임대주택사업을 살펴보기로 한다.

세테크 범위는

임대사업자로 등록을 하면 주택 매입에 따른 취득·등록세는 물론 재산세와 양도소득세 배제 등 각종 세금을 절감할 수 있다. 임대사업자가 되기 위한 조건은 우선 기준시가 3억원 이하, 주택 5가구 이상을 5년 이상 의무적으로 임대해야 한다. 이때 주택 5가구는 모두 동일 시·군·구에 있어야 하고 전용면적 25.7평 이하여야만 한다.

다만 임대기간을 10년 이상 충족한다면 종합부동산세 및 양도소득세 60% 중과대상에서 제외된다. 그러나 임대사업자 등록 후 10년의 매입 의무기간

을 만족시키지 못한다면 종합부동산세를 추징당할 수 있으므로 매입 의무기간에 유의할 필요가 있다.

재산세는 3년 이상 임대하면 전용 25.7평까지 50%가 감면된다. 지금까지 전용면적 18평 이하 신규 공동주택(오피스텔과 단독주택 제외)에 한해 취득·등록세가 면제 및 감면혜택이 있으나 앞으로는 장기임대 목적으로 20가구 이상을 취득하면 45평까지로 면제 범위가 확대될 전망이다.

주택임대사업자로 등록하려면

임대사업을 하기 위해서는 먼저 5가구 이상 매입 계약을 한 뒤 주소지 관할 시·군·구청 주택과에 임대사업자로 등록해야 한다. 과거 2가구에서 2005년 12월 15일 이후 5가구로 늘어났다. 만약 취득·등록세 감면 대상인 전용 18평 이하, 신축 공동주택의 경우 반드시 취득일 이전에 사업자신청을 하여야 감면혜택을 볼 수 있다.

임대차계약 등 임대가 시작된 후에는 주소지 세무서에 임대주택사업자 등록을 해야 양도세 감면 등의 추가 혜택을 받을 수 있다. 이때 30일 이내에 취득·등록세 감면 신청을 하고 취득일로부터 2월 이내에 보존 또는 이전등기를 해야 추징에서 면할 수 있다. 양도소득세 역시 감면신청서를 거주지 세무서에 별도로 제출해야 혜택을 누릴 수 있다.

임대주택사업 유망지역은

대학교나 업무밀집지역 등 일부 지역을 제외하고는 아파트로 임대사업을 시작하는 것이 소액투자자에게는 안전한 편이다.

아파트는 단독이나 연립주택보다 매매회전율이 빠르고 임대기간 만료 후 매각하기에도 용이하기 때문이다. 또한 오피스텔보다 전용면적이 넓고 관리비가 저렴한데다 주차 공간도 넉넉해 임대대기 수요층이 넉넉한 편이다.

임대주택사업 대상으로 가장 유리한 평형은 중대형보다는 중소형이 좋다. 취득·등록세 감면혜택이 전용 18평 이하에 집중되어 있는 것이 그 이유. 이

임대주택사업에 실패하는 경우도 많기 때문에 전문가 조언을 받아 철저하게 분석한 뒤 투자해야 한다.

렇게 매입대상주택 유형과 크기가 결정되면 사업대상 지역을 정하도록 한다.

이때 임대수요가 많은 곳을 선정하되 매매가 대비 전세가 비율이 60% 이상이면 좋다. 정부의 신도시 개발 계획과 국토개발 이용 계획 등 장기 개발 계획이 있는 지역을 우선으로 한다.

특히 임대 수요가 많은 서울 강남권, 종로구, 여의도 주변의 사무실이나 업무밀집지역, 대학교 주변일수록 전세 회전율이 높다. 천안·아산 고속철 인근 지역 등 충청권과 지방대학 밀집지역, 경기도 평택 미군기지 이전지역, 경제특구로 개발 중인 송도 및 청라지구 일대 등 개발호재가 풍부한 곳 등 도시가 팽창하고 인구유입 속도가 빠른 곳이 임대주택사업 대상지역으로 적합하다.

사례로 보는 임대주택사업

정부투자기관에 간부로 근무하다 명예퇴직한 김순철(가명, 53세)씨는 지난 2003년 초에 임대주택사업을 시작했다. 김씨는 회사에서 고위직으로 있었지만 일에 매달리다보니 재테크를 소홀히 했고 집 한 채 외에 변변한 부동산 하나 없었다. 여유자금으로는 자녀 결혼비용을 제외하고 퇴직금 2억~3억원 정도가 전부였다.

김씨는 연금만으로는 노후대비가 부족하다 싶어 퇴직금으로 투자할 곳을 찾기 시작했다. 우선 서울은 집값이 비싸 투자하기에는 턱없이 부족하다 싶어 그 당시 고속철개통과 행정수도이전재료가 있는 충청도를 선택했다. 충청권 중에서도 고속철 개통 효과가 클 것으로 예상되는 천안·아산 지역으로 결정했다.

김씨는 천안시 쌍용동 주공 7단지를 선정, 17평짜리를 10채 샀다. 2003년 초 시세로 17평이 4000만원 내외였다. 전세가 2500만원, 장기 융자가 1400만원 정도 있었으므로 실제 김씨의 자금은 취득세, 등록세 및 중개수수료를 포함해 1채당 200만~300만원 정도가 들어갔을 뿐이다. 전세 끼고 융자 끼고 산 게 절반이고, 나머지 절반은 여유자금이 있었기 때문에 노후대비용으로 월세를 받을 수 있게 샀다. 월세 임대조건은 보증금 1000만원에 월세 25만원하던 것이 지금은 30만~35만원대를 이루고 있다.

2억원이 채 안 되는 돈을 투자해서 대출이자를 제외하고 매월 고정적인 월세수익이 최소 240만원인 셈이다. 1년 만기 정기예금 금리가 연 5%에 못 미치는 점을 감안하면 금리의 3배에 이르는 고수익이다. 게다가 김씨가 살 때만 하더라도 4000만원에 이르던 아파트가 지금은 6500만원 내외로 3년 동안 2억원을 투자해서 시세차익 2억5000만원 이상을 얻은 것이다.

유의사항은

일반적인 부동산투자와 마찬가지로 주택임대사업은 지역을 포함한 투자대상과 매입 시기, 투자금액 등 투자방법이 잘 맞아 떨어져야 성공할 수 있다. 특히 자금동원력과 매입임대주택사업에 대한 수익타당성은 충분히 검토돼야 한다.

임대주택사업은 각종 세금혜택을 정당하게 피해갈 수 있다는 것이 가장 큰 메리트인데 문제는 세금종류와 혜택 대상 및 내용이 다양한 데다 지방세, 국세 등 취급 관할 정부부처가 다르다. 특히 지방세의 경우 구체적인 세제감면비율은 지방자치단체별 조례로 정하고 있는 등 관련법이 복잡하며 자주 개정되기 때문에 유념할 필요가 있다. 따라서 세금관련 전문가의 도움을 받는 것이 좋다.

전세보다는 월세가 수익이 높아 요즘은 임대사업을 할 때 웬만하면 월세를 받는 경우도 많다. 그러나 무작정 월세를 받는 것은 불리할 수 있다. 전세금이나 월세 보증금 등 임대보증금은 종합소득세를 내지 않아도 되지만, 월세는 과세 대상에 포함되기 때문이다. 또한 양도세를 100% 감면 받는다 할지라도 농어촌특별세 등은 별도로 납부해야 한다.

또한 지역수급 상황 등 주택경기시장을 꼼꼼히 예측하고 사업지의 장기적 발전 가능성 등을 충분히 검토한 후에 사업에 뛰어드는 것이 좋다. 즉 투자한 금액과 주택가격 상승률 등을 기초로 매입임대 의무기간인 5년 뒤 매각할 경우의 투자수익성을 검토하고 채산성이 높다고 판단될 때 투자하는 것이 기본이다.

| 고종완 RE멤버스 대표 |

평생학습 통해
노후 즐기기

자신이 좋아하는 것, 하고 싶어하는 것이 무엇인지 찾고, 그 과정에서 조금씩 진보의 과정을 스스로 확인하게 됨에 따라 자신감과 생활의 활력소를 찾을 수 있을 것이다.

실버창업이나 부동산 임대사업으로 돈을 버는 것만이 '일을 하는' 범주에 들어가는 것은 아니다. 노후에 즐길 수 있는 취미를 배우거나 사회봉사활동을 통해 자기 만족을 얻는 것도 하나의 방법이다. 평생학습을 통해 노후를 활기차게 보낼 준비를 하는 것도 중요하다.

외국의 경우 70세 노인이 행글라이더와 운전을 배우는 것은 흔한 일이다. 캐나다의 경우, 오토바이 여행족들이 많은데 60~70대 노인들로 구성된 여행팀도 상당수다. 젊은이들처럼 가죽 재킷과 바지를 갖춰 입고 오토바이를 타는 모습을 보면 10대 오토바이족이 아닌가 하는 착각이 들 정도이다.

은퇴 후 여가를 즐겁고 알차게 보내기 위한 준비는 자기가 좋아하는 것이 무엇인지를 찾아서 배워보는 일로부터 시작된다. 자신이 좋아하는 것, 하고 싶어하는 것이 무엇인지 찾고, 그 과정에서 조금씩 진보의 과정을 스스로 확인하게 됨에 따라 자신감을 찾고, 생활의 활력소를 찾을 수 있을 것이다.

21세기를 맞이하면서 사회는 여러 측면에서 급격한 변화를 겪고 있다. 따라서 성공적인 노후를 맞이하기 위해서는 사회 변화상황에 맞추어 적응해 나가야 한다. 세대간의 이해, 민주화, 정보화 사회로의 변화로 인한 민주시민의식, 정보의식, 정보능력 향상 등 자신에게 필요한 것을 습득하고, 사회의 변화 속에서 나의 일감을 찾고, 사회구성원으로 존재가치를 스스로 발견하고 키워가는 노력이 필요하다.

제2의 인생에 맞는 일감을 개발하고 적극적으로 참여하는 자세, 자신의 존재의미를 재조명하고 사회적 자아로서 책무성을 인식하는 태도, 자기발전과 사회발전을 위해서 노력하는 마음, 지식과 시간을 값지게 활용하는 방법 등은 자신만의 만족에서 끝나는 것이 아니라 크게는 사회구성원으로서의 자신의 가치를 높이는 일이기도 하다.

프랑스에서는 '노년' 이라는 단어 대신에 '제3의 인생' 이라는 말을 일상적으로 사용한다. 이러한 용어는 프랑스의 독특한 교육제도로 발전하여 UTA(University of Third Age)라는 노인교육형태를 만들어내게 되었다. UTA는 은퇴한 노인들로 하여금 대학교육을 받을 수 있도록 한 대학청강제도의 한 형태이다. UTA의 모습은 현재 우리나라의 몇몇 대학에서도 찾아볼 수 있다. 천안대학교, 경북대학교의 명예학생제도가 그것이다.

불과 20년 후인 앞으로의 노인세대는 평균학력 70%가 고졸수준에 달하게 된다. 앞으로 더욱 다양하고 높은 수준의 평생교육 프로그램을 필요로 한다는 것을 의미한다.

사회에 참여하는 방법 찾아야

정말 일을 하고 싶다면 스스로가 사회에 참여할 수 있는 방법을 찾아야 한다. 같은 고민을 하고 있는 주위의 사람들과 이야기를 나누고, 시나 군에 찾아가 서류를 통해 의견을 제시하고, 가능하면 신문이나 잡지에 노인의 요구를 기사화하는 것도 방법이다.

지난 2002년 교육인적자원부 지원 아래 금빛평생교육봉사단이 발족했다. 우리나라의 대표적인 노인 자원봉사단으로 현재 전국에 1200여명의 전문직 퇴직자들로 구성되어 있다. 이들은 일주일에 1~3회씩 사회복지시설이나 학교 등에서 주민이나 저소득층 자녀를 대상으로 교양강의, 학습지도를 하며 장애인 방문교육, 학생상담 등의 활동을 실시하고 있다.

나이가 들수록 사회봉사활동을 통해 자신의 가치를 사회에 알리는 방법이 무엇인지를 명확하게 알 수 있다. '이 나이에 내가 뭘 할 수 있을까' 하는 약한 모습을 버리고 노후에도 할 수 있는 힘이 있고 나를 필요로 하는 곳이 있다는 자신감을 가질 필요가 있다. '나는 할 수 있다' 는 자세야말로 건강하고 보람된 삶의 새로운 출발에 있어서 가장 큰 힘이 되기 때문이다.

평생교육 어디서 하나

노후준비를 위한 평생학습의 장은 누구에게나 열려있다. 만일 당신이 노

서울시니어스타워 입주자들이 여가 활동 차원에서 붓글씨를 쓰는 모습.

후를 준비하고 잘 보내기 위해 학습을 하고자 한다면, 지금이 가장 적기이다. 노인이 되어서야 노후준비를 한다는 것은 앞으로 지내게 될 노후의 삶의 양적인 면에서나 질적인 면에서 이미 20년은 늦어졌음을 의미하는 것이다.

1. 문화센터

백화점이나 언론사, 방송국 등에서 운영하는 문화센터는 다양하고 풍부한 프로그램을 제공한다는 것이 가장 큰 강점이다. 다만, 교육비가 비싸고 젊은 학습자들의 학습속도에 맞춰 진행되므로 자신의 형편을 충분히 고려해 선택하는 것이 좋다.

2. 문화원·문화학교

지역문화행사 개최, 지역전통문화에 관한 평생교육활동, 지역문화발전에 기여할 수 있는 다양한 사업과 취미강좌 등의 다양한 문화강좌를 운영하고 있다. 해당 강좌를 일정기간 수강한 사람에게는 장관(문화학교장) 명의의 또는 학교장 명의의 수료증을 발급해주고 있다.

3. 대학부설 평생교육원

가까운 곳에 대학이 있다면 너무 어렵게만 생각하지 말고 그쪽으로 눈을 돌려보는 것도 괜찮은 방법이다. 다른 교육기관들에 비해 교육비가 비싼 편이지만 대부분 대학교수들로 구성된 고급 강사진과 좋은 교육환경, 그리고 대학 캠퍼스의 낭만을 맛볼 수 있다. 또 일부 사회교육원이나 평생교육원에서는 55세 이상의 노년층을 위해 교육비 감면 혜택을 제공하고 있다.

4. 지역의 평생학습관

예전 도서관이 요즘은 평생학습관이라는 이름으로 바뀌어 그 기능을 대신하고 있다. 단순히 책을 빌려주고 읽는 곳이 아닌 평생학습의 장으로서 역할을 하고 있다. 독서지도, 자녀대화법, 논술지도, 구연동화지도자과정, 향토문화 글쓰기 과정 등 은퇴 후 지역사회에서 활동할 수 있는 다양한 교육과정은 물론 노후의 자원봉사교육 등 다양한 과정을 개설, 운영하고 있다.

5. 노인대학과 노인복지관

지역의 노인복지관에서는 생활보호대상자 노인들을 위한 복지서비스 뿐만 아니라 다양한 평생교육 프로그램을 제공한다. 대부분 무료로 운영되지만 지역에 따라 재료비나 약간의 교육비를 받는 곳도 있다. 그 밖의 종교기관이나 각종 단체들이 운영하는 노인대학에서는 식사까지 제공되는 무료교육 프로그램 등 다양한 가격대의 프로그램이 있다.

6. 문화의 집

동사무소, 여성회관, 문화예술회관, 청소년 수련시설 등 공공기관의 일부 공간을 이용해 운영하는 복합생활 문화공간으로 프로그램도 다양한 편이다.

7. 정규대학강좌

현재 대학강좌를 일반인(55세 이상)들에게 개방하고 있는 곳은 대구의 경북대학교, 천안의 천안대학교, 전북의 전북대학교 등으로 55세 이상의 노인들에게 일반학생들이 듣는 정규강좌를 청강할 수 있도록 개방운영하고 있다.

|**이화정** 백석대 교수|

조상호 도미노피자 사당역점 대표

"만약 사업을 하지 않았다면 지금 무슨 재미로 하루를 보내고 있겠어요. 피자를 굽고 배달 관리를 하다 보면 하루가 어떻게 가는지 몰라요."

서울 총신대역 지하철 부근에 위치한 도미노피자 사당역점을 찾으면 '흰머리 할머니'를 만나게 된다. 그녀가 바로 조상호 점장(78)이다. 14년 전인 64세 때부터 총신대 부근에서 도미노피자점을 운영해 인근 사람들에겐 이미 유명하다. 언제나 빨간 립스틱을 진하게 바르고, 유난히 원색 옷을 좋아하는 성격이라 눈에 띄게 마련이다. 이런 복장을 고집하는 이유는 워낙 멋쟁이기도 하지만 고객을 끌기 위한 마케팅 전략이기도 하다.

"늙은 할머니라고 우습게 보면 큰 코 다쳐요. 이래 봬도 지난해 도미노피자에서 매출 전국 3위에 올랐을 만큼 장사를 잘 합니다." 그녀는 친절을 제1 영업전략으로 꼽는다. 항상 미소를 지으면서 큰 소리로 인사하도록 가르친다. 그녀 역시 젊은이들보다 더 큰 목소리도 고객들에게 인사를 건넨다.

현재 경기도 분당에서 거주하기 때문에 버스와 지하철을 바꿔 타면서 서울 총신대역까지 출퇴근한다. 왜 자동차를 이용하지 않느냐고 물었더니만 "아직도 걸을 수 있는데 자동차를 탈 필요가 없어요. 버스와 지하철을 이용해도 전혀 불편하지 않다"고 얘기한다.

배달관리 하다 보면 하루가 짧아

그녀가 14년 전에 피자가게 운영을 결심하게 된 배경은 '독립경영'이었다. 일찍이 장난감 완구 제조사업을 했던 남편과 함께 사업 경험을 했던 탓에 자신감을 갖고 있었다. 조상호씨 부군은 원래 고등학교 수학교사였다. 그러나 사업 소질을 버릴 수 없어 장난감 완구 제조사업에 뛰어들었고 결국 성공했다. 조상호씨가 회사 회계를 도맡아했다. 돈도 많이 벌었다. 그러나 빚보증을 잘못 섰다가 아파트를 팔아야 하는 처지에 이르렀다. "빚도 갚을 겸 나이 들어서도 사업으로 성공할 수 있다는 걸 가족들에게 보여주고 싶었어요. 늙어서도 할 수 있는 일로 피자가게 운영을 생각했던 거죠."

자식 농사를 잘 지어 피자가게를 운영하지 않아도 얼마든지 생활할 수 있는 경제력을 갖고 있었다. "장남은 한양대병원에서 근무하다 지금은 안과를 개원했어요. 둘째 아들은 경제학박사 학위를 받아 현재 순천향대에서 교수로 있지요. 사업을 한다고 했더니만 처음에 말리더군요. 그러나 워낙 사업 의지가 강했기 때문에 꺾지 못하더군요."

조상호씨는 피자가게 운영으로 상당한 돈을 만질 수 있었다. 물론 빚도 모두 갚았다. 여러 곳에 부동산도 샀댔다. 2년 전 남편을 먼저 저 세상으로 보냈다. "만약 사업을 하지 않았다면 지금 무슨 재미로 하루를 보내고 있겠어요. 피자를 굽고 배달 관리를 하다보면 하루가 어떻게 가는지 몰라요."

점포관리가 전산화돼 매일 점포를 지키지 않아도 관리하는 데 문제가 없다고 한다. 요즘은 성당에서 교리공부를 하는데 더 많은 시간을 쏟는다. 하루도 빠지지 않고 성경 공부반에 참석해 개근상을 받았단다. 남에게 지지 않으려는 그녀의 승부욕을 또 다시 느끼게 한다.

요즘 들어 최대 관심은 건강에 있다. 무릎관절이 좋지 않고 약간의 당뇨가 있어 건강관리에 신경을 많이 쓴다. 콩, 당근, 과일을 매일 직접 갈아 마시고, 변비 방지를 위해 요구르트를 마시는 등 식이요법에도 남다른 관심을 보인다.

|이제경 매경이코노미 차장|

1당역점장과 함께한 조상호 대표(왼쪽)

김예애 이지밸브 사장

> "노인들도 자기 계발을 해야 해요.
> 그러기 위해선 주위의 도움이 필요하죠.
> 60살이면 새파란 나이예요."

처음엔 발명만 하면 다 되는 줄 알았는데, 그렇지 않더라고요. 요즘엔 영업 때문에 몸이 두 개라도 모자를 지경이에요."

김예애 이지밸브 사장(76)은 요즘 회사 경영에 여념이 없다. 이지밸브는 발로 조절하는 주방개수대(싱크대) 절수 수도 장치를 만드는 회사. 김 사장은 어느 날 문득 주방 일을 하면서 왜 저렇게 물을 낭비할까라는 생각에 수도 장치를 발명했다. 보통 생각이 나도 실행에 옮기기는 어려운 일. 김 사장도 처음엔 많은 우여곡절을 겪었다.

"금형이나 기계는 하나도 몰라 발품팔고 여기저기 많이 돌아다녔죠. 당시엔 늙은이가 집에서 쉬지 뭐하는 거냐며 무시도 많이 당했어요. 하지만 그럴 때 마다 반드시 해야겠다는 오기가 생기더라고요."

그렇게 해서 환갑도 훨씬 넘긴 99년(69세)에 수도장치 발명에 성공하고 특허도 받았다. 그러나 그것으로 끝이 아니었다. 검증이 안됐다는 이유로 공공기관 및 건설회사 등에서 구매해주지 않았던 것. 올해 김 사장은 어떻게든 판로를 개척해 매출 10억원을 올리는 게 목표다.

현재 김 사장은 이지밸브 사장이면서 '투잡스족'이다. 특기인 일본어를 살려 일본인 관광객 민박집을 운영한다. 일본어 실력이 워낙 유창해 민박하는 일본인들도 착각할 정도라고.

"내가 어릴 적엔 일제시대라 일본어로 교육 받았죠. 일본인 못지 않은 일본어 실력을 가진 내가 한일 양국 간에 교류 역할을 하면 잘할 수 있을 거라 생각했어요."

일본인 대상 민박 '투잡스족'

김 사장은 고교 졸업 후 일신초등학교 교사를 시작으로 18년간 교직에 몸담았다. 이후엔 한국일보 광고부를 거쳐 자수공장을 30여년간 운영했다. 동시에 일본어 번역도 했다. 이력서를 보면 참 다양한 삶을 살았구나하는 생각이 들게 만든다. 김 사장은 "남편을 일찍 사별한 탓에, 아들과 둘이서 살려고 별 짓을 다했다"고 말한다. 혼자 생계를 꾸리느라 힘든 적도 많았지만 지금까지 매 순간마다 최선을 다했다고 자평한다. 아들은 현재 모 대학에서 교수로 재직 중이다.

그는 현재 기업인으로 노후를 보내고 있지만 처음부터 그렇게 생각했던 것은 아니다. 한때 돈을 좀 벌어서 상가를 구입했다. 월세 받으면서 편하게 살 계획이었다고. 그러나 사업을 시작하면서 완전히 달라졌다. 그 동안 수도 장치 개발에만 들어간 돈만 해도 3억원이 넘는다. 상가는 물론이고 집까지 모두 담보 잡힌 상태. 하지만 김 사장은 걱정하지 않는다.

"여기서 성공하면 되잖아요. 그러다 안 되면 그걸로 그만이고요. 다만 이 사회에 무언가 이바지하고 죽고 싶어요."

흔한 보험이나 연금도 없다. 한 때 재테크 목적으로 땅을 사보기도 했지만 결과가 신통치 않았다고. 재무적으로 노후 준비는 빵점에 가깝지만 그는 열정을 잃지 않았다.

"노인들도 자기 계발을 해야 해요. 그러기 위해선 주위의 도움이 필요하죠. 60살이면 새파란 나이에요. 사실 놀고 싶어서 노는 게 아니거든요. 다만 뭘 해야 좋을지 모르는 거죠." ‖‖‖‖

이용현 매경이코노미 기자 |

이재춘 어르신강사뱅크 강사

신문을 읽으면서 예절과 한자 교육에 관련된
내용은 물론이고, 어린이에게 도움이 될만한 내용을
빼놓지 않고 스크랩한다.

"앞으로 10년 정도만 지금과 같은 생활을 할 수 있었으면 좋겠어요. 정년퇴직 이후가 훨씬 더 재미있고, 즐겁습니다."

98년 서울시니어스타워에 입주해 부인 석용례(71)씨와 함께 행복하게 노후를 즐기는 이재춘씨 (73)는 젊었을 때보다 더 열심히 생활한다. 워낙 바쁘게 활동해서 그를 인터뷰하기도 쉽지 않았다. 요즘 들어 그가 가장 심혈을 쏟는 일은 강사 활동과 문화유적지 답사. 매주 4일을 서울시가 운영하는 노원1종합사회복지관에서 강사로 명성을 떨친다. 방과 후 공부방, 유치원, 어린이집에서 그가 가르치는 과목은 한자와 예절이다. 강사로 활동하기 위해 서울 북부노인종합복지관에서 실시한 예절 지도사 교육 과정을 이수했고, 사단법인 한국전례원에서도 예절지도사 교육도 받았다. 이런 배경으로 서울 노원1종합사회복지관의 어르신강사뱅크 일원으로 참여할 수 있었다.

어린이들을 가르치기 위해 그는 하루에 3시간 이상 공부를 한다. 하루에 읽는 신문만도 4가지. 매일경제를 비롯해 조선, 중앙, 동아일보를 꼼꼼히 읽는다. 경제신문을 읽는 이유는 한자와 예절을 가르치면서도 어린이들에게 경제 마인드를 심어주고, 또한 자신이 사기당하지 않고 노후 재산을 잘 지키기 위해서라고. 신문을 읽으면서 예절과 한자 교육에 관련된 내용은 물론이고, 어린이에게 도움이 될만한 내용을 빼놓지 않고 스크랩한다. 고 정주영 회장이 신었다는 낡은 구두와 관련된 신문 글을 보여주면서 어린이들에게 검소한 생활정신을 들려줬다고 말하는 그의 얼굴에서 강사 생활의 즐거움이 배어나왔다.

매주 수요일 그는 문화유적지 답사를 떠난다. 서울시니어스타워 입주자들을 중심으로 결성된 문화유적지답사 동호회 회원들이 그와 동행한다. 그는 답사 전에 미리 답사를 할 문화유적에 대해 설명 팸플릿을 만든다. A4 용지 4장 정도로 정리해 회원들에게 나눠주고 답사를 하는 동안 그가 연구했던 실력을 마음껏 뽐낸다.

연금으로 월 생활비 충당

그는 이화여대 도서관에서 한 평생을 바쳤다. 지난 96년 정년퇴직을 하고 서울 은평구 소재 아파트를 정리하고 서울시니어스타워로 들어왔다. 1억8000만원의 보증금을 내고 남은 돈으로 경기도 강화에 조그만 집을 한 채 장만했다. 소위 별장 개념이다. 텃밭을 일구는 재미도 이재춘씨 부부가 누리는 또 다른 즐거움이다.

생활비는 사학연금에서 지급되는 월 300만원 정도로 충당한다. 시니어스타워의 식비와 관리비가 많지 않기 때문에 연금만으로도 자식들에게 손 벌리지 않고 오히려 손자들에게 용돈을 줄 수 있을 만큼 여유로운 노후를 보낼 수 있다. 부인 석용례씨는 아직도 김치를 직접 담궈 자식들에게 나눠 줄 정도다.

이재춘씨는 시니어스타워에서 '젊은 총각'으로 통한다. 건강한 체력과 나이에 비해 10살 정도 젊어 보이는 외모 덕분이다.

| 이제경 매경이코노미 차장 |

이재춘씨는 부인과 함께 거의 매일 헬스를 즐긴다.

이문옥 시니어레크리에이션 강사

"교사생활을 하면서 어렴풋이 느꼈던 봉사의 중요성을
최근 레크리에이션 활동을 하면서 확실히 깨달았어요."

"인생을 즐기는 데 나이가 무슨 상관있나요?" 노인들에게 춤과 노래를 직접 가르치는 시니어 레크리에이션 강사 이문옥씨(70, 여). 그는 나이를 잊고 산지 오래다. 보통 젊은 사람들도 대중들 앞에서 레크리에이션을 하는 게 쉽지 않은 일이지만 그는 오히려 이 일을 즐긴다.

이문옥씨는 대전사범학교와 중앙대 예술대학을 졸업한 후 30년 이상 교직생활을 하다 명예퇴직했다. 손자들이 자라는 것을 바라보며 여생을 즐길 나이에 그는 새로운 인생 계획에 나섰다.

교사 생활을 하면서 봉사의 가치를 몸소 체험한 그는 오랜 고민 끝에 이화여대 평생교육원에 원서를 냈다. 젊은 사람들과 함께 레크리에이션 지도자과정을 공부하기 시작한 것. 나이에 맞지 않는다는 편견과 주위사람들의 시선이 있었지만 전혀 개의치 않았다. 1년은 레크리에이션, 2년은 노인지도자 과정을 배우면서 새 인생을 시작했다. 특히 평생교육원 지도 선생님이 노인지도자 과정을 강력 추천했다고.

"앞으로 고령화 사회가 되면 노인지도자가 절대적으로 필요할 것이라면서 추천해 주셨어요. 사실 어느 정도 고령화 사회가 됐지만 아직까지 제대로 된 노인 교육프로그램이 없어 안타까워요."

그가 이런 생활을 하게 된 데는 옆에서 묵묵히 지원해준 남편이 큰 도움이 됐다. 한창 레크리에이션 활동을 하던 중 남편 이춘식씨는 큰 교통사고를 당했다. 1급 전신마비 장애자가 될 정도로 청천벽력 같은 소식이었지만 여기서 주저앉아서는 안 된다는 결심을 했다고.

남편의 재활을 도우며 레크리에이션 활동까지 병행하는 강행군을 지속했다. 남편 병원비, 간병비 등 치료비용이 생각보다 많이 들었지만 그를 지탱한 건 오히려 남편과 가족들이었다. 특히 교사생활을 끝내면서 매달 받고 있는 연금과 자식들의 지원이 큰 힘이 됐다.

이문옥씨는 현재 서울 정릉교회 경로대학에서 13년째 노인들을 상대로 레크리에이션 강습활동을 하고 있다. 이밖에 교회 노숙자단체나 양로원 등 다양한 봉사단체에도 직접 초청돼 무료로 강의와 레크리에이션 활동을 해주면서 바쁜 나날을 보낸다.

특히 그는 '엔돌핀 공장장'이란 별명을 갖고 있다. 교육받는 학생 수가 아무리 많아도 금세 웃음을 유발시킨다고 해서 붙여진 별명. 평소 생활하다 노인에게 어울리겠다 싶은 동작들을 수첩에 기록해 직접 응용한다. 유행가를 가르칠 때도 4박자의 빠른 노래를 템포를 늦춰 3박자로 바꿔 부르는 등 노인들이 편하게 따라할 수 있도록 배려했다.

최근 남편의 사고를 계기로 몸이 불편한 환자들을 위한 치료 레크리에이션 활동까지 나섰다. 환자들이 온전한 신체부분을 활용할 수 있는 동작들을 알려주면서 스스로 치료할 수 있도록 돕는다.

"교사생활을 하면서 어렴풋이 느꼈던 봉사의 중요성을 최근 레크리에이션 활동을 하면서 확실히 깨달았어요. 노인들이 웃는 모습을 바라보면 정말 행복합니다. 손자들과 매일 주고받는 휴대전화 문자메시지도 치매예방은 물론 가족사랑까지 느끼게 해줘요. 제가 할 일이 이렇게 많은데 나이 먹을 틈이 어디 있나요?"

| 김경민 매경이코노미 기자 |

골드세대 100% 즐기기

즐거움이 없는 인생은 가라. 죽을 때까지 미래만 준비할 수 없다. 인생을 즐겁게 살기 위해 일을 했고, 투자를 했다. 이젠 여생을 즐길 수 있어야 한다. 즐기는 것도 준비가 있어야 한다. 인생을 즐기면서 노후에 편히 살 수 있는 보금자리부터 다시 골라야 한다. 건강은 골드세대의 가장 중요한 조건이다. 노후에 알아둬야 할 식이요법 등을 제시한다.

전원주택 활용하기

전원주택 입지는 서울에서 출퇴근 및 접근성이 편리한 도심, 강남권에서 1시간 이내 거리인 수도권이 유리해 보인다.

어느 정도 여유자금을 확보한 노인들은 자연 속에서 풍요로운 노후를 보내기를 원한다. 잘먹고 잘살자는 '웰빙' 열풍도 사람들을 전원 속으로 흡인하는 절대적 요소이다.

특히 펜션사업은 노후에 전원생활과 경제 활동을 동시에 꾸려갈 수 있어 한때 명퇴자나 은퇴자들에게 유행처럼 번지기도 했다.

하지만 경기침체에 공급과잉까지 겹쳐서 일부 지역의 경우 문을 닫는 사례도 속출하고 있다. 따라서 전원주택, 펜션 시장이 유망하다고 해도 입지조건이나 공급물량을 꼼꼼히 따져본 다음 투자하는 자세가 필요하다.

전원주택과 펜션의 차이점은

전원주택은 말 그대로 교외의 전원지역에 지어진 단독주택, 별장을 뜻한다. 개발 형태에 따라 단지형 전원주택과 단독형으로 구분할 수 있다.

과거에는 자기가 원하는 땅을 확보한 후 자체적으로 필요한 만큼 주택을 짓는 단독형 전원주택이 주종을 이뤘다. 하지만 최근에는 도로, 공원 등 기반시설과 상가, 골프연습장 등 편의시설을 갖춘 대규모 단지 개발이 일반적 경향으로 자리 잡고 있다. 친척이나 동호인, 전 직장인 등 취미와 가치관이 비슷한 사람들의 전원주택 수요가 늘어나고 있기 때문이다.

하지만 60세 이상 노인층은 자연이 주는 쾌적함을 동경하면서도 사랑하는 자식, 친척과 멀리 떨어져 격리되는 것을 극도로 싫어한다. 도시가 주는 문화적 풍요와 의료혜택 그리고 쇼핑, 오락, 스포츠, 정보교류의 즐거움을 포기하기도 힘들다. 따라서 전원주택 입지는 서울에서 출퇴근 및 접근성이 편리한 도심, 강남권에서 1시간 이내 거리인 수도권이 유리해 보인다.

이에 비해 펜션은 유럽에서 시작해 캐나다, 일본 등에서 꽃을 피운 주택 개념으로, 직장을 은퇴한 노년층이 도심을 떠나 전원 속에 살면서 렌트를 통해 연금(Pension) 수익과 함께 임대수익도 거둔다는 말에서 유래됐다.

즉, 도심에서는 맛볼 수 없는 자연의 쾌적함을 누리면서 약간의 노동력을 투입해 연금 외에 숙박대여 수익도 챙길 수 있는 금상첨화의 노후대비 상품이라고 할 수 있다.

이에 따라 우리나라도 지난 2002년부터 펜션 시장이 급팽창하고 있다.

펜션 역시 국토균형개발에 따라 충청권과 강원권 등 전국적으로 확산되는 한편 관광지나 리조트지를 중심으로 집단화되고 있다.

한 마디로 전원주택과 펜션은 같은 교외주택 범주에 속하지만 전원주택은 본인이 직접 거주하는 자가주택 개념이 강한 반면, 펜션은 수익형 주택이라는 점에서 차이가 있다.

전원주택 · 펜션투자 성공사례

교외에 전원주택 · 펜션을 구입해 성공한 사례를 살펴보자. 서울에서 금융기관에 다니던 김모씨(61세) 부부는 2년 전 경기도 가평군의 북한강변에 위치한 조그만 전원마을을 소개받았다. 남한강이 조망되는데다 리츠칼튼골프장, 관광지로 유명한 남이섬, LG강촌리조트 등도 인근에 자리잡고 있었다.

김모씨는 지난 2003년 11월 평당 50만원에 250여평을 매입했다. 그리고 6개월에 걸쳐 연면적 60평, 2층 규모의 아름다운 목조주택을 지었다. 건축비는 평당 400만원 정도로, 총 3억6000여만원이 들어간 셈이다.

그는 아내와 상의 끝에 펜션형 민박업을 하기로 결정, 방 5개 중 1층은 김씨 부부가 사용키로 하고 나머지 4개의 방으로 2004년 7월부터 펜션업을 시작했다. 주민등록도 옮겨 불법 운영의 오해 소지도 없었다.

1년 가까이 지난 후 매출은 월 평균 500만원(연평균 객실 가동률 50%)으로 휴가철 성수기인 7, 8월과 스키시즌인 12, 1, 2월에는 최고 월 1300만원까지 매출을 올렸다. 이 중 약 30~40%가 관리비 및 인건비, 마케팅(홍보비) 비용으로 빠져 나가고 순수익은 월 평균 300만원 정도다. 매입 당시 평당 50만원하던 땅값도 현재는 100만원을 호가하고 있다.

매월 생활비를 감당하고도 남는 고정수익과 함께 2배가 넘는 시세차익까

지 챙김으로써 한꺼번에 2마리 토끼를 잡은 셈이다.

투자유망 지역

향후 전원주택지, 펜션업을 하기에 가장 유망한 지역은 어디일까. 신도시, 기업도시 · 행정도시 인근, 첨단산업단지 · 택지개발지구 인근지역과 리조트, 관광지, 해안가 등을 권할 만 하다. 구체적인 지역으로는 경기도 용인 · 양평, 가평, 화성지역과 인천시 시화 및 옹진군(영흥도, 북도, 장봉도), 영종도 등 경제특구 일대, 강원권에서는 횡성 · 평창, 홍천, 춘천 등을 들 수 있다.

그리고 충청권의 천안, 아산, 태안, 서산, 당진지역과 호남권 'J 프로젝트'가 추진 중인 영암, 해남, 여수, 목포, 신안, 무안과 새만금, 무주지역 등이다. 이밖에 경남도가 추진하고 있는 남해안 관광벨트 사업에도 관심을 가질 만 하다.

유망지역이라고 무조건 전원주택이나 펜션을 지으면 될까.

우선 경기흐름과 사업성에 오는 투자위험부터 고려해야 한다. 강원도 평창과 경기도 가평, 태안반도 등 펜션 메카로 떠오르고 있는 지역들의 토지시장이 매물 적체에 따른 단기급락 조짐을 보이는 등 펜션시장은 크게 출렁이고 있다. 경기침체가 지속되는 데다 수익형 펜션에 대해 실거주와 숙박업 등록 등을 요건으로 하는 '농어촌지역 숙박시설 설치 및 관리에 관한 통합지침'이 2005년 7월부터 일부 지역에서 시행돼 직격탄을 맞았다.

투자시 체크사항

펜션 투자 시 체크해야 할 기본 사항을 살펴보자.

첫째, 숙박업 허가를 받을 수 있는 지역을 선택해야 한다.

공급과잉을 빚고 있는 강원도 평창군은 펜션으로 인한 난개발 방지를 위해 평창군 일대 주요 지역의 건축허가를 대폭 강화하는 기준을 마련해서 2005년 3월부터 적용하고 있다.

또한 상수원보호구역 10km 이내에 포함되는 흥정계곡 주변과 새롭게 리조트가 조성될 용평리조트 주변 용산리 및 수하리 일대의 개발제한구역은 숙박시설로 허가를 내주지 않는다.

지리적 입지조건과 교통, 발전성, 땅값 등도 따져 봐야 한다. 서울과의 접근성이 높을수록 유리하지만 그만큼 가격도 비싸다는 점을 감안해 실제 투자에 나서야 한다.

둘째, 8실 이상 펜션의 경우에는 숙박업 허가가 가능한 지역인지 여부를 확인하고, 숙박업 허가가 계약서에 명시돼 있는지 따져 봐야 한다. 별장 등으로 이름을 바꿔 펜션 형태로 운영하면 규제 대상이란 점도 유의해야 한다.

또 민박을 숙박업으로 전환할 경우 소득세·부가가치세 등 세금부담이 새로 생기는 점도 알아둬야 한다.

|**고종완** RE멤버스 대표|

유료 노인복지주택 이용하기

운영주체가 누구인지 또 자신의 재정과 건강상태에 맞는 적합한 곳은 어디인지 알아보고 선택하는 지혜가 필요하다.

사회가 급속히 노령화되고 경제력 있는 노인계층이 늘어나면서 선진형 실버타운에 대한 관심 또한 높아지고 있다.

실버타운은 주거비용을 입주자가 전액 부담하는 유료 노인복지주택으로 양로원이나 요양원과는 전혀 다른 고급 주거시설을 말한다. 주거 뿐 아니라 각종 편의시설과 다양한 서비스 기능이 갖춰져 있는 노인전용 복합시설단지를 의미하는 것이다.

실버타운에는 미끄럼 방지 바닥재, 안전바, 문턱 제거는 물론 회원의 움직임을 감지하는 센서 및 위급상황에 대비한 호출버튼 등 모든 생활공간이 노인들의 편의와 안전을 고려해 설계돼 있다. 또 청소 및 세탁서비스는 물론 다양한 문화강좌와 스포츠 프로그램 등으로 노인들의 외로움을 해결해 준다. 뿐만 아니라 부대시설인 수영장, 헬스장, 물리치료실, 당구장, 게이트볼장, 노래방 등은 항상 개방돼 있다.

그러나 여기에 들어가는 입주비용은 만만치 않다. 때문에 실버타운을 선택할 때는 운영주체가 누구인지 또 자신의 재정과 건강상태에 맞는 적합한 곳은 어디인지 알아보고 선택하는 지혜가 필요하다.

도시형은 교통 편리 해야

실버타운은 입지 특성에 따라 도시형과 도시 근교형, 전원형으로 구분된다. 도시형은 대중교통이 편리하고 도심과 가까운 곳에 위치해 있어 각종 문화생활을 즐길 수 있고 친구나 가족들과 왕래가 편하다. 서울시니어스타워

■ 노블카운티 · 서울시니어스타워 보증금 및 생활비 내역

구분	노블카운티	서울시니어스타워(서울 · 강서 · 분당)		
소재지	경기도 용인–도시 근교형	서울 약수동(서울타워)과 등촌동(강서타워)–도시형 경기도 분당(분당타워)–도시 근교형		
총세대수	540세대	서울 144세대, 강서 142세대, 분당 254세대		
입주형식	장기임대형	분양과 임대형(15년 영구, 10년 장기, 7년 중기, 5년 단기)		
평형	30, 32, 36, 40, 46, 56, 72	15, 25, 30, 34, 46, 49, 59, 66, 49, 94		
입주보증금 (생활운영 보증금)	36평형　4.42~4.80억원	강서타워	34평형	2.55억원(1.02억원)
			46평형	3.494억원(1.38억원)
	52평형　5.56~6.18억원	분당타워	42평형	3.10억원(1.14억원)
			51평형	4.59억원(1.35억원)
반환여부	전액 반환	보증금+거주 연수에 따라 균등상각하고 나머지 금액		
1인 생활비	134만~200만원(식비 · 관리비 포함)	식비 33만~40만원, 관리비 20만~68만원		
의료 서비스	클리닉센터(내과 · 외과 · 재활 의학과 등 5개 전문과목)	송도병원과 함께 운영(성인병 센터와 운동처방과) 1년에 2회 무료 건강검진		
너싱홈	요양병동 있음	서울시니어스타워 너싱홈과 하남치매센터		
여가프로그램	20여 프로그램, 50여 동호회 활동	20여 프로그램과 동호회 활동 지원		
기타	주말농장, 유치원 운영	인제정은휴양병원, 호주 골드코스트 휴양지		

※주 : 입주금액은 층, 방향, 입주자 수에 따라 다를 수 있음.

본점(약수동)과 강서타워가 여기에 속한다. 아직 일을 하는 노년층이나 정년 후에도 사회활동이 활발한 이들에게 적합하다.

　도시 근교형은 수도권 혹은 서울과 1~2시간 거리에 위치하고 있으며, 도시에 생활 기반을 둔 노인층을 위해 교통여건이 좋은 도시 근교에 조성된 곳을 말한다. 단지 면적이 넓고 주거환경도 비교적 쾌적한 편이다. 한적하고 공기 좋은 곳을 원한다면 강남에서 40분 거리인 용인노블카운티와 같은 도시 근교형이 적합하다. 서울시니어스분당타워도 여기에 속한다.

　실버타운 입주방식은 임대와 분양 2가지가 있다. 장기 임대방식은 퇴거할 때까지 입주금을 내고 입주하는 방식이다. 퇴거시 보증금은 환불해 주지만 보증금과 별도로 내는 시설운영비 선납금은 거주 연수에 따라 균등상각하고 나머지 금액을 지불해 준다. 또 매달 생활비와 관리비를 따로 내야 한다.

　노블카운티는 장기임대방식으로 입주자를 모집 중이며, 서울시니어스타워는 분당과 강서타워가 분양과 임대(장 · 중 · 단기)를 동시에 하고 있다.

　분양형은 분양금을 내고 실버타운 내의 1세대를 소유할 수 있는 것을 말한다. 분당 · 강서타워는 분양을 받아 소유권 이전 등기를 할 수 있고, 매매는 물론 타인에게 임대도 가능하며 자녀들에게 증여와 상속도 할 수 있다.

| **김민주** 시니어스타임즈 기자 |

노후를 지켜주는 식이요법

정상범위의 체중에 비해 과체중이거나 체중미달인 경우, 사망률이 크게 증가하므로 적절한 체중을 유지할 수 있는 정도의 에너지를 섭취하는 것은 필수사항이다.

점심시간이 되면 백화점의 푸드코트(식당가)에 노인들이 식사를 하러 오는 모습을 흔히 볼 수 있다. 매 끼니마다 먹는 음식이지만 무엇을 어떻게 먹는가를 선택하는 것은 쉽지 않은 일이다. 특히 평균수명이 늘어나고 65세 이상의 노인인구가 빠른 속도로 증가하면서 노화와 영양에 대한 관심이 높아지고 있다.

평균 수명이 늘어난 만큼 노년기 삶의 질을 높게 유지하기 위해서는 경제적인 면과 더불어 건강 유지가 무엇보다도 중요하다. 노년기 건강상태에 영향을 주는 중요한 인자 중 하나가 영양상태이다. 영양상태에 따라 노화과정을 늦출 수 있고, 각종 만성퇴행성질병 발생 등을 예방할 수 있다. 반대로 잘못된 영양관리는 노화 및 질병을 악화시킨다. 노인의 영양상태는 다양한 요인에 의해 영향 받는다. 경제적 곤란과 더불어 치아 손실이나 소화흡수력 약화 및 생리적 기능 저하, 여러 가지 질환으로 인한 약물 섭취, 흡연, 음주 등은 노년기 영양상태에 크게 위협을 가한다. 또 노인 단독세대 혹은 배우자 사별로 인한 우울증과 소외감 등의 심리적 요인 등도 영양 상태를 악화시키는 요인이다. 이러한 요인들로 인해 노인들은 충분한 음식을 섭취하지 못할 뿐 아니라 영양소의 체내 이용률도 떨어져 영양불량의 위험이 높아지며 노화도 촉진될 위험이 높다.

노년기 식이와 영양관리를 위해서는 노화에 따른 생리적 변화와 이러한 변화들이 우리 몸의 영양상태를 어떻게 변화시키는지를 이해해야 한다. 일반적으로 나이가 들면 근육이 감소하고 기초 대사량이 줄어든다. 또 신체 활동량이 적어져 열량 요구량이 감소된다. 따라서 정상체중을 유지할 정도로 충분한 양의 에너지 섭취가 중요하다.

특히 정상범위의 체중에 비해 과체중이거나 체중미달인 경우, 사망률이 크게 증가하므로 적절한 체중을 유지할 수 있을 정도의 에너지를 섭취하는 것은 필수사항이다. 이를 위한 방법 중 하나는 단백질이 충분한 음식을 먹도록 하되 지나치게 열량이 많은 튀김음식 등의 섭취는 줄이도록 하는 것이다.

열량 많은 튀김이나 부침개 등은 피해야

또 노년기에는 칼슘, 비타민의 흡수와 체내이용이 저하되기 때문에 골다공증 등 칼슘 부족으로 인한 질병이 발생할 위험이 높다. 특히, 여성의 경우 골량 및 총 칼슘은 남성에 비해 낮으며 일생동안 골격 내 칼슘의 40% 정도가 손실된다. 그중 반 정도는 폐경 후 5년 동안 발생한다. 단순한 칼슘 보충만으로 이러한 칼슘 손실을 방지할 수는 없지만 칼슘섭취가 부족한 노인들의 경우 칼슘을 보충하면 척추, 대퇴골, 요추 등의 골 밀도를 증가시키는 효과가 나타나므로 노년기에 칼슘을 충분히 섭취하는 것은 매우 중요한 식사 습관이라 하겠다.

당뇨의 경우에는 세심한 주의가 요구된다. 당뇨는 규칙적으로 골고루 알맞은 양을 섭취하는 게 중요하다. 세끼 식사와 간식은 정해진 시간에 규칙적으로 섭취하고 음식은 천천히 잘 씹어 먹는다. 식사량은 자신의 표준체중 유지와 일상생활에 필요한 양을 매끼 식사시간과 식사 사이의 간격을 일정하게 유지해 식사하는 게 혈당 조절에 유리하다. 효과적인 식사습관은 1일 총 필요한 열량을 3번의 식사와 2~3회의 간식으로 배분하는 것이다. 식단으로는 '곡류군(잡곡밥) + 어육류군(고기, 생선, 두부 중 한 가지) + 채소군 또는

노인 건강에 영향을 주는 요인들

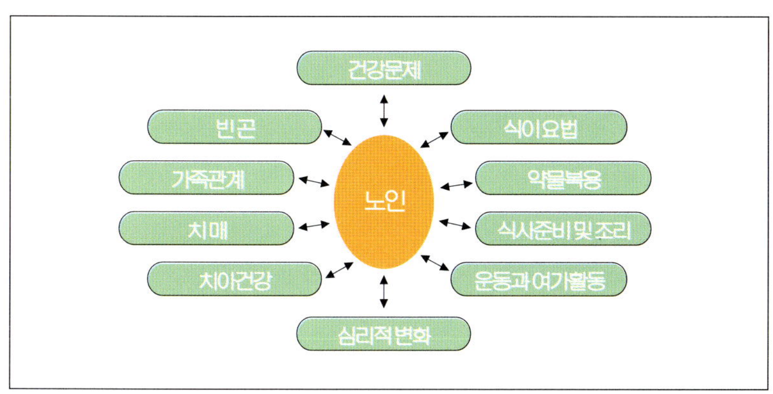

해조류'로 이루어진 식단을 추천한다. 사탕, 초콜릿, 청량음료 등 단맛이 강한 음식 섭취는 피한다. 단맛이 필요하다면 인공감미료(그린 스위트, 화인 스위트)를 사용하는 게 좋다. 양파즙이나 소량의 과일즙을 이용해 단맛을 내는 것도 좋은 방법이다. 혹 저혈당 증상(떨림, 식은땀, 어지러움 등)이 나타날 경우에는 사탕 3개나 주스 2분의 1 컵 정도를 섭취하는 건 크게 문제되지 않는다.

잡곡, 생과일, 미역, 야채 권장

이와 더불어 섬유소를 충분히 섭취해야 한다. 섬유소는 혈당 조절에 많은 도움을 줄 뿐 아니라 열량이 적으면서도 포만감을 준다. 쌀밥보다는 잡곡류가 효과적이다. 이를 위해 과일이나 채소는 주스보다 생과일 형태로 섭취하도록 한다. 각종 버섯류, 미나리와 취나물 같은 푸른 잎 채소, 미역, 김과 같은 해조류를 매일 섭취할 것을 권장한다.

또 포화지방이 많은 육류 기름 대신 식물성기름(들기름, 올리브유, 카놀라유, 참기름, 콩기름 등)을 허용한도 내에서 사용한다. 특히, 외식 시에는 튀김 음식이 포함되는 중국음식이나 삼겹살, 갈비 등의 육류보다는 비빔밥과 같이 채소를 함께 먹을 수 있는 소박한 한식을 선택하도록 한다.

식이요법 뿐 아니라 규칙적인 운동도 중요하다. 운동은 혈관이나 근육 노화를 방지할 뿐 아니라 당뇨병과 밀접한 관계가 있는 인슐린의 작용을 촉진시켜 비만을 방지해 주기 때문이다.

고혈압도 중년 이후에 흔히 나타나는 질병이다. 고혈압이 발생하면 일생 동안 식이요법을 통해서 잘 조절해야 한다. 나이가 들면 입맛의 변화도 나타나므로 고혈압이 있는 노인들은 식사를 할 때 다음 사항을 주의해야 한다.

염분 섭취를 제한하고 싱겁게 먹는 습관을 가져야 한다. 염분에 포함된 나트륨은 수분을 보유하려는 성질이 있다. 소금 섭취가 많으면 혈액 내 나트륨

농도가 높아져 혈액의 부피가 커지고, 혈관 압력이 커지게 된다. 때문에 짠 음식, 젓갈류, 생선통조림, 김치(대신 싱겁게 만든 생채, 물김치, 겉절이 이용), 장아찌, 국이나 찌개 국물, 된장, 간장, 고추장, 조미료 등의 섭취를 줄이는 게 바람직하다.

동물성 지방 섭취 줄여야

동물성 지방과 콜레스테롤 섭취도 줄여야 한다. 심혈관계 질환 예방을 위해 식물성 지방을 이용하되 콩기름, 들기름의 섭취량을 늘리고, 등푸른생선 섭취를 권장한다. 쇠간, 곱창 등의 내장류, 달걀노른자, 오징어 등의 식품은 가끔씩 소량만 먹는다. 또 칼슘을 충분히 섭취해야 한다. 칼슘 섭취가 낮으면 고혈압 발생 위험이 크기 때문이다. 충분한 칼슘 섭취는 건강과 고혈압 치료에 도움이 된다. 이를 위해 하루 200ml 정도의 우유를 권장한다. 음료 중에서 카페인 음료는 피하는 게 좋다. 카페인은 혈압을 급격히 상승시키기 때문이다. 커피, 홍차, 코코아, 콜라 등은 자제한다. 이외 섬유소를 많이 포함하는 식품(잡곡밥, 채소류, 해조류, 과일 등)은 고혈압 및 변비를 예방하므로 충분히 섭취하는 게 좋다. 마지막으로 정상체중을 유지할 수 있도록 섭취열량을 조절하는 것을 권한다. 비만은 고혈압과 관련이 깊다. 대부분의 비만인 고혈압 환자를 대상으로 5kg 정도의 체중을 감소시키면 별다른 치료 없이도 혈압을 낮출 수 있고 체중 1kg 감량시 수축기 혈압과 이완기 혈압이 각각 1.6mmHg, 1.3mmHg 감소되는 것으로 알려져 있다.

노년기 영양관리는 질병 및 노화과정에서 매우 중요한 역할을 한다. 또 어떤 경우에도 알코올은 제한해야 한다. 술은 영양 가치가 없고 열량을 많이 내며, 또 혈당에 영향을 주거나 혈압을 상승시킨다. 때문에 금주가 바람직하다. 혹 필요하다면 소량(술의 허용량 : 맥주 1캔, 소주 1잔, 양주 1잔, 포도주 120~240cc)을 섭취하는 습관을 길들이기 바란다.

| 조미숙 배화여대 식품영양과 교수 **|**

노인들을 위한 식생활 지침

1. 채소, 고기나 생선, 콩 제품 반찬을 골고루 먹자.
2. 우유 제품과 과일을 매일 먹자.
3. 짠 음식을 피하고, 싱겁게 먹자.
4. 많이 움직여서 식욕과 적당한 체중을 유지하자.
5. 술은 절제하고, 물을 충분히 마시자.
6. 세끼 식사를 규칙적으로 즐겁게 하자.
7. 음식은 먹을 만큼 준비하고, 위생적으로 관리하자.

(보건복지부 / 한국보건산업진흥원, 2003)

노인 건강과 운동

50대, 60대로 갈수록 회복속도가 느려진다. 지나친 운동이 오히려 건강장애는 물론 노화를 촉진시킬 수 있다.

돈이 아무리 많아도 건강하지 않으면 '인생 3막'을 제대로 즐기기 어렵다. '어떻게 건강을 관리할 것인가'가 노인들의 최대 관심사 중 하나로 떠오를 수밖에 없다.

특히 노인들의 생리 현상과 건강 관리는 젊은 사람들과 다르다. 멋모르고 젊은 사람들의 운동을 그대로 따라하다가는 오히려 몸에 무리가 가기 쉽다. 젊어지려고 한 운동이 오히려 노화를 촉진하는 결과를 가져올 수도 있다.

나이들면 음에너지 많아져

한의학에서는 노인의 생리력 특징을 '양기부족 음기과다(陽氣不足 陰氣過多)'로 설명한다. 젊은이의 넘치는 양에너지와는 달리 음에너지가 상대적으로 많은 패턴을 지니고 있다는 뜻이다. 음에너지가 많을수록 기허(氣虛), 혈허(血虛), 습담정체(濕痰停滯), 근위(筋萎) 등의 증상을 나타내게 된다.

기허증(氣虛證)이란 한 마디로 양에너지, 기에너지가 허약하다는 것이다. 노인증후군의 대표적 증상으로 주로 남성에게서 많이 나타난다. 전신무력증과 만성피로는 물론 기억력쇠퇴, 의욕저하, 정력감퇴 등을 동반하게 된다.

혈허증(血虛證)이란 문자 그대로 피가 부족하다는 것으로 빈혈을 포함한 제반적인 증상을 말한다. 혈액순환장애, 영양공급불리, 수족냉증, 기억력 감퇴, 피부탄력저하, 생리불순, 냉증, 전신기능저하, 부종 등이 동반된다.

습담정체(濕痰停滯)는 인체 에너지 대사가 원활하지 못하고 체액대사가 정체되어 과잉영양과 습담이 정체되어 생기는 것으로 대표적으로 성인비만이 여기에 해당된다.

근위증(筋萎證)은 근육위축을 말한다. 인체의 생리력 과다소모와 영양부족 운동 부족으로 근육 위축이 오게 되고, 이는 겉으로 보이는 근육 위축과 함께 내부장기 및 혈관 신경 등의 모든 인체 장기가 위축된다.

노인 운동은 이러한 생리적 현상을 감안해 개인의 연령과 체력에 맞게 실시해야 한다. 특히 20대는 피로 회복능력이 빠르지만 50대, 60대로 갈수록 회복속도가 느려진다. 지나친 운동이 오히려 건강장애는 물론 노화를 촉진하는 역작용을 불러일으키기도 한다는 점을 명심해야 한다.

충분한 몸풀기 운동부터

노인 운동은 먼저 몸의 모든 근육과 관절을 이완한 후에 각자 원하는 운동을 하는 것이 좋다. 이러한 동작과 운동은 인체 근막을 자극하여 근육 유연성을 증강시켜서 혈액 순환을 좋게 한다. 이런 동작을 마친 후 각자의 개성과 취미에 따라서 좋아하는 운동을 취사선택하면 된다.

노인 운동에 있어서 가장 중요하게 고려해야 하는 점은 다음과 같다.

첫째, 근육의 유연성 증가이다. 대표적인 운동으로 요가, 태극권, 스트레칭 등을 들 수 있다. 이는 몸을 서서히 움직이는 운동이다. 일상에서 쉽게 할 수 있는 것은 바로 '기지개' 동작이다. 우리가 평소 피곤할 때 기지개를 켜는 것은 바로 위축된 몸을 펴주는 동작이다.

둘째, 관절 가동성의 증가이다. 대표적인 운동으로는 국민체조, 무용 등을 들 수 있다. 노인들은 어

노인분들에게는 무리한 운동보다 몸풀기나 걷기 운동이 좋다.

노인 운동 전 몸풀기

1. 맑은 공기를 마셔야 한다. 맑은 공기는 혈관을 통하여 몸 전체 조직세포로 전달되어 몸에 생기를 준다.
2. 천천히 아주 느리게 온몸을 늘려준다.
3. 하나하나씩 팔과 다리를 움직여서 큰 동작을 해본다.
4. 아주 서서히 몸과 허리관절을 비틀어서 꼬아본다.
5. 발목관절과 무릎관절, 고관절, 허리관절, 목관절, 어깨관절, 주관절, 손목관절 순으로 우리 몸의 모든 관절을 돌려서 서서히 풀어준다.
6. 다음 큰 동작으로 우리 몸의 모든 관절과 근육조직을 움직이면서 서서히 걸어본다.
7. 내가 움직이고 있는 외부자연 환경과 나의 에너지 교감을 느끼면서 걷는다.
8. 호흡이 편안한지 빠른지 등을 체크한다.

깨 관절을 비롯하여 모든 관절의 가동성이 많이 저하되어 있으므로 스스로 관절 가동범위를 증강시키는 맞춤운동 동작을 하는 것이 좋다.

셋째, 약화된 근육의 발달이다. 대표적인 운동으로는 헬스를 꼽을 수 있다. 그러나 너무 우람한 근육발달에 치우친다면 관절가동성과 인체의 유연성이 저하되므로 주의해야 한다.

넷째, 인체의 상하좌우 균형유지이다. 어떤 운동은 한 동작만을 중심적으로 하여 신체의 일부분만 지속적으로 사용한다. 따라서 항상 인체 전신을 골고루 사용하는 운동을 하는 것이 좋다.

예를 들어 골프의 경우 오른쪽 방향으로 스윙을 했다면 휴식시간에는 왼쪽방향으로 스윙을 해서 균형을 잡아주어야 한다. 만약 하체 동작을 많이 하는 운동을 했다면 쉬는 시간에 반대로 상체 동작을 많이 해서 균형을 잡아주어야 한다. 이렇게 인체의 상하 좌우 동작을 골고루 해야 전신 근육과 관절을 균형있게 발달시킬 수 있다.

다섯째, 가장 중요한 것은 자신의 신체 나이에 알맞은 운동량이다. 여러 해 동안 헬스로 몸을 가꾸어 온 60대 노익장 한 분은 운동 중 허리 디스크가 갑자기 발생했다. 젊을 때부터 규칙적이고 체계적으로 운동을 해왔던 것이 오히려 독이 됐다.

즉, 나이가 들어서 운동을 하더라도 근육의 약화가 오는 것을 모르고 계속 같은 양의 운동을 해서 생긴 결과다. 절대로 자신의 건강 상태를 과신하지 말고 쓸데없는 호기를 부리지 않도록 주의해야 한다.

여섯째, 고른 영양섭취는 인체에 지속적인 에너지를 공급하여 인체의 노화를 예방한다. 한의학에서는 잘 차려진 밥상을 보약 한 첩이라고 한다. 밥상에서 오색 또는 무지개 색상이 골고루 조화된 음식을 먹는 것이 좋다. 건강의 정보가 넘쳐나는 이 때에 편향되지 않는 식습관을 갖는 게 무엇보다 중요하다.

| 김소형 혜인한의원 대표원장 |

내 몸에 맞는 노인병원

관절염에 걸린 환자라면, 산책과 수중 체조 등을 권하며, 차고 습한 곳을 피하는 것이 좋다. 그리고 무엇보다 체중을 줄여야 한다.

노인건강과 직결되는 것이 바로 노인병원이다. 65세 이상 노인 의료비가 전체 진료비에서 차지하는 비중은 85년 4.7%에서 1999년 16.7%로 급상승하면서 질병의 형태도 암, 심장질환, 뇌졸중 등 선진국형 질환이 증가하고 있다.

노인성 질환 가운데 입원 요양급여 청구비용이 높은 백내장, 관절과 척추 분야 및 치아 관련 중심으로 전문 병원을 알아본다.

입원 요양급여 1위, 백내장

백내장은 선천성과 후천성으로 나눌 수 있는데 대부분은 후천성으로 나이가 들면서 노화현상의 일환으로 발생하는 노인성 백내장이다. 이러한 노인성 백내장은 나이가 들면서 발병률이 높아져 60대에는 50%, 70대에는 70%, 80대에는 대부분에서 발생하지만 최근에는 30~40대 청장년에게도 드물지 않게 발생하고 있다.

백내장이 생겼을 때 느껴지는 증세로는 시력이 저하되거나 안개 낀 것처럼 물체가 흐리게 보이는 경우가 대부분이고 아주 드문 경우에 수술시기를 놓쳐서 녹내장, 포도막염 등의 합병증이 생기는 경우에는 급작스런 충혈, 통증이 생기는 수도 있다.

백내장은 눈 안쪽에 있는 수정체가 부옇게 혼탁된 것이므로 아주 진행되어 실명에까지 이른 경우가 아니면 자신이 거울을 보아도 정상인의 경우와 별 차이를 구별할 수 없다. 따라서 안과에서 현미경으로 보아야 혼탁된 수정체를 볼 수 있다.

대학병원을 찾지 않고도 백내장 수술을 잘 받을 수 있는 곳으로는 압구정 성모안과, 세란안과, 한길안과, 성모안과병원 등을 꼽을 수 있다.

사람의 중심축, 척추디스크

외부의 강한 힘에 의해 척추 모양이 납작해진 것처럼 변형되는 골절 형태를 말한다. 목뼈와 허리에 자주 발생하는 것으로 알려져 있다. 주로 물체에 부딪치거나 엉덩이 부분으로 넘어져서 척추에 과다한 힘을 받은 경우에 많이 나타난다. 허리를 지나치게 굽혀서 무거운 물건을 들거나 골다공증 등 뼈 자체에 이상이 있을 때도 잘 발생한다.

노년기가 되면 골다공증이 증가하며, 그로 인한 척추 압박 골절이 급격하게 증가한다. 65세 이상인 여성은 2명 중 1명, 남성의 경우는 5명 중 1명에서 골다공증에 의한 골절이 발생한다고 알려져 있다.

골다공증 척추 압박골절은 골다공증으로 뼈가 약해져 있는 노인에게서 갑작스러운 심한 요통을 일으키는 원인이 되는 질환으로, 사소한 외상에 의해서 혹은 외상이 없이도 발생할 수 있다.

척추 디스크 수술을 주로 하는 곳으로 우리들병원, 나누리병원, 조은병원 등이 유명하다.

대표적 노인성 질환, 퇴행성 관절염

정형 외과 영역에서의 노인성 질환의 대표적인 예는 퇴행성 관절염과 골다공증을 들 수 있다. 우선 퇴행성 관절염은 관절이 있는 모든 부위에 올 수 있으나 특히 무릎 관절에서 가장 많이 발생하며, 엉덩이 관절, 척추 관절 그리고 손가락 관절 등에서 흔히 나타난다. 퇴행성 관절염이 발생하면 관절을 움직일 때 아프고 관절의 운동 범위가 줄어드는 현상을 보여 많이 걷지 못하는 노인들의 활동 폭을 더욱 줄어들게 만든다. 노쇠현상이나 체중 과다와 관계가 깊다. 65세 이상은 50% 이상, 75세 이상은 80% 이상이 퇴행성 관절염의 유병률에 노출되어 있다. 나이가 많아질수록 여성에게서 더 많이 발생한다

퇴행성 관절염이란 관절 연골이 닳아 없어지면서 국소적인 퇴행성 변화가나타나는 질환이다. 관절이란 뼈와 뼈가 만나 연결되는 부분으로 표면이 연

골로 싸여있다. 연골은 관절 표면을 덮고 있으며, 탄력이 있어 충격을 흡수하고 마찰계수가 낮아 마찰이 거의 없이 움직임을 원활히 하게한다.

퇴행성 관절염의 초기 증상은 춥거나 습기가 많은 날씨에 악화된다. 또 운동시 쉽게 피로감을 느끼거나, 관절 운동 장애, 부종, 관절 주위 압통 현상이 나타나며, 좋았다 나빴다 하는 증상을 반복하게 된다. 중기 현상은 관절 연골의 소실과 변성으로 관절면이 불규칙해지고, 움직일때마다 마찰음이 생기며 통증이 심해진다. 말기 증상으로는 관절 내로 노출된 뼈가 자라며 군뼈가 관절 주변부로 자란다. 따라서 관절 강직과 함께 무릎이 커지고, 휘는 현상이 나타난다.

이미 관절염에 걸린 환자라면, 산책과 수중 체조 등을 권하며, 차고 습한 곳을 피하는 것이 좋다. 그리고 무엇보다 체중을 줄여야 한다. 또 높은 구두보다는 낮은 구두를 신는 것이 좋다.

관절염 치료를 전문적으로 하는 곳으로 정동병원과 KS병원 등을 꼽을 수 있다.

인공치아 심는 임플란트

10대때부터 사용한 치아가 영구치라고 하지만 여러가지 이유로 마모되어서 더 이상 사용할 수 없을 경우에 과거의 틀니나 브릿지 등의 전통적인 방법과 다른 새로운 시술 방법으로 치아가 빠진 경우 그 자리에 턱뼈에 티타늄(Titanium)으로 된 인공치근을 심고 그 위에 인공치아를 만들어 넣는 치료다.

치과용 임플란트는 몇 단계를 거쳐서 시술하게 되는데 먼저 전신 건강과 구강상태를 검진하고 방사선촬영에 기초한 정확한 진단과 치료계획을 세워 치아의 뿌리 역할을 하는 나사 모양의 티타늄으로 된 인공치근을 잇몸뼈 안에 수술하여 심은 후 매식된 인공치근의 주위에 뼈가 융합되어서 단단해지며 이것을 사용하여 인공치아를 만들어 연결하게 되는 것이 임플란트 시술이다.

1~2회의 외래수술이 필요하고 완치는 3~9개월이 소요되며, 수술사이에 월별검진이 필요하다.

임플란트 수술을 받을 수 있는 대표적인 병원으로 에이플러스치과병원, 청아치과병원, 고운치과병원 등을 들 수 있다.

| **김보람** Altus Consulting 대표 |

해외에서
여가 즐기기

골드세대의 해외여행 패턴으로 짐을 싸고, 풀고, 이동에 따른 불편을 최소화 할 수 있는 유람선여행(Cruise Tour)도 인기를 구가할 것으로 전망된다.

국내에서만 인생 3막을 즐길 수 있는 건 아니다. 해외에서 여가를 보내는 노인층도 갈수록 늘어나고 있다. 이에 따라 해외여행 상품도 골드세대의 수요 증가에 따라 변화하는 추세다.

그 첫째가 태양과 해양이 만나는 관광이다. 세계의 주요 해변에 위치한 리조트 시설인 멕시코 칸쿤, 인도네시아 발리, 프랑스 랑그독과 루시옹 등이 대표적인 리조트들로 각광받고 있다.

최근 전 세계의 노령화 추세와 건강이 하나의 비즈니스 장르로 자리 잡으면서 일광욕, 해수욕, 삼림욕을 즐길 수 있는 리조트가 속속 들어서고 있으며 전통적인 온천리조트들도 골드세대에 초점을 맞춰 온천치료체험으로 선회하고 있다.

독일 바덴바덴의 진흙요법·수중마사지·온천증기요법을 비롯해 프랑스 랑그독, 루시옹의 해조요법·수욕요법·모래 목욕법·기계요법 그리고 일본 벳푸의 톱밥요법, 터키 이스탄불 근교 에디르네의 물고기를 이용한 피부병치료가 잘 알려져 있다.

샌프란시스코 남쪽 빅서 해안의 삼림지대인 에스린은 태평양을 배경으로 불상, 농원, 롯지풍의 목조건물, 수영장, 온천 등을 갖춰놓은 심리학 리조트가 있다. 이들 리조트에는 정원(Garden), 건강, 기(氣), 감동 그리고 자연이 함께 한다.

둘째는 스포츠 관광이다. 스포츠는 이미 관광과의 접목을 여러 차원에서 진행하고 있다. 100년 역사의 윔블던 테니스 게임을 보기위해 테니스 마니아들은 매년 열광적으로 영국으로 모여든다. 테니스뿐만 아니라 축구, 야구 그

리고 최근에는 골프에 이르기까지 관광과의 접목은 물론 유명대회를 관광프
로그램으로 만들어 판매하는 예를 쉽게 접할 수 있다.

셋째는 자연이 기반이 되는 관광이다. 대도시에 거주하는 골드세대들에게
빼놓을 수 없는 관광코스이며 최근에는 생태관광(Eco-Tourism)으로 확대
되고 있다.

넷째는 문화관광이다. 전통적으로 관광의 기본이 되는 패턴으로 새로운
문화를 접하는 차원을 뛰어넘어 관광지에서 현지인과 같이 생활하는 체험프
로그램이 도입되고 있다.

다섯째는 농어촌 관광이다. 우리나라의 경우 주 5일 근무가 본격적으로 시
작돼 주말에 농어촌 관광을 즐기는 상품이 봇물을 이루고 있으며 정년퇴임
후 농어촌을 동경하는 실버층이 늘어나고 있다.

여섯째는 테마파크다. 미국의 디즈니월드, 우리나라의 에버랜드 등 종합
적인 테마파크를 비롯해 민속촌, 생태공원 등 소규모 테마파크도 전 세계적
으로 증가추세다. 테마파크는 어린이에게는 꿈과 이상을 주기도 하지만 실
버층에는 삶에 대한 새로운 애착과 희망을 안겨준다.

유람선 여행 대중화 눈앞

일곱째는 유람선 여행이다. 최근 대형 유람선 회사를 중심으로 10만톤급
이상의 유람선을 속속 선보이고 있어 유람선 여행의 대중화도 멀지 않았다.

또 다른 여행 형태로는 해외여행 경험이 풍부한 골드세대를 위한 여행 형
태로 자리 잡을 것으로 전망되는 분야가 특정관심분야 관광(SIT : Special Interest Tour or Tourism)이다.

SIT상품은 유럽을 비롯해 미국, 일본 등 여행선진국에서는 이미 일반화되어 있는 해외여행상품. 특히 여행경험이 많고 전문적인 지식을 가진 노년층에게 상당히 호소력을 가질 것으로 예상된다.

즐길만한 해외리조트

구분	주요 리조트
스키리조트	캐나다 휘슬러, 스위스 생모리츠
골프리조트	미국 마이애미, 동남아 및 남태평양 주요 섬 국가
해양리조트	프랑스 랑그독, 루시옹, 멕시코 칸쿤, 마리나 델 레이
온천리조트	일본 오이타, 벳푸, 삿포로
워터파크	마이애미, 패시픽 아일랜드 클럽, 클럽메드
테마파크	미국 디즈니월드, 나가사키 아우스텐보스
실버리조트	호주 브리즈번, 필리핀 주요섬
카지노리조트	라스베이거스, 바하마
생태리조트	호주 코란코브리조트, 일본 히로시마현 그린피아
수상리조트	미국 샌디에이고 미션베이파크
관광농원	프랑스 포도농원, 호주 아보카도 농장

생활의 여유를 찾고 여행을 통한 소기의 목적을 달성할 수 있는 특정관심 분야관광은 선진국형의 여행방법으로 여행문화 정착과 노령층 소비자들의 여행 트렌드 변화로 이 분야에 대한 관심이 증폭될 것으로 보인다.

골드세대를 겨냥한 SIT로는 예술 및 유적관광으로 문화·민속·세계문화 유산을 두루 섭렵하는 여행형태이다. 자연관광은 동식물의 자연생태를 즐기는 생태관광과 사파리투어와 약간의 모험성을 가미한 트레킹도 인기를 끌 것으로 보인다.

가장 관심을 끌 것으로 보이는 분야는 건강관광으로 음식기행과 주요 선진국의 건강관련 시설을 체험하는 프로그램이다. 건강관광은 건강 증진을 목적으로 집을 떠나 레저를 즐기는 관광을 말한다. 광천·온천여행이 대표적인 건강관광으로 이는 로마시대부터 시작되어 현대 리조트 탄생의 기반이 되었다.

건강관광의 종류는 태양과 휴식을 즐기는 여행, 건강에 도움이 되는 활동을 즐기는 여행이 주종을 이룬다. 건강향상을 위한 환경변화 여행으로 다른 기후를 즐기는 여행이 있다. 사우나와 마사지, 온천 등을 위한 여행과 지병치료 및 요양을 위한 여행도 있다.

최근에는 정신수련을 위해 리조트에서 쉬면서 심신을 수련하는 여행과 동양의 한방을 체험하는 여행, 병원시설을 갖춘 리조트 여행지도 속속 선보이고 있기도 하다.

한방체험 여행 등 속속 선보여

주요 건강관광시설로는 온천, 광천, 마사지센터, 헬스클럽, 신체 단련실, 해양치료요법센터, 다이어트요법센터, 심리치료요법센터, 미용센터, 해도요법센터, 스포츠시설, 한증탕, 위생요법센터, 건강교육센터, 휴식기술지도센터 등 그 수를 헤아릴 수 없을 정도로 다양하다.

체력단련시설 위주의 건강리조트 이용객은 자영업자 또는 최고경영진의 50세 이상의 연령층으로 경제적 성공을 거두고 건강의 회복에 관심을 기울이는 독립성이 강한 골드세대가 주류를 이루고 있다. 또 다른 실버층의 해외여행 패턴으로 짐을 싸고, 풀고, 이동에 따른 불편을 최소화 할 수 있는 유람선여행(Cruise Tour)도 인기를 구가할 것으로 전망된다.

| 류기환 마일리지투어 이사 |

명당은
어디인가

순수 납골묘원보다는 희소가치가 있어 보이는 '공원묘원 (매장+납골)'으로 결정하는 것이 선택의
다양성과 투자성을 위해 좋다.

대개 인생 60에 이르면 명당을 생각하게 된다. 우리 선조들은 사람 속에
있는 기(氣)가 하늘과 땅, 우주 만물의 기와 통하게 되면 힘을 얻게 된다고 믿
었다.

그리하여 자연 속의 기가 모여 있는 땅에 집 짓고 사는 사람은 그 밑에
흐르는 지기(地氣)에 의해 힘을 얻는다고 생각하여 명혈, 길지를 찾았던 것
이다.

이런 생각은 자기 자신을 위한 기에서 후손들을 위한 기로 발전했고, 살아
있는 사람의 자리가 아닌 죽은 사람을 모실 자리로 승화되었다.

그러나 화장이 늘면서 후손들과 죽은 사람을 위한 명당 잡기는 점차 힘을
잃고, 산 사람 자신을 위한 명당잡기로 돌아오고 있다. 이제 양택, 음택의 구
분과 죽은 사람의 땅과 산 사람의 땅에 대한 분리가 불필요해진 것이다.

용인 · 진천 등 명당으로 꼽혀

죽은 사람의 명당으로 불리는 용인에도 주산, 안산, 조산, 혈, 청룡백호가
사라지고 산 사람들이 몰리며, 산 사람을 위한 명당인 진천이 죽은 사람을 위
한 땅으로도 돋보이게 되었다.

택리지의 이중환은 '사람 살기 좋은 땅은 지리, 생리, 인심, 산수가 좋아야
한다'고 했다. 배후의 산은 높되 위험하지 않고, 앞 들은 넓어서 볕이 잘 들
며, 밭은 두루 안아주는 형태이고, 집은 외관이 화려하지 않되 누추해서는 안
되며, 나무는 오래될수록 물은 새로울수록 사람살기 좋다.

납골묘와 함께 수목장이 매장을 대체하는 새로운 장묘문화로 부각되고 있다.

또한 집 주위에는 텃밭이 있고, 가까이에 시냇물이 흐르는 것이 좋으며, 멀리 아름다운 산마루와 봉우리가 있어 바라볼 수 있으면 좋고, 가까이에 수십 내지 수백호의 마을이 있는 것이 좋다'고 하였다.

예나 지금이나 명당을 바라보는 눈은 똑같은 것으로 보인다. 하지만 이와 같은 여건을 다 갖춘 땅을 만나기는 쉽지 않다. 만난다 해도 땅과 집을 사기가 어렵다.

노인이 살기에는 기온이 온화하고 일교차가 크지 않은 지리적 위치도 중요하다. 날씨가 춥거나 일교차가 심하면 관절염이나 천식 해소 등 노인병이 늘기 때문이다. 그런 조건을 갖춘 땅은 낮은 산과 산발형의 강물로 형성된 남도 땅이며 남해, 여수, 고흥, 보성, 변산, 고창 등이 있다.

인심이 좋은 땅은 대개 산악으로 둘러진 오지에 있다. 교통이 편리하면 인심은 온후하지 못하다. 모든 물이 낙동강 하구로 모여드는 폐쇄형 지형인 경상도와 그 접경지역, 바다로 막힌 섬에 인심 좋은 곳이 많다. 안동, 예천, 거창, 구례, 장수, 신안, 완도 등이 있다. 그러나 그런 곳에 가도 산수는 서로 다르고, 노년일수록 가까운 곳이 좋기 때문에 근교에서 찾는 것이 좋겠다.

남양주, 양주, 이천, 여주, 용인, 안성, 진천, 천안, 논산 등은 산 사람과 죽은 사람 모두의 명당이 많은 곳이다.

납골묘원 인기 높아져

하지만 모두가 명당에 묻힐 수 있는 것은 아니다. 묘지난이 갈수록 심각해지고 있기 때문이다. 가족묘원보다는 납골묘원 등의 인기가 높아가는 것도 최근의 추세다.

묘원을 결정하려는 노년층이라면 공급초과 상태인 순수 납골묘원보다는 희소가치가 있어 보이는 매장+납골 형태의 공원묘원으로 결정하는 것이 선택의 다양성과 투자성을 위해 좋을 것이다. 여기서 투자가치를 살필 때에는 미리 입지를 선택한 후 마음이 변하거나 다른 이유가 있어서 그곳에 사후 주거를 정할 수 없는 사정이 생겼을 때 쉽게 다른 실수요자를 찾을 수 있는지와 은행 금리 이상의 차익을 올릴 수 있는지를 기준으로 판단해야 한다.

국내 최대의 매장+납골묘원인 양평군 양동면 소재 양평공원의 강남구 삼성동 서울사무소에는 매일 현장을 가보고 싶어하는 노인들로 붐빈다.

편리하게 매장과 납골을 선택할 수 있다는 점에서 이곳을 선호하기 때문이다. 뿐만 아니라 목장처럼 넓은 지대의 남향 완경사 지형이 전면에 아무런 장애물 없이 펼쳐진데다 그곳에 접근하기 위해 나서는 찻길이 국내 최고의 드라이브코스라 불리는 북한강변 경춘가도를 따라 올라가기 때문에 슬픔도 기쁨으로 되돌아올 것 같은 느낌이다.

수목장에 관심 돌릴 때

가격 또한 가장 널리 쓰이는 10평형(봉분면적 3평)의 한 자리가 750만원대로 아직은 저렴하다. 물론 관리비는 구입한지 5년 후부터 매년 5만원 정도 부담할 생각을 해야 한다. 이 매장형 봉분에는 16기 정도의 납골도 안치할 수 있기 때문에 아직 과도기에 있는 노년은 나란히 2기를 분양 받아 부부가 매장을 선택하고 후손들은 후일 널리 퍼질 납골문화에 맞춰 16기씩 32기의 납골을 안치할 수 있기 때문에 적은 비용으로 4~5대까지의 사후주거지 문제를 일시에 해결할 수 있다.

물론 이렇게 해서 투자된 땅 값에 해당하는 돈은 10평형대 2개를 합하여 1500만원이고 사후 묻히게 될 때 묘석이나 판 등 재료를 어떤 것으로 쓸 것이냐에 따라 건축비에 해당하는 비용이 500만~1000만원 더 들어갈 것이다.

이곳과 경쟁이 될만한 곳은 천안공원묘원, 장호원 대지공원묘원, 용인대 앞 서울공원묘원, 양수리 무궁화 공원묘원 등이 있으나 접근조건은 이보다 다소 양호해도 환경요인은 양평공원을 따를 수 없다.

반면 순수하게 납골만을 전문으로 하는 묘원은 넓은 땅이 필요하지 않아 수도권 여기저기에 많다. 파주시 조리읍 오산리의 크리스챤메모리얼파크, 강화군 송해면 하도리의 강화파라다이스추모원, 안성시 일죽면 화곡리의 유토피아추모관, 화성시 향남면 동오리의 효원납골공원, 충주시의 생극납골공원 등이다. 아직은 수요가 많이 늘지 않아 공급초과상태로서 급하게 결정해 둘 필요는 없어 보인다.

| **박병호** 한국리츠에셋 대표 감정평가사 |

강신원씨

인생 최고의 황금기를 보내고 있는 그녀.
맏며느리 역할과 식사준비로부터 해방됐다.
체력에도 동년배의 누구보다 자신있다.

"이곳에서 무관출신으로 통해요. 모든 스포츠를 다 좋아하거든요. 기계체조와 기공을 하고 있고 80세가 넘으면 수영을 할 거예요."

강신원씨(74)는 운동에 많은 시간을 투자한다. 평상시 운동을 많이 한 덕분에 아직도 얼굴이 팽팽하다. 머리만 염색하면 아직도 50대쯤으로 보일만큼 얼굴이 곱다.

삼성노블카운티에 입주한 지 5년째지만 5월에 열린 골프동호회에서는 모처럼 즐거운 추억을 만들었다. 남편과 한 조를 이뤄 골프를 칠 수 있었기 때문이다. "지금까지는 남성, 여성 골프동호회가 따로 골프를 했어요. 합동으로 골프를 하기는 4년 만에 처음 있는 일입니다. 그 동안 남성들이 여성을 끼워주지 않았거든요. 이제야 남성들이 세상 돌아가는 이치를 깨달은 것 같아요."(웃음)

골프 연습장에서 드라이버 샷 하는 강신원씨 모습을 지켜보면 젊은 사람 못지않게 파워가 있다. 워낙 몸 관리를 잘해서 몸에 군살 하나 없다. 드라이버 스윙도 완벽하다. "이 정도면 내기 골프에서 돈을 딸 수 있지 않겠느냐"며 회심의 미소를 지어 보인다.

강신원씨는 매일 9시부터 운동을 시작한다. 30분 동안 스트레칭을 한 뒤 1시간 30분 이상 하체 단련을 한다. 18홀을 거뜬히 걸어 다닐 수 있는 힘도 매일 땀을 흘리며 운동을 하는 덕분이다.

80대 이후를 대비해 2년 전에 수영을 배웠으나 아직 수영 물살을 가르지는 않는다. "여기서는 건강한 기준이 제 발로 걸어 다닐 수 있느냐 입니다. 수영은 나중에 더 힘이 빠졌을 때 하기 위해 배워만 뒀어요."

그녀는 노블카운티 합창부 총무를 맡고 있다. 회원은 25명에 불과하지만 실력은 대단하다고. 한 가지 아쉬운 점이 있다면 남성 회원이 2명에 불과하다는 것. 1년에 2번씩 있는 합창 대회에 참가하기 위해 요즘엔 부쩍 연습하는 시간이 많아졌다.

강신원씨는 이처럼 인생 최고의 황금기를 보내고 있다. 그녀 말대로 가장 행복한 시기라고.

"전쟁에서 해방된 느낌입니다. 맏며느리, 기업체 사장 부인, 어머니 역할과 같은 모든 굴레에서 벗어났기 때문이죠."

노블카운티에 들어오기 전만 해도 이곳을 운둔생활 하는 곳으로 오해했다고 들려준다. 그러나 입주해서 보니 단독 주택에 사는 것보다 오히려 단체 생활이 더 재미있다고. 또한 다양한 편의시설을 활용할 수 있고, 많은 동호회 활동을 통해 비슷한 수준의 친구들과 어울릴 수 있어 더할 나위 없이 좋다고.

그녀의 부군은 한민석씨(82)로 중견 건설업체를 경영했던 최고경영자 출신이다. 요즘엔 큰아들에게 물려주고 가끔씩 회사를 들러 볼 정도라고. 한민석씨는 1주일에 3번씩 골프를 칠 만큼 요즘 골프에 푹 빠져 있다. 젊은 사람도 힘든 주 3회 골프를 거뜬히 소화해낼 만큼 건강한 체력을 자랑한다. '열심히 일한 당신 이제는 열심히 즐기세요' 란 생각이 저절로 든다.

| 이제경 매경이코노미 차장 |

사진 오른쪽이 강신원씨.
왼쪽은 그녀의 골프 파트너.

박광규씨

"이것저것 다 배우고 싶거든요. 요즘 하루하루가 바빠요.
오히려 하고 싶은 거 다 못하고 죽을까봐
그게 더 걱정이라고요."

박광규씨(69)는 매일 오전 5시면 집을 나선다. 하루 8~10km 걷기는 기본. 이른 새벽 공기를 마시며 걷는 것을 시작으로 그의 하루일과는 시작된다. 산책을 마치면 돌아와 취미 생활에 몰두한다.

요즘 박씨는 아코디언에 재미를 붙였다. 악기 하나쯤은 다룰 줄 알아야 하지 않느냐는 생각에서 시작한 취미 생활. 아직 서투르다고 하지만 흘러나오는 곡조는 듣는 이의 정서를 자극하기에 충분하다.

박씨는 현재 부인과 함께 서울 중구 신당동에 있는 서울시니어스타워에서 살고 있다. 환갑을 넘기면서 노후 문제로 고민해온 박씨는 8년 전 건축설명회와 기공식에까지 참가할 정도로 시니어스타워에 관심이 많았다.

"동서가 중풍으로 심하게 고생했어요. 그걸 보니까 사람 인생 알 수 없겠더라고요. 그때부터 진지하게 노후에 관심을 가졌죠."

처음엔 부인이 반대했지만 설득을 거듭한 끝에 시니어스타워로 옮겨왔다. 보증금은 살던 집을 팔아 마련했다. 매달 내는 생활비는 연금으로 해결한다. 박씨는 30여년 동안 군 생활을 해왔기에, 매달 연금이 나온다. 전역 후엔 공인중개사로 2년 정도 활동했다. 또 작은 건물을 가지고 있어 세를 주기도 했다.

왕성한 취미 활동 자랑

자식 농사도 잘 지었다. 큰 아들과 두 딸을 뒀다. 아들은 현재 육군 중령으로 재직해 아버지의 대를 잇고 있다. 큰 딸은 독일에서 음악박사 학위를 받고 대학에서 강의를 하고, 작은 딸은 미국에서 석사를 마친 후 현지 직장에 다닌다.

그는 현재 이곳에서 왕성한 취미 활동을 하고 있다. 1주일에 2번씩 강사에게 단전호흡을 배우고 지하 헬스장과 수영장도 이용한다. 독서 및 영화, 음악 감상도 꾸준히 즐기고 있다. 수석 수집도 하고, 아마추어 사진작가로도 활동한다. 지하 식당에 가면 식당 기둥에 그가 직접 찍은 사진을 붙여놓았다. 매분기마다 사진을 바꿔서 걸어놓는다고. 식당에서 사진을 감상하며 식사하는 것도 큰 재미라고 한다.

지난해엔 수지침 자격증을 따서 봉사활동에도 참여한다. 아코디언을 배우는 것도 침을 맞은 환자에게 마음의 안정을 취하게 해주려는 생각에서다. 나이는 이제 70대를 바라보지만 열정만큼은 20대 못지않다.

"무엇이든 닥치는 대로 배우고 있어요. 조만간 한국전례원에서 전통예절을 배울 계획이죠. 올해 목표는 전통예절 배우기에요."

건강상에 문제도 없는 편. 오랜 군 생활과 규칙적인 생활 때문인지 박씨는 60대로도 보이지 않을 정도로 건강을 유지하고 있다. 매일 걷기에다 수시로 15kg 정도의 장비를 메고 사진촬영에 나선다. 건강관리를 따로 할 필요가 없다.

경제적 활동을 안 하면 무료하지 않을까. 대부분의 노년층 세대들이 가장 염려하는 문제다. 사실 이것을 어떻게 해결하느냐가 노후 준비의 핵심이기도 하다.

"그건 생각하기 나름이에요. 물론 그런 생각이 들 때도 있지만 할 일이 너무 많아요. 이것저것 다 배우고 싶거든요. 오히려 하고 싶은 거 다 못하고 죽을까봐 그게 더 걱정이라고요."

I이용현 매경이코노미 기자I

　'모든 것은 젊었을 때 구해야 한다. 그 자체가 하나의 빛이다. 빛이 흐려지기 전에 열심히 구해야 한다. 젊은 시절에 열심히 찾고 구한 사람은 늙어서 풍성하다.'

　독일 문학의 거장, 괴테가 한 말이다. 구할 대상은 '모든 것'이고, 구할 시기는 '젊었을 때'이다. 과연 젊었을 때 구해야 할 '모든 것'에는 어떤 것들이 포함될까. 돈, 명예, 건강, 친구, 사랑, 취미….

　골드세대로 노후를 편하게 사는 '골드스타'를 찾아 나섰다. 사회 각 구석에서 노후를 의미있게 보내는 분들은 많았다. 경제적으로 여유롭지 않지만 사회봉사 활동을 통해 삶의 의미를 찾는 분들로부터, 자식들에게 의존하지 않고 경제적으로 독립해 여가나 취미생활을 즐기는 분들까지 다양했다. 환갑이 넘어서 회사를 창업해 어엿한 사업가로 성공한 '골드스타'도 만날 수 있었다. 이들은 젊었을 때 '모든 것'을 구했고, 노년에 풍성한 삶을 즐기는 것처럼 보였다.

　노후가 힘들어 보이는 분들도 만났다. 무료 탑승권으로 천안행 전철을 타는 분들, 탑골공원에서 무료 점심을 얻어먹기 위해 줄서 있는 분들, 자식들로부터 버림받고 외롭게 노후를 살고 있는 이들은 과연 젊음을 어떻게 보냈을까.

　다양한 속사정이 있을 것 같다. 열심히 벌어 자식들에게 전 재산을 투자했을 수 있고, 뜻하지 않은 사고로 그동안 모아 놓았던 재산을 날렸을 수 있고, 좀 더 많은 돈을 벌기 위해 무리하게 투자했다가 실패했을 수 있고, 친구 빚 보증을 섰다가 길거리로 쫓겨난 경우도 있을 것이며, 젊었을 때 노름 등으로 전 재산을 탕진한 부류도 있을 것이다. 이유야 어떻든 이들의 노후는 암담하다. 다양한 사회안전망이 가동되고 있지만 여전히 절대빈곤에서 허덕이는 사람들이 많다.

　노인분들은 한결같이 "요즘 젊은이들이 가장 행복한 세대"라고 말한다. 자신들은 전쟁터에서 죽음과 맞섰고, 나라를 잃은 설움을 경험한 세대란 점에서다. 요즘 젊은이들이야 97년 외환위기 이후 '사오정'을 경험했지만, 그래도 전쟁터에서 죽음과 싸우지는 않았으니 노인분들이 하는 말이 전혀 틀리

지 않다. 또한 젊은이들은 부모에게 물려받을 것이나 있고, 국민연금만 해도 88년에 도입됐으니 부지런히 벌고 헤프지 않게 쓰면 경제적으로 어려움을 당하지 않을 것이기 때문이다.

노인분들에 비해 형편은 좋아졌을지 모르지만 젊은이들이 느끼는 노후는 밝지만은 않다. 국민연금으론 노후를 담보할 수 없고, 부자간 사랑이 앞으로 20~30년 후에도 지속될 것 같지 않아 더욱 그렇다.

이런 공감대 때문일까. 요즘 직장인들은 너도 나도 할 것 없이 노후준비 때문에 많은 스트레스를 받는다. 노후 준비를 한답시고 자식들 교육비를 줄일 수도 없어 난감할 뿐이다. 국가적인 차원에서 사교육비 절감 운동이 벌어지지 않는다면 그야말로 베이비 붐 세대들의 노후는 캄캄하다.

가장 현명한 노(老)테크는 먼 데 있지 않다. 현재 직장에서 남들보다 더 열심히 일하고, 좀 더 아껴서 저축하는 방법밖에 없다. 출생아 수가 60년대 초에 연간 100만명에서 최근 40만명대로 떨어진 상황에서 부동산 투자로 떼돈을 벌 수 있는 가능성은 점점 희박해졌다. 부동산 임대수입으로 노후를 편하게 살겠다는 생각도 버릴 때가 됐다. 너도 나도 부동산 임대수입으로 노후를 살겠다고 하나 임대해서 살 사람이 많지 않기 때문이다. 결국 젊었을 때 더 많은 돈을 저축해서 노후를 대비할 수밖에 없다. 맞벌이를 해서라도, 자녀 사교육비를 줄여서라도, 자신의 능력을 개발해 좀 더 월급을 많이 주는 곳을 찾아서라도 미래를 준비해야 한다. 능력개발을 할 때 노후에도 할 수 있는 일이라면 더욱 좋다.

또한 골드세대로 노후를 즐기기 위한 방안을 늘 염두에 두어야 한다. 당장 손에 쥔 돈이 없다고 해도 미래를 준비하는 삶과 아무런 준비가 없는 삶은 다를 수밖에 없다.

가장 좋은 또 다른 노테크는 마음을 비우는 것은 아닐까. 맨 몸으로 이 세상에 태어났으니 홀연히 빈손으로 되돌아간다는 심정으로 욕심을 버리는 노력도 병행해야 할 것 같다.

돈 때문에 인생을 허비하기엔 너무 아깝지 않은가.

|이제경 매경이코노미 차장|

- 일/교육

서울시 고령자취업알선센터 ·················· www.noinjob.or.kr
한국교육노년학회 ························· http://geg21.hihome.com
정보교육, 어르신나라 ························· www.aged.or.kr

- 건강

한국치매협회 ·························· www.silverweb.or.kr
(노인병원, 요양시설 포함)
서울시치매노인종합상담센터 ····················· www.alz.or.kr

- 재테크

4대 사회보험 ··························· www.4insure.or.kr
국민연금관리공단 ························· www.npc.or.kr
신용회복지원 ························· www.badbank.or.kr
국민기초생활보장 ····················· http://blss.mohw.go.kr
삼성노블카운티 ························· www.samsungnc.com
서울시니어스타워 ························· http://sst.co.kr

- 사회복지

보건복지부 ····························· www.mohw.go.kr
한국사회복지관협회 ······················ www.kaswc.or.kr
복지인마을 ······················ http://maeul.welfare.net
한국노인복지시설협회 ······················ www.elder.or.kr

- 종합정보

대한은퇴자협회 ························· www.karpkr.org
아름다운 노년생활 ················· www.komericanjournal.com
한국노인의 전화 ························· www.kisca.or.kr
시니어스타임즈 ························· www.sstimes.com
노후닷컴 ···························· www.nohoo.com
실버가든 ························· www.silvergarden.co.kr
복지넷 ···························· www.bokji.net

- 기부/취미

사회복지공동모금회 ······················ www.chest.or.kr
아름다운재단 ························ www.beautifulfund.org
아트센터 ·························· www.artcenter.co.kr
예술의전당 ···························· www.sac.or.kr
좋은콘서트 ························· www.goodconcert.com

당신의 은퇴 견적은
얼마입니까?

본 부록은 PCA생명이 고객의 은퇴 견적을 산정할 목적으로 작성한 참고 자료입니다.
금융컨설턴트와 직접 상담하시면 보다 더 자세한 설계를 할 수 있습니다.

1단계 : 본인 및 배우자 정보

다음은 앞으로 단계별로 이루어질 은퇴 견적 산정에 필요한 가장 기본적인
정보입니다.

구 분	성명	성별	생년월일	나이	기대 수명
고 객					
배우자					

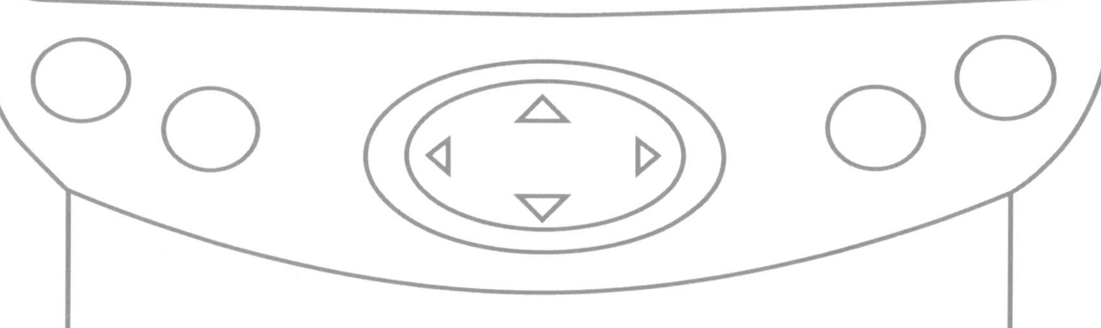

2단계 : 현 시점 정규 소득 정보

본인과 배우자의 정규 소득 및 입사 퇴직 연도 등을 통해 은퇴 견적 산정 시
필요한 준비자금을 알아보는 단계입니다.

구분	본인	배우자
월평균소득		
현 직장 입사년도		
예상 퇴직 시기		
국민연금 가입 시기		

▶ 월평균 소득 : 직장 생활 및 자영업을 통한 월평균 소득
▶ 예상 퇴직 시기 : 고객이 예상하는 은퇴 연도
▶ 국민연금 가입 시기 : 최초로 국민연금에 가입한 연도

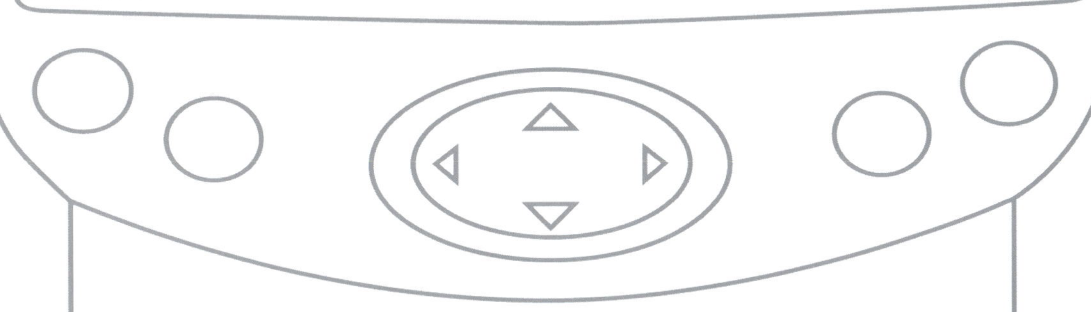

3단계 : 은퇴 후 예상 생활비 정보

이번 단계는 귀하께서 현재 얼마만큼의 소비를 하고 계신 지에 대해 알아보는 단계입니다. 아래 표에서 생활비는 크게 〈필수생활비 · 기본생활비 · 여유생활비〉로 나누어지며, 필수생활비는 생활에 반드시 필요한 비용으로 매달 지출되어야 하는 금액입니다. 기본생활비는 사회 생활과 각종 문화 생활 영위에 필요한 금액입니다. 여유생활비는 삶의 질을 위해 사용될 수 있는 금액입니다. 따라서 이렇게 세 가지로 구분되는 생활비는 은퇴 견적 산정에 주된 항목으로 활용됩니다.

구분		금액	합계
필수생활비	기초생활비		
	주거비		
	의료비		
기본생활비	외식비		
	문화비		
	사회활동비		
	차량유지비		
여유생활비	여행비		
	헬스클럽회비		
	골프		
합계			

4단계 : 은퇴 후 삶을 위한 준비자금 Ⅰ

현재 귀하께서 보유하고 계신 자산의 증식과 각종 소득을 토대로 향후 여러 가지 경제 변수에 따른 준비 자금을 산출하는데 필요한 단계입니다.

■ 부동산 자산

구분	현재 시세	연간 임대 수입
상가		
주택		
토지		

■ 금융 자산

구분	적립금	월 적립금
예적금		
채권(펀드)		
주식(펀드)		

■ 개인 연금 보험

연금 개시 나이	
현재 적립금	
월 불입액	

■ 기타자산

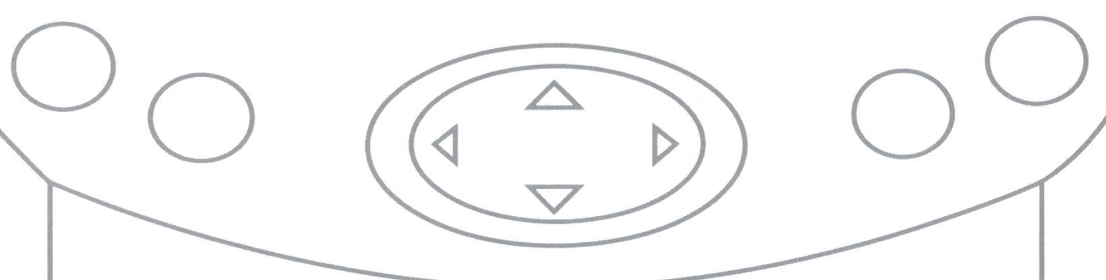

5단계 : 은퇴 후 삶을 위한 준비자금 II

은퇴 후에도 현재의 생활비와 동일하게, 또는 그 이상을 소비하실 수 있을 지에 대한 미래 가치를 알아보는 단계입니다. 아래 표의 '필요자금 현재가치' 항목은 〈3단계 : 은퇴 후 예상 생활비 정보〉에 기재하신 금액을 그대로 적용하시면 됩니다.

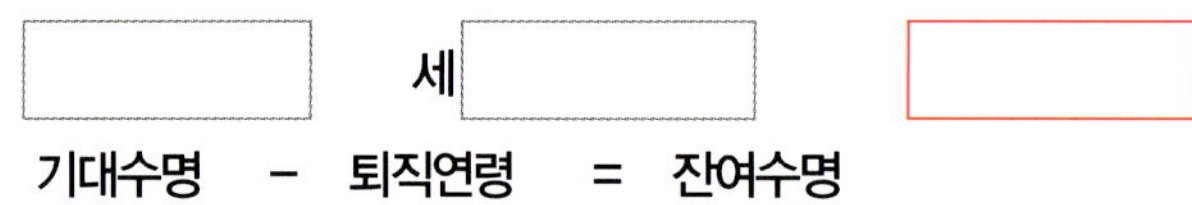

	필요 자금		미래 가치	
	현재 가치	미래 가치	준비자금	부족자금
여유 생활비				
기본 생활비		현재가치 × (1+물가상승률)^{잔여수명}	?	?
필수 생활비				
합계				

■ 미래 가치 계산법

1) 물가 상승률 3.8% 가정 시,

    은퇴후 잔여수명

[　　　　　] + 0.038) = [　　] 원 [　　　　　]

필요 자금 합계　X (1 + 물가 상승률)^{잔여수명} = 미래 가치

2) 은퇴 후 잔여 수명 계산법

[　　　　] 세 [　　　　]　　[　　　　]

기대수명　−　퇴직연령　=　잔여수명

3) 1억원에 대한 25년 후 미래 가치 예시

100,000,000원 X (1 + 0.038)^{25} = 254,058,563원

매일경제
MAEIL BUSINESS NEWSPAPER

우리의 미래는
지식경제에 달려 있습니다

시시각각 변화하는 경제 상황, 그리고 국경 없는 무한경쟁 속에서 승리하기 위해서는
신속하고 정확한 정보의 습득이 가장 중요합니다. 새로운 지식들 속에 비전이 있습니다.
매일매일 새로운 지식을 만나 보십시오. 무한한 변화 속의 비전을 배달 받으십시오.
매일경제가 지식경제를 이끌어갑니다.

"매일 맑음"

매일경제

삼성-소니 특허공유처럼
경제교류 획기적 확대를"

디지털강국을 선도하는 종합 미디어그룹 - 매일경제 www.mk.co.kr   mbn 매일경제TV   매경 ECONOMY   매경인터넷

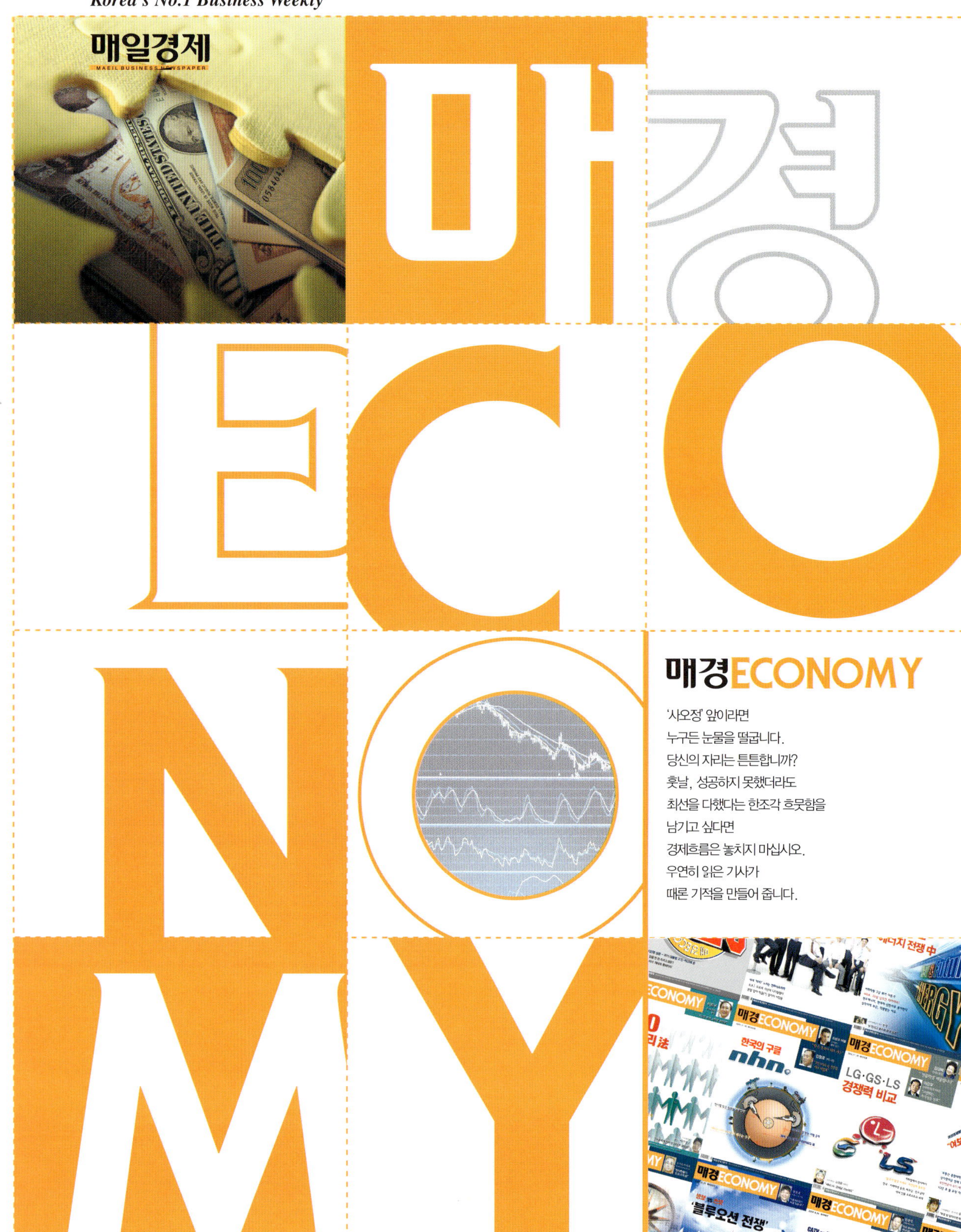

Korea's No.1 Business Weekly
매일경제
MAEIL BUSINESS NEWSPAPER
매경ECONOMY
ECONOMY
'사오정' 앞이라면
누구든 눈물을 떨굽니다.
당신의 자리는 튼튼합니까?
훗날, 성공하지 못했더라도
최선을 다했다는 한조각 흐뭇함을
남기고 싶다면
경제흐름은 놓치지 마십시오.
우연히 읽은 기사가
때론 기적을 만들어 줍니다.
정기구독 신청 및 문의 : (02)2000-2500   광고문의 : (02)2000-2540~3

일러두기

1. 본 책은 급속히 진행되는 대한민국의 고령화 사회에 대한 준비를 돕기 위해 PCA생명의 재정적 지원을 받아 매일경제신문 매경이코노미가 제작한 단행본입니다.
2. 여기에 실린 글은 전적으로 필자 개인의 견해입니다. 따라서 필자가 속해 있는 기관의 공식적인 견해와 다를 수 있습니다.
3. 여러 필자가 다양한 주제로 집필한 관계로 같은 주제라 할지라도 전망치와 논거 등이 다를 수 있습니다.
4. 구체적인 노테크 방안은 전적으로 필자의 생각입니다. 노테크에 참고할 뿐 투자에 따른 모든 책임은 본인에게 있음을 알려둡니다.